初心照亮未来

钱 斌 主编

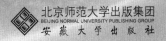

图书在版编目(CIP)数据

初心照亮未来 / 钱斌主编. -- 合肥：安徽大学出版社，2025.1. -- ISBN 978-7-5664-2868-4

Ⅰ.K825.2

中国国家版本馆CIP数据核字第2024WP7007号

初 心 照 亮 未 来　　　　　　　　　　　　钱斌　主编
Chuxin ZhaoLiang Weilai

出版发行	北京师范大学出版集团 安 徽 大 学 出 版 社 （安徽省合肥市肥西路3号 邮编230039） www.bnupg.com.cn www.ahupress.com.cn
印　　刷	安徽利民印务有限公司
经　　销	全国新华书店
开　　本	710 mm×1010 mm　1/16
印　　张	20.25
字　　数	320千字
版　　次	2025年1月第1版
印　　次	2025年1月第1次印刷
定　　价	68.00元

ISBN 978-7-5664-2868-4

策划编辑：吴泽宇		装帧设计：李　军　孟献辉	
责任编辑：吴泽宇		美术编辑：李　军	
责任校对：范文娟		责任印制：陈　如　孟献辉	

版权所有　侵权必究

反盗版、侵权举报电话：0551—65106311
外埠邮购电话：0551—65107716
本书如有印装质量问题，请与印制管理部联系调换。
印制管理部电话：0551—65106311

编 委 会

主　任　　李　明　　赵　琼
副主任　　胡遵远　　商　红
编　委　　任欢欢　　刘新芳　　关行邈　　苏　昕
　　　　　　李　明　　李光亚　　李晓兵　　李媛媛
　　　　　　杨　帆　　张海琳　　张淑华　　周文洋
　　　　　　赵　琼　　赵相莲　　胡遵远　　姚晓璐
　　　　　　钱　斌　　商　红　　程　平　　樊桂敏
　　　　　　胡遵远　　李嘉树　　王　挺　　黄　鹤
　　　　　　祁　莹

编 辑 部

主　　编	钱　斌
副 主 编	张海琳　周文洋　李媛媛　杨　帆
	李晓兵　程　平
执行编辑	汪　月　沈小萌
特邀编辑	商　红　康　蕾
编　　辑	王祥祥　权王妍　朱月月　关傲雪
	许正东　李　珍　李　栋　李俊威
	李鑫焱　许腾腾　余承璋　汪　月
	沈小萌　周　岳　周　颖　赵梦珂
	南玉红　程玉影　雷　蕾　冀小华

前　言

　　中国科学技术大学（以下简称为"科大"）于1958年9月在北京创建。这是党亲手创办的红色大学，是为"两弹一星"事业而建立的大学，她的创办被称为"我国教育史和科学史上的一项重大事件"。肇基于1928年的安徽大学（以下简称"安大"），校名由毛泽东亲笔题写。作为一所具有红色革命传统的高等学府，她被誉为省属高校的"排头兵、领头雁"。1979年，邓小平为合肥工业大学（以下简称"工大"）题写了校名。学校深怀"工业报国"之志，成为国家人才培养、科学研究、社会服务、文化传承创新和国际交流合作的重要基地。长期以来，在教学中融入红色文化和科学精神，培养"六有"大学生，一直是三校思政理论课的优势和特色。

　　本书是大学生在三校"四史"教育活动中，依据安徽省130位开国将军的真实人生经历，按照当代青年人的接受习惯，创作出的他们"形成初心""践行初心""不忘初心""传承初心"的故事集。这既是一次党史学习形式的创新，也是革命精神在当代如何传承、革命文化在当代如何传播，以及科大、安大和工大等多校联动、多门思想政治理论课共同创新，在实践教学方向上的一次有益探索。它是教学团队多项科研、教研项目综合创新的结果。

一

2021年是中国共产党成立100周年。百年来,中国共产党从小到大、从弱到强,已经发展成为拥有9600多万党员的世界上最大的马克思主义执政党。党领导中华民族实现了国家的独立和人民的解放,确立了社会主义的基本制度,进行了改革开放。在新的历史时期,随着小康社会的全面建成,各族人民在中国共产党的领导下,正意气风发地向着全面建成社会主义现代化强国的第二个百年奋斗目标迈进。

站在历史的节点,中共中央号召开展党史的学习教育活动。习近平总书记指出,重视历史、研究历史、借鉴历史,可以给我们带来很多了解昨天、把握今天、开创明天的启示。要了解我们党和国家事业的来龙去脉,汲取我们党和国家的历史经验,正确了解党和国家历史上的重大事件、重要会议、重要人物,这对正确认识党情、国情十分必要,对开创未来也十分必要。通过党史的学习和教育,努力从党走过的风云激荡的历史中、从党开创和不断推进的伟大事业中、从党全心全意为人民服务的根本宗旨和长期实践中,深化人民群众对党的信赖,坚定对党的领导的信念、对中国特色社会主义的信心。

通过教育部规划基金项目"区域革命文化的生态与新时代传播实证研究"(项目号:18YJAZH069)的研究,我们认为:党史教育要取得实效,除了进行面上的、宏观的、理论的阐释和宣传,还要结合各地区、各行业的实际情况,以受教育者身边人、身边事作为教育材料。只有将抽象的教育转化为可感知、可触摸的事物,党的历史才能成为最生动、最有说服力的教科书。

百年的安徽党史是百年中共党史的重要组成部分,是百年中共党史的生动缩影。

在党的创建和大革命时期,安徽是马克思主义传播、中共组织创建和活动较早的地区之一。1923年12月,在安庆濮家老屋成立了中共安庆支部,这是安徽第一个城市党组织。在此之前,在寿县小甸集成立了中共小甸集特别支部,这是安徽第一个农村党支部。土地革命时期,安徽是中国革命的重要策源地、人民军队的重要发源地和苏维埃政权建设的模范区域。阜阳四九起义是中共在皖北反抗国民党反动派的首次起义,在安徽大地上第一次树起了苏维埃的旗帜。此后,安徽各地先后举行大小起义近70起,沉重打击了国民党的反动统治。其中,立夏节起义、六霍起义、请水寨起义之后,组建了中国工农红军第32师、第33师和潜山工农革命军,创建了豫东南和皖西两块革命根据地,这两块革命根据地成为鄂豫皖苏区的重要组成部分。抗日战争时期,安徽是党领导华中抗战的指挥中心和新四军华中敌后抗日的重要战场。曾先后取得首战蒋家河口、五次繁昌保卫战、两次皖南反扫荡战斗的胜利,战果辉煌。皖南事变后,新四军军部先是在苏北盐城成立,后又和中共中央华中局移驻淮南抗日根据地,领导华中敌后抗战和根据地建设,直至抗战结束。在安徽,中国共产党及其领导下的抗日武装先后建立起淮南、淮北、皖江三块敌后抗日根据地,成为安徽抗战的中流砥柱,是中国共产党领导的19块抗日根据地的重要组成部分。解放战争时期,安徽又是刘邓大军千里跃进大别山的主要目的地,是国共两党战略决战的重要战场,为淮海战役、渡江战役的胜利,为建立新中国作出了卓越贡献。

在党的领导下,安徽在各个历史时期都取得了彪炳史册的伟大成就,在救国、兴国、富国、强国的伟大征程上谱写了"站起来""富起来""强起来"的安徽篇章。

在中国共产党百年的精神谱系中,也有具有安徽特色的精神之花。在土地革命时期,这里形成了"坚守信念、对党忠诚,胸怀全局、敢于奉献,军民同心、团结奋斗,不畏艰苦、勇当先锋"的大别山精神。在抗日战争时期,这里锻造了"跟党举旗的坚定信念,英勇果敢的钢铁意志,坚韧不拔的顽强作风,众志成城的赤诚团结,相忍为国的博大胸怀,步调一致的自觉纪律"的新四军精神。在解放战争时期,这里孕育了"军民团结、一往无前,坚定信念、革命到底,勇于担当、无私无畏"的渡江精神。在改革开放时期,这里铸成了"改革创新、敢为人先"的小岗精神。这些精神特质,成为党的精神谱系生动的、有说服力的注释。

科大、安大和工大都是在安徽办学的重点大学。立足于区域文化资源，在党史教育中着力讲好安徽党的故事、革命的故事、英雄的故事，这些具有典型地域特色的"身边人""身边事"内容丰富、事例鲜活，可以使身在安徽的三校学子更加深刻了解昨天的中国人民在党的领导下，为民族独立、国家进步而奋斗的英雄诗篇，对明天的中国富强和民族复兴抱有更强烈的信心和期盼，进而转化为今天昂扬奋进的斗志。

二

2016年4月24日，习近平总书记在安徽金寨调研时指出：一寸山河一寸血，一抔热土一抔魂。回想过去的烽火岁月，金寨人民以大无畏的牺牲精神，为中国革命事业建立了彪炳史册的功勋，我们要沿着革命前辈的足迹继续前行，把红色江山世世代代传下去。革命传统教育要从娃娃抓起，既注重知识灌输，又加强情感培育，使红色基因渗进血液、浸入心扉，引导广大青少年树立正确的世界观、人生观、价值观。紧接着，习近平总书记来到合肥。在科大，他与大学生交流学习生活情况，分享自己三次来科大的感受，勉励同学们肩负时代责任，高扬理想风帆，做有理想、有追求的大学生，做有担当、有作为的大学生，做有品质、有修养的大学生。习近平总书记的讲话揭示了党史教育的一个重要的着力点，那就是受教育者的情感认同。

情感认同是一种积极的、肯定的情绪体验，当他人或群体的态度、思想、价值观念、行为方式等符合个体自身需要时，主体就会以积极的态度，去认可、接受，并主动实现内化。情感认同也是一种有价值的、自由的内心体验，因为人们的行动并不完全受到理性因素的支配，反而会依据自己的情感去行动，并在行动中体验到脱离必然性约束的满足感。所以，党史教育首先要关注并得到人们的情感认同，经过受教育者个体情感的唤醒、激发、实现、提升，才能达成"学史明理、学史增信、学史崇德、学史力行"的目的。

作为大学生思想政治教育的主渠道、主阵地，高校思政理论课如何融入党史教育，以何种方式融入党史教育，这是一个需要认真思考的问题。

我们通过高校思想政治理论课教学方法改革"择优推广"项目"《中国近现代史纲要》课程微创作教学法研究"(项目号:sztsjh2019-3-2)探索,形成了"微创作教学"的特色模式。

所谓"微创作模式",是学生在教师指导下,用短图文、短视频、短音频等各种"微作品",反映、表达或评析某一主题并进行共享的各种教学活动的总称。微创作模式充分考虑了当前思政课教学存在的共性问题,参考了其他教学模式的优势,从情感认同入手,以创作为重要手段,以作品为主要载体,以"微"字为鲜明特色,课内课外打通,线上线下结合,特色鲜明,效果显著。

创作是将认识转化为审美并进行传达的过程。教育对象如果不能将教育内容有效内化、转化,是不能达成思想政治教育立德树人根本目标的。在思政课教学过程中指导党史主题创作,就是通过文学艺术的形式,实现党史教育内容的内化和转化。总体说来,这个过程可以在以下两个方面对学生产生积极的影响:

首先,在创作过程中,需要人的理性思维的不同程度参与,作者的世界观、人生观、价值观,包括他的政治倾向、道德信念、美学理想和哲学观点等,都会自觉或不自觉地体现在作品当中。百年来中国共产党的历史进程,国情党情复杂多变,历史事件波澜起伏,人物命运大起大落,赋予学生极大的创作空间。要表现这样宏大的背景,学生所构想的作品,必然蕴含了他的某些理性思考,必然触及了他内心的情感因素。这样,在创作过程中,学生一方面加强了对课堂所学的理解,同时又通过创作的形式认同并且表达出了所学的理论。

其次,在鉴赏优秀的文创作品时,通过细腻的审美感受和想象、激情、联想、共鸣等心理模仿,能够将正确的思想理论、鲜明的政治方向、端正的价值导向、高尚的道德情操深深地扎根到大学生内心当中,进而转化为始终不渝的情感、坚定不移的信念和自觉自愿的行动。教师课堂上党史教育内容的讲述,经由身边同学艺术化地表现出来,较之教材更贴近学生的生活,更富有感染力,这就强化了学生的认知和认同。

需要指出的是,思政课程教学过程中给学生布置学习任务,要遵循适度原则。过重过高的创作要求,学生要么难以完成创作,要么就会过度挤压课余时间,使学生产生厌倦或抵触情绪。随着微时代的到来,碎片化传播成为一种主流趋势。与之相关的微创作具有"短、快、精"、参与性广、即时性、随意性、形式新颖及趣味性强等特点,深受欢迎。大学生通过各种碎片化的文字、图片、语音、视频(微作品)等表达观点、记录生活、展示自我等,已成为一种重要的习惯;而随着科技的进步,这些微作品的创作、制作、分享也都变得简单便捷。因此,将微创作融入思政课程教学,既顺应了这种趋势和习惯,也降低了创作的难度,减轻了学生的负担,同时调动了他们学习的积极性。

在教师的有效调度下,学生充分发挥主观能动性,围绕党史主题进行微创作,将严谨但略显枯燥的理论用大量的、生动有趣的微作品丰富起来,使理论具体化、形象化,学生在学习的过程中实践,在实践的过程中学习,循环往复,从而达成党史教育根本目的。

三

一种教学模式要想取得实效,必须做好教学设计。我们的微创作主题设计来自于安徽省哲学社会科学规划项目"金寨'人民军队重要发源地'研究"(项目号:AHSKWY2018D05)的阶段性研究中。

我们通过大数据研究,发现被习近平总书记赞誉为"两源两地"的安徽金寨,它的军事政治人才有着群体性崛起的特点。中华人民共和国的开国将领中,金寨籍的有59位,占全国1609名开国将军总数的4%。此外,尚有147位省军级和382位地师级领导干部。许多外省籍高级人才也曾在这片红色的热土上战斗生活过。据统计,全国有20%以上的开国将军和数千名高级领导干部在这里参军、战斗和工作过。源于金寨的红军队伍中,一共涌现出340多位开国将军,占全国总数的21%以上。中国共产党的36位军事家中至少12人在金寨战斗过,占总数的33%。金寨红军因此成为人民军队的人才之源。

包括金寨在内,安徽共有开国将军130位,是全国第四将军省。梳理这些开国将领的成长经历,他们大都具有这样的特点:苦难中投身革命、少年时加入军营、革命信仰无比坚定,等。这些安徽籍开国将领跟随中国共产党,历尽千辛万苦,克服千难万险,把红色割据武装从星星点点发展成如今中国人民解放军的千军万马。这些都是他们一刀一枪拼出来、一步一步趟过来的,他们深深懂得:没有中国共产党,就不会有属于人民的武装;没有人民的军队,也就没有属于人民群众的一切。"没有共产党就没有新中国"成为他们的初心和终生的信念。

安徽开国将领们的身上,集中体现了共产党员筚路蓝缕的探索精神、鞠躬尽瘁的奉献精神和对党的事业、对中华民族的无限忠诚,是进行党史教育的极好材料。据此,我们进行了如下设计:在思政课堂上,我们要求学生以将军的人生经历为基础,每人创作四篇"初心故事",即:将军参军以后,怎样在党和军队的教育下"形成初心";他在革命战争年代中,如何舍生忘死去"践行初心";在和平建设时期的工作、生活中,他又是如何"不忘初心";对家人、对亲友、对身边人,将军是如何严格要求,"传承初心"的。故事完成的标准:室友听得明白,同学很受感动。

2021年春季开学之后,我们在科大、安大、工大三校不同的思政课堂同时推进教学改革。我们将创作主题下达到团队教师的每个教学班,具体落实到每位同学身上。布置文创任务后,要求学生查找素材,仔细阅读,深入构思,无论是怎样的作品呈现,首先都必须有文字材料,并附上所查资料的截图,从而督促学生认真创作。有困难的学生,还可以在班级群求助,大家集思广益,共同创作。

单调的课后作业、学习心得写作被微作品创作所取代,这一做法受到了学生们的欢迎。学生上课认真听讲,课后认真阅读开国将军的教材,主动请求教师、同学们的指导和帮助,仔细推敲打磨作品。他们的创作热情高涨,甚至其他班级的一些学生也加入了进来。

虽然囿于文化功底和创作能力,他们未必能做出什么"传世名作",但这些大学生在国家的衰落与复兴、社会的动荡与富强、人生的悲欢与离合、将军的传奇与坚守等具体情节之中,表达出对过去的反思,对现实的热爱和对未来的展望,其中不乏精品之作。

我们将其中一些较好的初心故事,上传班级群,要求大家评论。学生应者云集,从谋篇布局,到文创内容,再到主题思想,一一点评。有些作品争论得颇为激烈,双方为了证明自己的观点,往往引经据典,有的把教材内容上传,有的粘贴网上资料的链接,让旁观者目不暇接。虽然大多数争论并没有最终的结果,但是在论辩过程中,却触动了学生内心的情感,加深了他们对党史教育内容的理解。

在课堂上,我们继续利用微作品"反哺"教学。要求作者展现自己的作品,然后由教师进行点评。精彩的初心故事,鞭辟入里的点评,收到了很好的课堂效果。

课程结束后,由学生组成的评议组对微作品进行评议,作为同学们平时成绩的主要依据。

课后进行调研。从反馈情况看:微作品的创作和赏析,大大激发了学生的学习兴趣,有效地传递了教育的内容,尤其强化了学生对党史教育的情感认同,收到了很好的教育教学效果。

上述教研活动在科大、安大、工大等高校的不同思政课堂进行了多次实践,均取得良好成效。教师团队取得阶段性成果,顺利完成安徽省高校"三全育人"试点省建设暨高校思想政治能力提升计划项目"基于情感认同的高校思政理论课微创作教学法研究"(项目号:sztsjh－2022－1－7)的研究工作。

四

将学生的作品编辑出版,是巩固教学成果、深化党史教育的重要环节。我们从2021年暑期开始,对学生作品进行遴选和润色。

我们联合科大、安大、工大三校的马克思主义学院的相关教师,并在三校召集了一批本科生、研究生,组成编辑部,由张海琳老师具体负责,对原始稿件进行整理。

两年多来,三校大学生共创作初心故事一千余篇。从文稿质量来看,学生创作态度认真,总体质量较好。但从编辑出版角度来看,由于青年人的人生阅历、历史知识和写作功底等方面的不足,不少初心故事存在一些瑕疵。如,有的故事在结构上不太合适,适当调整可能更好些。有的故事语言过于直白,缺少韵味。有的故事的内涵上还可以进一步挖掘;或者在思想表达上比较模糊,还可以再明晰一些。有的故事在选材上,似乎并不合适。还有的故事,在细节上存在明显错误。等等。

各位主编商议后认为:本书不仅是教学成果的一次总结,也是为红色文化传播准备高质量的作品。因此,首先对真实性进行把控,不是取材于将军真实人生经历的,一概不用。其次在思想性上也要严格要求,"非红不用"。在故事情节上,在尊重原作者表现方式的前提下,能改则改;对于人名、时间、地点等错误,则予以改正。而对于一些非原则性问题,一般不作较大的修改,尽量保持这些作品的"原生态"。

编辑部经过认真挑选、修改,最终形成初稿,内含初心故事约600篇。

为进一步提高编校水平,我们联系了安徽大学文学院,希望通过中文专业学生的修改,提高文稿质量。此举得到了吴怀东院长的大力支持,他认为这是推动课程思政建设、发挥学生专业特长的好形式。文学院的姚晓璐老师受托,组建了学生团队,对初选出来的初心故事进行了文学加工或重新创作。经过这次编校,整合出初心故事约300篇,书稿的质量也有了整体性的提高。基于此,我们顺利完成安徽省质量工程项目"基于情感认同的高校思政理论课'微创作'教学模式研究"(项目号:2021szjyxm007)的阶段性研究。

这本书稿不仅是一本文学范式的开国将军故事集,也是一本党史教育的教学成果集,更是一本展现当代大学生风采的作品集。透过这些略显稚嫩但形式多样、语言活泼、思想敏锐的一篇篇微作品,我们不难看出青年人对英雄的崇敬,对党的初心使命、性质宗旨、理想信念的理解和认同,他们对历史的思考、对国家的热爱、对责任的担当和对未来中国的信心,对中国特色社会主义文化的自信,以及洋溢在字里行间里的真挚情感。

书稿编辑还凝聚了团队更多的思考。怎样汲取中华优秀传统文化的滋养,推动其与红色文化结合,熔铸当代青年人的文化自信?我们通过讨论,决定为每一位开国将军创作一首七绝古体诗,要求诗歌里必须涵盖将军的人生经历或主要贡献。杨金香老师组建了诗歌创作团队,其成员包括来自全国各地甚至是旅居海外的传统诗歌爱好者。团队成员根据安排,查找将军资料,潜心写作,共创作了将军诗歌170篇,圆满完成了任务。

初心故事和将军诗歌的创作相融合,基本达到了这样的目标:以真人真事为基础的"真实的力量",以经过适当艺术加工,适应当代传播的"艺术的力量",汇聚成党史教育"初心的力量"。

书稿付梓之际,感谢各位老师和同学们的付出,感谢责编吴泽宇先生的奔走辛劳。祈愿这本承载来自全国各地青年作者共同创作的《初心照亮未来》,能够成为党史教育的生动教材,用故事讲述党的历史,用故事传播红色文化,用故事传承革命精神,在感动读者的同时,助力当前社会主义核心价值观的弘扬和革命理想信念的树立。

目　录

前　言	1
001 卜万科将军	1
强渡嘉陵江	1
桐柏山剿匪	2
002 曹灿章将军	3
智取秀水河子	3
铁血飞虎师	4
坚定的信仰	5
003 曹广化将军	6
严格要求子女	6
004 曾绍山将军	8
特别的袜子	8
家国愿	9
005 曾宪池将军	10

起义惊雷	10
长生口上声震天	12
爱国无海岸	13
006 查玉升将军	14
苦孩投军	14
消灭汉奸	15
将军的教诲	16
大公无私	17
007 陈伯禄将军	18
少年志于军	18
乔装取商城	19
荣光置身后	20
008 陈发洪将军	21
战士重要	21
009 陈鹤桥将军	22
笔墨为戎甲	22
010 陈宏将军	23
"岱崮连"的由来	23
011 陈先瑞将军	24
参加红军	24
突围独树镇	25
家庭会议	26
012 陈祥将军	27
巧援司令部	27
勤俭家风代代传	28
013 陈宜贵将军	29
打土豪	29
言传身教	31
014 程明将军	32

"小鬼"急行军 …………………………………………… 32
　　　勇于担当 ……………………………………………… 33
　　　不占便宜 ……………………………………………… 34
015 程业棠将军 ……………………………………………… 35
　　　"团长,让我去!" ……………………………………… 35
　　　闪耀的勋章 …………………………………………… 36
016 戴正华将军 ……………………………………………… 37
　　　为万世开太平 ………………………………………… 37
　　　白衣秉丹心 …………………………………………… 38
017 邓忠仁将军 ……………………………………………… 39
　　　坚守四平 ……………………………………………… 39
018 丁世方将军 ……………………………………………… 40
　　　悬壶济苍生 …………………………………………… 40
　　　危难坚守 ……………………………………………… 42
　　　建立海军卫生部 ……………………………………… 43
019 丁武选将军 ……………………………………………… 44
　　　严肃军纪 ……………………………………………… 44
020 董洪国将军 ……………………………………………… 45
　　　"卖工还枪"闹革命 …………………………………… 45
　　　戒烟 …………………………………………………… 47
021 杜彪将军 ………………………………………………… 48
　　　拒绝阔奢 ……………………………………………… 48
022 方国华将军 ……………………………………………… 49
　　　弃暗投明闹革命 ……………………………………… 49
023 方升普将军 ……………………………………………… 50
　　　力挽狂澜 ……………………………………………… 50
　　　报国志 ………………………………………………… 51
　　　农民本色 ……………………………………………… 52
024 方子翼将军 ……………………………………………… 53

传承初心 ·· 53
025 傅春早将军 ·· 54
　　　独树镇遭遇 ·· 54
026 傅绍甫将军 ·· 55
　　　人民的子弟兵 ·· 55
027 高先贵将军 ·· 56
　　　石头仗 ·· 56
　　　为人民服务 ·· 57
028 顾鸿将军 ·· 58
　　　"西瓜"助"突围" ·· 58
　　　情系希望小学 ·· 59
029 关盛志将军 ·· 60
　　　永不掉队 ·· 60
　　　野菜汤 ·· 61
030 官俊亭将军 ·· 62
　　　夜袭阳明堡 ·· 62
031 桂绍彬将军 ·· 63
　　　革命故地诞新星 ·· 63
　　　强攻运城立奇功 ·· 64
　　　念亲不徇私 ·· 65
032 桂绍忠将军 ·· 66
　　　病人至上 ·· 66
033 韩庄将军 ·· 67
　　　炸碉堡 ·· 67
　　　炮兵学校 ·· 68
034 何柱成将军 ·· 69
　　　九死一生 ·· 69
　　　下连当兵 ·· 70
035 洪学智将军 ·· 71

　　　　打游击 ·· 71
　　　　翻越大雪山 ·· 72
　　　　优良传统不能丢 ···································· 73
　　　　一代风范励后人 ···································· 74

036 胡继成将军 ·· 75
　　　　当兵的孩子 ·· 75
　　　　隐瞒伤情 ·· 76
　　　　不用特权 ·· 77
　　　　说到做到 ·· 78

037 胡鹏飞将军 ·· 79
　　　　舍小家顾大家 ······································· 79
　　　　校长亲上阵 ·· 80

038 黄仁廷将军 ·· 81
　　　　英勇反击 ·· 81
　　　　空军师长 ·· 82

039 焦玉山将军 ·· 83
　　　　与阵地共存亡 ······································· 83
　　　　一心为国 ·· 84

040 康烈功将军 ·· 85
　　　　白刃杀敌 ·· 85
　　　　行走在"刀尖"上的父亲 ······················· 86

041 李发将军 ·· 87
　　　　"喂你们吃枪子" ·································· 87
　　　　只争朝夕勇担当 ···································· 88
　　　　"小气"的将军 ····································· 89

042 李发应将军 ·· 90
　　　　忍痛取弹 ·· 90
　　　　耐心教学 ·· 91
　　　　半块馒头 ·· 92

043 李国厚将军 ··········· 93
　　"李疯子"的由来 ··········· 93
　　"饮水思源"碑 ··········· 94
044 李家益将军 ··········· 95
　　俘敌小喇叭 ··········· 95
045 李克农将军 ··········· 96
　　二嫂的生活费 ··········· 96
　　一个"党外人士" ··········· 97
046 李世安将军 ··········· 98
　　第一支航空兵部队 ··········· 98
　　传家训 ··········· 99
047 李书全将军 ··········· 100
　　少年英雄 ··········· 100
　　知恩图报传佳话 ··········· 101
048 李铁砧将军 ··········· 102
　　向老百姓学习 ··········· 102
049 李耀将军 ··········· 103
　　一身是胆 ··········· 103
050 李忠信将军 ··········· 104
　　身先士卒 ··········· 104
051 梁从学将军 ··········· 105
　　瓜瓢治伤 ··········· 105
052 廖运周将军 ··········· 107
　　巧设伏击 ··········· 107
053 林彬将军 ··········· 109
　　怒斗土匪 ··········· 109
　　父老乡亲 ··········· 110
054 林乃清将军 ··········· 111
　　板桥集战斗 ··········· 111

| | 水中战斗 | 112 |
| | 月亮还在 | 113 |

055 林维先将军 114
- 扁担杀敌 114
- 严字当头树家风 116

056 刘健挺将军 117
- 韭菜将军 117

057 刘善福将军 119
- "拐子"英雄 119

058 吕仁礼将军 120
- 难忘四泉恩 120

059 马文波将军 122
- 胭脂河畔托子 122
- 奋战在第二战场 123

060 马琮璜将军 124
- 养马证决心 124

061 闵鸿友将军 125
- 为人民而战 125
- 男儿志 126

062 倪南山将军 127
- 三枚银元 127
- 老鄣山 128

063 聂鹤亭将军 129
- 救国之道 129
- 临危受命 130
- "坏脾气"将军 131

064 潘峰将军 132
- 回延安 132

065 皮定均将军 133

爱兵如子 …………………………………………………… 133
　　　红色家风 …………………………………………………… 134
066 戚先初将军 …………………………………………………… 135
　　　革命一定会成功 …………………………………………… 135
　　　苦苦菜不"苦" …………………………………………… 136
067 漆远渥将军 …………………………………………………… 137
　　　太行英雄 …………………………………………………… 137
　　　"怒"与"恕" ……………………………………………… 139
068 齐勇将军 ……………………………………………………… 140
　　　帮人要真心 ………………………………………………… 140
069 宋承志将军 …………………………………………………… 141
　　　多亏你这个"亡命徒" …………………………………… 141
070 宋维栻将军 …………………………………………………… 143
　　　木船击舰创奇迹 …………………………………………… 143
071 宋文将军 ……………………………………………………… 144
　　　青春许国 …………………………………………………… 144
　　　逆境中的坚守 ……………………………………………… 145
072 苏焕清将军 …………………………………………………… 146
　　　赴长征 ……………………………………………………… 146
　　　吃馒头 ……………………………………………………… 147
073 孙超群将军 …………………………………………………… 148
　　　走向抗争 …………………………………………………… 148
　　　智歼敌 ……………………………………………………… 149
　　　激荡克难力量 ……………………………………………… 150
　　　以身作则 …………………………………………………… 151
074 孙仪之将军 …………………………………………………… 152
　　　淬炼为民"红心" ………………………………………… 152
　　　医者仁心 …………………………………………………… 153
　　　改革卫生建设 ……………………………………………… 154

- 075 唐哲明将军 ·· 155
  - 一心向党 ·· 155
  - 办学校 ·· 156
  - 一定不要做对不起国家和民族的事 ·············· 157
- 076 陶国清将军 ·· 158
  - 少年立大志 ·· 158
  - 人民的军队 ·· 160
- 077 陶勇将军 ·· 161
  - 无忧无畏 ··· 161
  - 下连当兵 ··· 162
- 078 滕海清将军 ·· 163
  - 要为革命者 ·· 163
  - 舍命追赶红星 ··· 164
  - 办军校 ··· 165
  - 不爱红装爱军装 ·· 166
- 079 涂学忠将军 ·· 167
  - 少年参军 ··· 167
  - 不惧危险 ··· 168
- 080 汪家道将军 ·· 169
  - 翻山越岭传命令 ·· 169
  - 没什么好怕的 ··· 170
  - 父亲讲的故事 ··· 172
- 081 汪乃贵将军 ·· 173
  - 小铁匠投军 ·· 173
  - "傻子"连长 ·· 174
  - 农民的儿子 ·· 175
- 082 汪少川将军 ·· 176
  - 革命理想在心间 ·· 176
  - "区别对待" ·· 177

	梅山大桥	178
	送子上战场	179
083	王德贵将军	180
	成为一束光	180
	死守寺山口	181
084	王凤梧将军	182
	接待印尼总统	182
	铁面将军	183
085	王海清将军	184
	参加游击队	184
086	王奎先将军	185
	鹞山血战	185
	剿匪战斗	186
087	王远芬将军	187
	抗洪前线	187
	为国家帮点忙儿	188
088	邬兰亭将军	189
	为劳苦大众打天下	189
089	吴诚忠将军	190
	爆破对抗坦克	190
090	吴瑞山将军	191
	神出鬼没	191
091	吴宗先将军	192
	浴血剿叛匪	192
	废寝忘食	193
	言传身教	194
092	肖全夫将军	195
	把菩萨砸了	195
	智擒"铁老虎"	196

	珍宝岛之战	197
093 肖选进将军		198
	唐山救灾	198
094 熊挺将军		199
	熊罴之士	199
	大公无私	200
095 徐光友将军		201
	死里逃生	201
	保护战友	202
	家庭建设	203
096 徐国夫将军		204
	围歼"钢七军"	204
	二月洪川江水寒	205
097 徐介藩将军		206
	服从组织	206
098 徐立清将军		208
	爷台山战斗	208
	让军衔	209
	家徒四壁	210
099 徐其海将军		211
	梦想的队伍	211
	以少胜多	212
	扶贫路	213
100 徐体山将军		214
	济南决战	214
	立家风	215
101 严家安将军		216
	夜袭安阳机场	216
	"奇怪"的父亲	217

102 杨国夫将军 …………………………………… 218
  血战山海关 …………………………………… 218
  渔业功臣 ……………………………………… 219
  吃完那个馒头 ………………………………… 220

103 杨克武将军 …………………………………… 221
  智擒十三"贼" ………………………………… 221
  将军种菜 ……………………………………… 222

104 杨以山将军 …………………………………… 223
  草地兵站站长 ………………………………… 223
  杨以山进藏 …………………………………… 224

105 杨银声将军 …………………………………… 225
  教会医院的神秘"少爷" ……………………… 225
  回乡探亲 ……………………………………… 226

106 杨植亭将军 …………………………………… 227
  一套军服 ……………………………………… 227

107 杨中行将军 …………………………………… 228
  "杨摆子" ……………………………………… 228
  那一天的雪夜 ………………………………… 230
  "爷爷不是英雄" ……………………………… 231

108 于敬山将军 …………………………………… 232
  以退为进 ……………………………………… 232
  截敌"万岁军" ………………………………… 234

109 于侠将军 ……………………………………… 235
  参军报国 ……………………………………… 235
  奔赴边疆 ……………………………………… 237
  掉落的饭菜 …………………………………… 238

110 余积德将军 …………………………………… 239
  赤子之心 ……………………………………… 239

111 余明将军 ……………………………………… 240

要革命 ………………………………………… 240
　　　守时坚定 ……………………………………… 241
　　　不搞特殊 ……………………………………… 242
　　　精神重如山 …………………………………… 243
112 余品轩将军 ……………………………………… 244
　　　不负信任 ……………………………………… 244
　　　归乡赠衣 ……………………………………… 245
　　　我是农民的儿子 ……………………………… 246
113 余嗣贵将军 ……………………………………… 247
　　　莫欺少年穷 …………………………………… 247
　　　勇反"五一"大扫荡 …………………………… 248
114 詹大南将军 ……………………………………… 249
　　　舍生忘死救同志 ……………………………… 249
　　　活捉敌旅长 …………………………………… 250
　　　浴缸前的木台阶 ……………………………… 251
　　　"抠门大王"不抠门 …………………………… 252
115 詹化雨将军 ……………………………………… 253
　　　只为国与民 …………………………………… 253
　　　智取别动队 …………………………………… 254
　　　灯下的身影 …………………………………… 255
116 张峰将军 ………………………………………… 256
　　　真假司令 ……………………………………… 256
　　　教科书式战役 ………………………………… 257
　　　官大人不"大" ………………………………… 258
　　　远方 …………………………………………… 259
117 张行忠将军 ……………………………………… 260
　　　"偶然"当红军 ………………………………… 260
　　　坚守阿坝 ……………………………………… 261
118 张希才将军 ……………………………………… 262

两袋粮食 …………………………………………………… 262
　　　为了革命的需要 …………………………………………… 263
119　张贤约将军 ………………………………………………… 264
　　　赤诚之心 …………………………………………………… 264
　　　修建引水渠 ………………………………………………… 265
120　张衍将军 …………………………………………………… 267
　　　战地课堂 …………………………………………………… 267
121　张宜爱将军 ………………………………………………… 268
　　　死里逃生 …………………………………………………… 268
　　　铁路便衣大队 ……………………………………………… 270
122　张贻祥将军 ………………………………………………… 271
　　　绝处逢生 …………………………………………………… 271
　　　戈壁滩上写春秋 …………………………………………… 273
　　　去最苦的地方 ……………………………………………… 274
123　张震东将军 ………………………………………………… 275
　　　为穷人打江山 ……………………………………………… 275
　　　大刀将军 …………………………………………………… 277
124　张忠将军 …………………………………………………… 278
　　　寒风中的觉醒 ……………………………………………… 278
　　　修公路 ……………………………………………………… 279
　　　厉行节约 …………………………………………………… 280
125　赵汇川将军 ………………………………………………… 281
　　　妙截美帝侦察机 …………………………………………… 281
　　　谁都不让进的书房 ………………………………………… 282
126　赵俊将军 …………………………………………………… 283
　　　宣传农民运动 ……………………………………………… 283
127　赵遵康将军 ………………………………………………… 284
　　　立夏惊雷 …………………………………………………… 284
　　　为了前线 …………………………………………………… 286

128 周发田将军 …………………………………… 287
　　共同的蓝图 …………………………………… 287
　　智夺谢集 ……………………………………… 288
129 周浣白将军 …………………………………… 289
　　文武双全 ……………………………………… 189
130 周时源将军 …………………………………… 290
　　夜袭青龙观 …………………………………… 290
　　剿匪反霸 ……………………………………… 291

001 卜万科将军

拼杀一路汇川西,胜利长征壮赤旗。
战斗开荒功显著,勋章闪耀载传奇。

——北京 杨金香

强渡嘉陵江

◎王祥祥

1935年3月,卜万科任红31军91师271团副团长。此时的红四方面军为配合中央红军在滇黔边作战,打破国民党军会剿计划,回师川北,计划强渡嘉陵江。

嘉陵江江面很宽,水深流急,沿岸多是峻岭峭壁,易守难攻,堪称天堑。当时的团长对他说:"我们一定要渡过嘉陵江,而且要强行渡过去。万科啊,你刚任副团长就遇到这么大的战事,不要有压力,慢慢来。"

"团长,我明白,带队伍一定要挑起更重的担子。但我不怕,我有责任,也有信心完成这一任务!"卜万科斩钉截铁地回答道。

"万科,前面那座桥就是敌军严防死守的阵地,想要通过可不容易啊。"

"我带几位战士去跟敌人正面交锋。我不怕牺牲,一定能取得胜利!"

敌我双方在桥上展开激烈的战斗。作战中,他一边高举"强渡嘉陵江,迎接党中央"的旗帜,一边高喊:"同志们,跟我冲!"

卜万科率271团随红军31军作为右翼,从苍溪以北的鸳溪口发起攻击。 颗炮弹在卜万科身边爆炸,一声巨响,警卫员惊出一身冷汗,想把他拉走,但是卜万科毅然推开了他,继续投入战斗。在他的带领下,战士们奋勇杀敌,一举攻占敌险要阵地,击溃刘放雄部1个旅。

桐柏山剿匪

◎权王妍

1949年10月,卜万科任河南军区信阳军分区司令员。中华人民共和国成立了,可卜万科的战斗任务还没有结束。

"同志们,这帮土匪三天两头挑起事端,我们得商量一个对策。"在古老的信阳,一场大会上,卜司令看着作战地图,对身边人语重心长地说。

"这帮土匪藏匿于山林,又熟悉当地水路,想剿灭他们实在是不易啊!"一位团长面色凝重。

不少人低下了头,一筹莫展,甚至有人深深地叹了口气。

"我们是军人,我们的字典里没有退缩二字。抗日战争、解放战争我们都打过来了,怎么能在这个地方垂头丧气?土匪之所以难以剿灭,是因为他们和反动势力联合了起来,如果我们一网打尽,就能取得胜利。"卜司令一边大声说,一边指着地图制定方案。

按照方案,附近军分区联合把桐柏山包围起来,严加防守。同时,在城中抓捕特务,到反动地主家搜查,分别剿灭落单土匪。

卜司令亲自审问抓获的土匪、特务,问出了土匪的老巢所在,然后带队上山,抓获了土匪头子。

当地人民感激不尽,纷纷带着鸡蛋、板栗、豫毛峰(信阳毛尖)等特产感谢卜司令。卜司令感谢大家的好意,但是一一回拒了:"保护人民,是我们军人的职责所在,不足挂齿。"

002　曹灿章将军

少小离家壮志豪,长征抗日举戈矛。
为民解放百千战,血沃华章报舜尧。

——北京　王庆新

智取秀水河子

◎权王妍

"参谋长,再不进攻,我们就来不及了!"

"不要着急,再等等。"

"再等下去,我们怕是要全军覆没啊!"部下着急地说。

"不会的。敌人的飞机和大炮杀伤力固然强,但远不如枪弹精准。我们等敌军来到我方百米之内,才能最大限度地发挥我方优势,同时使他们的武器丧失威力。"曹灿章沉声道。

解放战争时期,曹灿章担任东北民主联军第一师一团团长,3师参谋长。在参加东北战场上秀水河子战斗时,敌方军力强大,飞机大炮等重型武器齐全,而我方只有枪炮,双方实力悬殊。但曹灿章沉着冷静,想出了这一应对之策。

"出击!"待敌军进至百米以内时,他下令。士兵冲向前,以手榴弹炸,用大刀砍,双方打成一团。由于两军混杂分不清敌我,炮兵害怕炸到己方而不敢攻击,重型武器完全失去了作用。这一战击退了不少敌军。

入夜,他又利用敌军警戒疏忽,率部从两翼迂回敌人侧后,进行包抄袭击,打得敌人措手不及,死伤惨重。在战斗中,他的腿部被炸弹炸伤,但仍带伤出击,率部与敌肉搏相拼。激战数日,全歼守军。

秀水河子战役是解放军在东北战场上的第一个歼灭战,沉重打击了国民党军的嚣张气焰。

一师一团的任务由秀水河子西北实施主要突击,奏效后向东南发起攻击。

铁血飞虎师

◎朱月月

"师长,上面下命令了,要我们前往三所里。"曹灿章对师长说。

"走,出发!"

三所里是抗美援朝战争中地处西线美第八集团军腹地的一个小村。它南临大同江,北依山峦,是个险要关口,村西有平壤通往价川的一条南北公路,是西线美第八集团军北进必经的战略要地,也是我军截击清川江方向美军主力南逃的一道"闸门"。

此时,曹灿章所在的113师距离三所里有足足72.5公里。在朦胧月色下,113师不顾一切向三所里奔去。天亮时,距离三所里还有十几公里远,几十架美机已经出现在空中。113师副师长刘海清和338团政委邢泽把心一横,大胆下令:"去掉伪装,大摇大摆地行军!"

看着这支在路上毫不顾忌他们的部队,美军飞行员开始犯傻了:这肯定是"韩军",哪有"共军"不怕飞机的。于是,他们呼叫三所里的治安军,"给撤下来的'韩军'准备饭菜,不要忘了他们最喜欢的咸鱼"。

28日上午8时,113师338团驱逐了三所里的韩治安部队,抢占了三所里。

志司的电台收到了电报。

"我部已经先敌到达三所里!"

"敌人企图通过三所里撤退!"

"我部请示任务!"

彭德怀给第38军下达了一道严厉的命令:"给我像钢钉一样钉在那里!"

113师仅用14个小时,就用双脚在崇山岭中行进了72.5公里,胜利完成了上级交给的"无法完成的任务"。

坚定的信仰

◎ 关傲雪

"这些年,你们过得怎么样?"曹灿章回到家乡,见到亲人们,百感交集问道。

"经常闹饥荒,没有吃的。你妹夫前一阵子已经饿死了。"曹灿章的妹妹边说边泣不成声。

曹灿章怎么也没有想到,再次和妹妹见面,居然是这样的情况。战争年代他们被迫离散,妹妹不知下落,音讯全无;多年之后,自己已功成名就,而她和家人却过得这样艰难。曹灿章的拳头不自觉地紧了起来。自己的使命还远远没有完成,必须不忘初心、更加努力,让百姓过上幸福的日子!

"我这还有一些钱,你拿去,好好生活。"他转过头,对一旁的外甥道:"你跟随我去参军。建国大业未竟,你我七尺男儿,皆有义务跟随党继续进行斗争!"

"是,舅舅。"

行军期间,曹灿章始终视外甥为普通士兵,从未逾越过原则。

新中国成立后,外甥参加工作却没有好的引荐,向舅舅寻求帮助时,曹灿章也是从未说情。每当家人不解地问起,便道:"新中国幸福生活来之不易,我不能走后门,要坚决抵制不正之风!"大家明白了,在将军心里,始终国为重、家为轻,这是他一生坚定的信仰。

003 曹广化将军

> 寄情黄埔锻金身,血雨腥风砺魄魂。
> 百战勋章酬杰士,笑迎祖国万方春。
>
> ——北京　王庆新

严格要求子女

◎ 许正东

"爸,跟您说……"

"你不要说话!"

曹中南吓得手一抖,筷子上的饭掉到了桌子上。

"吃饭的时候就好好吃饭,不要讲话。好好嚼食物,才对身体好,将来才能更好地报效祖国。"

曹中南撇了撇嘴。这样的话,父亲已不知道说过多少次。但每次吃饭不经意讲话时,父亲的呵斥都让他感到害怕。不等父亲继续,他迅速地将桌子上的饭粒夹起,吃到嘴里。

父亲慈爱地看着他,眼里的责怪少了几分。

饭后,曹中南问父亲:"爸,为什么您对我们的德行要求这么严格,吃饭不能讲话、不能掉米粒、不能有剩菜,丢弃的纸张不可以有空白,有了阿姨帮忙还要自己洗衣服、打扫房间卫生,却对我们的学习成绩要求不严呢?"

曹广化说:"人无德不立。先学会做人,才能学会做事。一个连自己日常行为都不能进行约束的人,还怎么能指望他造福社会呢?至于成绩,只能反映你们在学科上的掌握程度。我不要求你们每一科都学得很好,只要日后从事的工作是正经的,能够为国家做贡献的,就足够了。"

新中国成立后,曹广化仍然生活节俭。他亲手做了一个工具箱,家里东西坏了就自己动手修理,并且要求子女学会自己修鞋、补衣。曹中南说,父亲年过90后,还保持着自己洗小件衣物的习惯。在90多岁时,曹广化仍然步履矫健、精神矍铄,他常对子女说:"不论职务高低、收入多少,我都是知足的,因为我是幸存者。"

004 曾绍山将军

> 戎装鄂豫皖川陕，日寇方平更渡江。
> 接厉赴朝功不朽，忠贞勋将永留芳。
>
> ——北京　王庆新

特别的袜子

◎ 李　珍

1965年，曾明顺收到第四军医大学的录取通知书，内心高兴极了。她立刻跑回家，向曾绍山说了这个消息。曾绍山没有多说什么，从柜子里拿出了一双缝过的袜子递给了曾明顺。那双袜子不但表面已经发黄，而且每只袜子都有缝过的痕迹，看起来是由两只袜子拆开缝起来的。

曾明顺愣住了，她没想到爸爸居然会送这种旧袜子给她，心里有些不高兴，撇着嘴说："爸，您好歹还是沈阳军区的政委，我是您女儿，我穿这个去上大学还不得被别人笑话。"曾绍山听了以后并没有生气，而是说："明顺，这些袜子虽然不好看，但是穿在脚上很舒服。你上大学是为了学习，而不是比较。记住，当你到学校的时候，你不能说你是我的女儿。这个官职不是用来炫耀的，而是要为人民服务的。我打了这么多年的仗，我从来没忘记我参军是为了什么。你要记住，今天的和平来之不易，不能忘记先辈流过的血，不能攀比。"曾明顺听了以后没有说话，接过了袜子，心中对她的父亲更加尊敬了。

曾绍山的家中十分俭朴，室内的布置甚至都不如一个普通士兵家。曾绍山用的枕头里面的棉花卷成一团，近距离闻起来还有一些奇怪的气味。虽然曾绍山已经是沈阳军区的政委，但仍然恪守节俭的美德，并且以此来教育他的孩子。

家国愿

◎李 栋

"糖瓜嘞,好吃的糖瓜嘞。"伴着远处传来的吆喝声,离乡已久的曾明顺叩响家门:"爸,妈,我回来了!"

迎接她的是母亲的嘘寒问暖,父亲温暖的微笑,以及一桌热腾腾的团圆饭。

眼角不经意地一瞥,少女愣住了,神色渐显冷峻。

"妈,怎么回事,怎么就这么几个菜,一点荤腥都没有?你们过节就吃这个?是不是干休所没好好待你们?我去干休所问个明白!"

"囡囡,冷静一点,是你爸爸主动把干休所送来的粮票都分给了乡亲们,还有一些物资,咱家用不上,就退给部队了。"

"又是这样,怎么又是这样?你们有什么好东西都给乡亲,给国家。可是你们呢?看看咱家有多久没换新衣服了,哪件衣服不是布满补丁?你们教我从小要为中国复兴而努力,我做到了。国家缺医疗人员,我就志愿当医生;国家缺人才,我就把工资捐出去给孩子们买书。我苦一点没事,我还年轻,你们呢?都辛苦大半辈子了,就不能好好过日子吗?"

"别说了。"曾绍山训斥道,"咱家是苦日子过来的,接着过苦日子怎么了。我这辈子就想着毛主席能带着我们走进共产主义社会。我多省一点,咱们国家就能多生产几斤铁,多造几颗子弹。只要国家能强起来,我什么都能干。好了,吃饭,菜都凉了。"

这既是一顿安静的团圆饭,也饱含着女儿对父亲深深的敬意。

005 曾宪池将军

> 金戈铁马岁峥嵘,热血头颅百战轻。
> 沐雨栉风心未改,一怀坦荡见忠诚。
>
> ——山东　孔祥菊

起义惊雷

◎张慧贤

1929年,19岁的曾宪池被任命为赤卫队排长,在南溪参加起义。

立夏那天,天气异常闷热。田里,春日插下的秧苗蔫蔫地垂着。村民们一边干着活,一边把余光看向路边在树荫下乘凉的国民党士兵们,目光中透出的仇恨与愤怒,比阳光还炙热。

"哎,现在的日子不好过呀,你看看他们悠闲自在的,都是抢了我们的!"

"是啊!这一个月以来,他们为所欲为。高兴了,就轰轰烈烈地来到家里,什么好拿什么,粮食、新衣、传家宝全抢了去。若是不高兴了,就拳打脚踢,你看看我这胳膊。"

"明天又要收税了,天天交,这让我们老百姓该怎么活啊!我已经一个多月没吃上饱饭了。哎!"

曾宪池听了他们的话,紧了紧手上的锄头,环顾这些饱经摧残的乡亲。

突然,身边的村民中暑倒下了,因饥饿而消瘦的身躯出现在曾宪池的眼前。曾宪池忙向树荫下的国军求助,希望可以让他们身边的军医救治。可换回来的只有视而不见。

一路上,曾宪池咬紧牙关,悲愤交加,这样的日子让他如何再等下去!只有人民真正地觉醒、反抗……才能停止继续被伤害。他一定要向上级请求尽快组织行动。

中午,两个队员悄悄地从田间溜到了曾宪池的身边,在他耳边轻声说了一句话。曾宪池的双眼充满了希望,精神立刻亢奋起来,因为他听到了——"行动提前,今晚!"

长生口上声震天

◎ 许书源

1938年2月,曾宪池率772团1营参加了长生口伏击战。长生口位于冀晋交界,太行山腹部,是过娘子关入山西的必经之路。

天色渐暗,曾宪池赶到长生口河沟,即将登上西北山坡时,侦察兵突然报告:"曾教导员,从板桥方向开来约一个中队的日军!"

曾宪池想:日军装备精良,我军不能正面迎敌。但太行山山岭沟壑纵横,灌木丛遍布其中,正是打伏击战的大好时机。于是他立即命令战士们迅速隐蔽,布设伏击圈。

不久,从公路上传来了敌救援部队的汽车马达声,一伙日军大摇大摆地开进山沟。此时,八路军将士们正埋伏在旁边高处丛林中,攥紧武器,目光灼灼地盯着敌军。

当日军全部进入伏击圈后,曾宪池低声对将士们说:"我们都是井陉山里的娃儿,从小在这长生口村里长大。前些天,这窝日本鬼子无恶不作,见人就杀,村里大街的房子全部烧光,还糟蹋了不少妇女。你们若真是大好男儿,就随我全歼了这群鬼子!"战士们也一直憋着一口气。闻罢,皆怒发冲冠。曾宪池见群情激奋,大吼道:"弟兄们,为了家乡父老,冲呀!"

曾宪池率先冲在前面,猛烈地射击这些欺负百姓、侵略国家的敌人。日军措手不及,乱成一团。经过长时间的厮杀,曾宪池的部队大获全胜,毙敌130多人,击毁汽车5辆,缴获迫击炮3门。

爱国无海岸

◎ 王一然

1962年秋天，曾宪池被派到防化学兵科学技术研究院出任政委。

"咚咚咚……"

"请进！"曾宪池放下手中的工作。

"政委，您好，我……我想请求您将我调到其他地方工作……"

"怎么了？"曾宪池关切地问道。

"我……没什么，我只是觉得技术研究院可能不大适合我。"研究员低头说道。

曾宪池点了点头："好，我知道了，你先回去吧。"

研究员走后，曾宪池立即联络助理："研究院里有位研究员想离开，你知道怎么回事吗？"

"她啊，是去年来研究院的，台湾籍人……您也知道，国民党逃到台湾后，两岸关系紧张，所以大家或多或少会对从台湾来的人有些偏见。"听罢，曾宪池沉默了少许。站起身，披上大衣，说："来到这儿都是一家人，我们在各个方面多照看她一下。去，召集全体研究员，开会。"

"同志们，我们防化学兵科学技术研究院是为国家研制技术，用我们的知识创造大国重器的地方。我们的工作要求大家齐心协力，用知识武装头脑，并投入为国为民的研发中去，所以无论我们来自哪儿，只要我们能聚集在这里，就要成为一体！互帮互助，为祖国的伟大复兴而奋斗！"听了政委严肃而又激扬的讲话，大家热血沸腾，紧紧攥住身边人的手，高喊道："为祖国的伟大复兴而奋斗！"

自从那次大会结束，那位研究员再没有提交转调申请。整个研究院都被思想政治工作凝聚了起来。几年下来，研究院研发了多项技术成果，被大量使用到国防领域。

006 查玉升将军

忆昔逐鹿布雄兵,沙场披靡寇胆惊。

戎马生涯勋屡建,军中典范史留名。(新韵)

——山东　孔祥菊

苦孩投军

◎王祥祥　张慧贤

查玉升生活在一个穷苦的家庭。由于家贫,父母早早饿死。只剩他一人活在这世上,无依无靠。他只能靠吃百家饭和乞讨为生。

那天,他饿极了,去找经常帮助他的大娘,向她要点吃的。大娘人虽很好,但过得也不富裕。若不是迫不得已,小玉升并不想麻烦她。

来到门前,小玉升还在踌躇时,听到了屋里大娘说道:"隔壁村共产党闹革命闹得正厉害呢!说要打翻地主,为我们这些穷人争取地,让我们吃上饱饭。"

"这敢情好啊,只是什么时候轮得到我们啊!"大爷叹气道。

门外,小玉升握紧了拳头,虽然他不知道什么是共产党,但他知道他们闹革命不仅是为了自己,还是为了给穷人分田,为了生活在水深火热中的老百姓都能吃上饱饭,过上好日子,让人们生活得更好。

突然,门开了。大娘出来倒水,看见了愣愣地站在门口的查玉升,灰头土脸,骨瘦如柴,但眼睛格外明亮。大娘忙招呼孩子进门,领着来到桌前,递了块馒头,说道:"我苦命的孩子,快吃吧,饿坏了啊!"

查玉升并没有着急吃递来的馒头,而是用那亮晶晶的眼睛瞅着大娘,问:"共产党是什么?我可以加入吗?"大娘愣了一下,就把自己知道的事情一五一十都告诉了他。

听完,小玉升拿起馒头飞快地跑了出去,还不忘回头兴奋地挥挥手:"谢谢大娘!"

迎着阳光跑去的小小少年,全身发着金光。

消灭汉奸

◎朱月月

日军实施所谓的"治安肃正"计划,物色汉奸组织"维持会",建立伪组织。

9月初,上级命令:杀几个最大、最坏、最有影响的汉奸,杀一儆百。并将目标锁定为三个镇的维持会会长。

查玉升听从上级命令,立即召集特务队全体队员,慷慨激昂地说:"那些为日本人卖命的中国人,横行乡里,抓人修路,气焰嚣张,四处搜索我军情报,充当日军耳目,残害同胞。现在到了我们行动的时候了。同志们,握紧我们手中的武器,消灭汉奸,救我中华!"

队员们齐声高喊:"消灭汉奸,救我中华!"

随后,查玉升亲率侦查员,详细察看了祁县维持会长的居所。夜晚,四组侦查员悄无声息地潜入,当胸一刀,将睡梦中的维持会长刺死,并留下事先写好的"汉奸下场"条幅和"八路军特务队队长查玉升"的名片。

次日上午,家奴发现家主被杀,急报日伪。10点钟,汉奸被杀的消息迅速传开,民众越传越神奇,说八路军特务队无处不在,无事不能,尤其是查队长神通广大,而且来去无踪。至此,特务队声威大震,日伪军和汉奸闻之胆寒,民众暗中积极拥护。

往后数月,特务队在三个县的平原广泛开展活动,人人都是"查玉升",到处都是特务队,搞得日军和汉奸惶惶不可终日。这样就为我们筹集军需粮草创造了有利条件。

将军的教诲

◎王韵哲

这天,昆明下着蒙蒙细雨,路上有些许泥泞。

昆明军区第一副司令查玉升将军和他的助理小谢坐车准备去北郊场外办事。这时,将军的爱人张自强同志也要出门去五华区街道办事处上班,将军的车辆也正好路过五华区街道办事处。于是,小谢跟将军说:"让张姨顺便坐上来吧?车正好路过她单位门前。"小谢的话还没说完,将军打断说:"这是公车,她不能坐,这是规矩。"

路过将军夫人身边时,将军将手中的伞递了过去,并叮嘱她不要为了省钱而苦了自己,今天天气不好,记得打车。将军说完,小谢觉得很纳闷,下雨天,张姨去上班,顺道捎上一程,也没什么,不用多花那一分钱。于是回道:"这有啥呀,顺路么。"听到小谢这句话,将军说:"难道你忘了党的教诲吗?衡量党性强弱的根本尺子是公、私二字。把握好公私界限,处理好公私关系,才是一名真正的共产党员。只有把握好公与私的界限,才能真正实现清正廉明。小谢啊,切莫因为现在是和平年代贪图一时私利,而忘记了党的优良作风,要时刻保持清醒认识,时刻牢记手中的权利是人民赋予的。如此,才能够不忘初心,方得始终。"

小谢听了将军的一番教诲,羞愧地低下了头。

大公无私

◎ 邓 骁

查玉升的女婿作为工科院校研究生,毕业后被分配到查玉升领导的301医院超声波室工作。他刻苦学习、努力钻研,在工作中取得了许多成绩,很快得到了大家的认可。

1987年,总后勤部让301医院民主评议推荐副院长候选人时,他也是候选人之一。

查玉升看到名单后,立即把他找来,问:"医院推荐你当副院长,你知道吗?"女婿很疑惑为什么岳父这样问,如实说道:"一开始不知道,后来听说了。"

"那你还记得你刚来时,我对你提出的几点要求吗?"

"记得,一要努力学习新业务、新技术,认真钻研、做出成绩;二要多联系群众,尤其要向老专家、老教授学习;三要少说话,多做事。"女婿很快地答道。

查玉升点了点头说:"嗯,你这几年做得很好,令我十分欣慰。但我是你岳父,更一名党员,我应秉公做事。对于副院长这事,你资历尚浅,还需锻炼,尚不能胜任。失去这次机会,还希望你能理解。"

女婿说:"爸,您的想法我完全理解。您放心,我还年轻,会认真地跟长辈学习,认真落实您把解放军总医院办成第一流总医院的要求。"

查玉升拍了拍女婿的肩膀,说:"你有这样的想法很好,你今后的路还长着呢!"

在这次谈话后,女婿对查玉升更加敬重。查玉并始终用自己的行动为家人做着表率,这更加坚定了女婿紧跟他脚步的决心。

007 陈伯禄将军

勇猛无敌立显功,长征路上更豪情。
纵横交错游击战,抗日救国献此生。

——北京 杨金香

少年志于军

◎张慧贤

陈伯禄出生在乡下六口之家。父亲双目失明,仅能做些推磨的活。陈伯禄和父母、弟弟、妹妹靠着租来的田地勉强度日,时常缺吃少穿。

当然,这样勉强度日的不仅仅是他们一家,还有大多数的村民,他们在地主豪绅的压迫下饥寒交迫,生活困难。

那天,陈伯禄回来后呆呆地坐在床边,望着窗外佝偻前行的乡亲,黯然神伤。他们骨瘦如柴,满脸疲倦,颤颤巍巍,稍有不慎就会跌倒在地,再也起不来。

陈伯禄母亲回来看见发呆的儿子,关切地问:"伯禄,怎么了?"

"妈,我想当兵。"

"嗯?"

"我要当兵!"

陈伯禄母亲看见孩子坚定的目光,抿了抿嘴说:"孩子,你可想好了,当兵意味着牺牲,意味着离别。你……真的确定吗?"

他转过头,盯着母亲的眼睛,坚定地说:"确定,非常确定。妈,你看看我们的生活,这是我们的现状,也是大多数老百姓的现状。我不想……我想让我们家,千千万万的家过得幸福。"

"好。"母子对视,百感交集。

不久,在赤卫军的队伍里,出现了陈伯禄瘦弱的身影。

乔装取商城

◎ 许正东

1929年,党在商城东南丁家埠、白沙河一带,领导了农民起义,建立了红32师。当时陈伯禄在100团一中队一分队当战士。上级的指示是"攻打商城",战士们整装待发。

这时,中队长进来说:"陈伯禄同志,团长叫你去。"

陈伯禄听后,飞快地跑到团部。团长对他说:"伯禄啊,这次拿下商城,我们团是主攻,任务是打南门。现在需要你化装成老百姓,首先混进城去,夺取城门楼。与你同行还有七人。你们一响枪,大部队就往城里攻。这项任务比较危险,我相信你能够完成。怎么样,你有信心吗?"

"有!"陈伯禄铿锵有力地回答道,"保证完成任务。"

按照团长的吩咐,陈伯禄等八人拂晓前便向商城进发。

走在最前面扮土豪和商人的四个同志,仰着头,大摇大摆地进了城门,岗哨连看都没看。陈伯禄心里一阵轻松。

突然,两个"卖米"的同志被拦住了。

"干什么的?"一位保安队员瞪着一双尖溜溜的老鼠眼问。

"我们是来卖米的。"一个同志从容地回答。

站岗的保安队员转了转老鼠眼,厉声喝道:"放下,放下,要检查。"

走在最后的陈伯禄缓缓地放下扁担,盯着前面。他瞅着敌人放松警惕,立刻丢下柴草,掏出枪来,一个箭步窜上去。"啪,啪"两枪,结束了两个敌人。

随后,陈伯禄等人全力冲进南门,为接下来的行动创造了有利条件。很快,红军战士像潮水一样涌进城中。商城解放了!

荣光置身后

◎ 王甜甜

全国解放后,陈伯禄在公安局任职多年,始终坚持"群众是服务对象,更是进步的力量之源"。

有一次,他到基层蹲点。

"警察同志,你们帮帮我吧,我的血汗钱啊!"

一天下午,一位年迈的大娘哭着跑到派出所报警,称其放在家中的钱和银行卡都不见了!

"大娘,不着急,我们一定会帮你找回来。"

陈伯禄了解完情况后,急忙安抚田大娘的情绪,给她补办身份证明,又让干警带田大娘到银行,查询了丢失的银行卡的流水,发现没有任何取款记录。

随后,陈伯禄带人来到田大娘家里,发现门锁也没有撬动痕迹。陈伯禄觉得奇怪,立即让干警们帮大娘在家里寻找,最终,在卧室衣柜角落找到丢失的重要财物。

田大娘接过失而复得的财物,有些不好意思地说:"谢谢啊,你们真是人民的好警察!我年纪大了,记性不好,东西放哪里,我转脸就忘了。真是抱歉,麻烦你们跑一趟了!"

为田大娘成功找回东西后,陈伯禄心里也松了一口气,对田大娘说:"没事,为人民服务嘛!这是我们该做的。您财物丢了,很着急,我们理解,非常荣幸能够帮到你,祝你以后生活愉快,我们先走了。再见!"陈伯禄敬了一个军礼,带着干警离开了。

田大娘在路口望着远去的车,久久不愿离去,心中满是感激。

008 陈发洪将军

> 人生俯仰问何坚,执着还从马上看。
> 抗日长征复抗美,振兴气象正兰干。
>
> ——北京 李葆国

战士更重要

◎陆裕琪

1932年12月,红217团作为先头团队,奉命攻打通江县城,陈发洪担任连指导员。当时我军的军事装备极其简陋,只有一些大刀和土雷。这一战,我军虽取得了胜利,但也损失惨重。

此次激战,前线的战士们连续奋战两天一夜。当时,战场上硝烟弥漫,天空中的阴霾无法散开,耳边充斥着厮杀声、呼喊声,眼前一片灰蒙蒙。战士们奋不顾身地向前冲去,挥舞大刀浴血奋战,最终取得了胜利。

下了战场,负伤的战士们正在接受治疗,突然旁边传来了陈发洪和医生的对话:"先给其他的战士包扎,我这是小伤,不碍事。"

"指导员,你这伤口如果不及时处理的话,以后会非常严重的。我得先把你这处理了,其他战士那里有其他医生正在治疗。"

"我自己的身体我不了解吗?没事的,你先去帮其他人包扎吧,等弄好了再来,这是命令。"

"是,指导员。"

医生离开后,陈发洪跟身旁的人说:"像我这样的小伤是不碍事的,我们应该把治疗的机会让给其他更需要的人。"

这就是陈发洪,那位冲在最前面的战士,他把治疗的机会让给战士,自己却默默承受着伤痛。

009 陈鹤桥将军

> 长征万里不畏难,抖落风霜一路先。
> 但向刀头询彻底,勋章熠熠耀锤镰。
>
> ——北京 李葆国

笔墨为戎甲

◎肖洋洋 程松凡

夜色如墨,万物酣息,在一盏微弱的煤油灯下,陈鹤桥目光如炬,一只手捣着油墨,一只手扶着刻板,仍在坚持工作。

渐渐地,窗外虫声停了,他依然在坚持工作,强忍着睡意,开始印刷捷报、教材、宣传品,一批又一批的文件、指示、军团小报。

革命征途困难重重,缺食少衣,天气变幻莫测,部队时常与敌军交火。陈鹤桥白天行军,照顾伤员,晚上无论多困多累,都要刻钢印宣传品,有时彻夜不眠。

1934年8月底,鄂豫皖省委为扩大军队的政治影响,打击敌人和解决部队的物资困难,决定攻打英山、太湖县城。

9月4日下午,陈鹤桥所在的部队以迅雷不及掩耳之势猛击敌人部队,吹响了胜利的号角。陈鹤桥还来不及休息整顿,便接到军政委吴焕先亲自写的战斗捷报,他极力控制住胜利的喜悦和激动,立刻跑向油印室,一笔一画地刻写着"红军攻占太湖县城"的捷报。战斗捷报印出来后,在县城散发张贴,城里城外一片欢腾。

陈鹤桥将军虽然从未开过一枪,打过一仗,但是却在军队的背后默默奉献着自己的力量。从事油印十几年,始终如一,坚守初心,在小小的岗位上始终散发着自己的光芒。

在授衔时,他说:"我虽然14岁参加革命,但是从没和敌人打过一仗,就不要定为副军了,定为准军就行了。"谦逊的他始终坚守着自己的初心。

010 陈宏将军

> 家乡革命早投军,历尽艰辛锻此身。
> 戎马一生功久著,丹心可鉴报国魂。
>
> ——北京　杨金香

"岱崮连"的由来

◎徐誉德

1943年11月,日军对鲁中地区再次发动大规模"扫荡"。为了配合外线大部队作战,陈宏率11团在内线坚持,并亲自指挥3营8连扼守南北岱崮,牵制敌人。

天空传来巨大的轰鸣声,炸弹如暴雨一般倾泻而下,黑烟滚滚,弹片、石块四处乱飞,爆炸声一浪高过一浪。爆炸持续了半个多小时,才渐渐平息下来。指挥室里,陈宏不禁皱起眉头,他明白:敌人要发起总攻了。

这时候,外面下起了雨,他走出指挥室,看到地上的水是红色的。

"同志们,日本鬼子的飞机已经走了,他们的地面部队就要向我们发起进攻了,我们是党和人民的军队,我们要打起精神,坚持战斗,誓与阵地共存亡!"

雨停了,敌人开始对岱崮发起疯狂进攻,10余天的血战开始了。飞机的轰鸣声、炮火声和战士们的呐喊声夹杂在空中。战士们誓与阵地共存亡,一次又一次地打退了敌人的冲锋,八连阵地岿然不动。

扼守的任务终于完成了,3营8连取得了胜利,最后阵地里,只有32名勇士活了下来。战后,这支誓死守卫阵地,付出重大牺牲的8连被山东军区授予了"岱崮连"的光荣称号。

南北岱崮保卫战圆满完成钳制敌人的任务,但陈宏将军的故事还在继续发生,他将继续战斗,一直向前……

011 陈先瑞将军

少小参军历险程,身经百战立威名。

援朝抗美功卓著,魂撒苏区故里情。(新韵)

——北京 杨金香

参加红军

◎曹慧子

"先瑞,我们去参加红军吧!"同村的伙伴对15岁的陈先瑞说。

其实陈先瑞心中早有这个想法,他不想继续生活在地主的压迫中了,受尽剥削与欺辱的日子真的难熬。

陈先瑞心中一直有着一个实现过但又破灭的愿望:他想继续读书。每每看到地主家的孩子背着书包到村东头的私塾读书,心中既羡慕又嫉妒。

9岁那年,一家人节衣缩食供陈先瑞上了学,希望他有出头之日。然而,好景不长,上学3个月,母亲患病离世,陈先瑞被迫辍学。这对陈先瑞心灵的打击是巨大的,他明白母亲的生命不仅仅是被病魔夺走的,更是被万恶的旧社会夺去的。心里对这个社会的不公更是愤懑不已。

对于伙伴的提议,陈先瑞几乎是不假思索地就答应了。"好,等我回家同我爹说一声,我们就去参加红军。"这些年,红军的名气也越来越大,老百姓都知道红军是穷人的队伍,帮助他们打倒地主,获得土地。

陈先瑞回到家后,严肃又认真地对父亲说:"爹,我想参加红军,我想让村里的农民都有自己的土地,不再挨饿。"父亲愣了片刻,知道先瑞一定是有这个想法很久了。父亲也不想自己的后代一直在地主的压迫中讨生活,思考片刻,就答应了陈先瑞的请求。

就这样,陈先瑞带着满腔热血加入了红军。

突围独树镇

◎ 曹慧子

1934年11月16日，时任红25军223团政治处主任的陈先瑞随军离开大别山根据地，北上长征。

在经过三天三夜的急行军后，这支3000多人的队伍非常疲惫。11月25日晚，在天降大雨的黑夜，红军来到了独树镇。但令所有人都意想不到的是，他们的堵击之敌116师，早已埋伏在这儿。敌人以逸待劳，工事坚固。红军抵挡不住炮火，难以前进，身后又有敌人追击，军力消耗十分严重。

就在所有人一筹莫展的时候，一直在前沿参战的陈先瑞急匆匆地来到军部，说："军长，有办法了！刚刚在观战时，我发现敌人西南角兵力较少，火力也比较弱。我可以带领一营作尖兵营，向敌人西南角进攻，大部队再跟进突围。这样我们会有很大的机会突出包围圈。"将领们听完后，纷纷表示赞同，提议也获得了军部的批准。军部直接下令，红军开始了快速部署行动。

临近午夜又是暴雨，敌人怎么也想不到这个时候红军会发起进攻。在一片寂静声中，陈先瑞带领尖兵营直接突袭，一举消灭敌军在西南角的大半兵力。大部队紧随其后，很快冲出了西南阵地。

次日拂晓，红军进入了伏牛山区。在部队稍事休息时，陈先瑞才发现自己左小腿负了伤，鲜血浸透裤脚管。副军长开玩笑地说："你如果腿不负伤，也不知把敌人甩到哪里去了！"

家庭会议

◎ 王华玮

1963年7月2日，暑假里的第一次家庭会议正式召开。

这一天，陈先瑞将军将孩子们召集起来说："从今天开始，我们家将会不定时召开家庭会议。你们可以汇报一下自己的学习情况。如果有什么不懂的问题，可以在家庭会上提出来，我们大家帮忙解决。同时，我也会提出一些基本的要求，希望你们做到。"

"今天我们家庭会的主要内容是反对'气'。你们知道我说的'气'指的是什么吗？"孩子们疑惑地看着父亲，不知道父亲想要说什么。

陈将军说道："'气'指的是娇气，现在的干部子女非常容易产生娇气，受不得批评，一旦受到批评就不高兴、不满意，甚至拒绝批评，为自己辩白，不停地找理由，这是拒绝接受教育的表现，如果这样发展下去，后果是不堪设想的。因此我希望你们可以杜绝这种不良风气，学会自我批评，自我反省，这样你们才可以受益无穷。"

类似的家庭会议陈先瑞将军开过很多次，他将自己的人生智慧传递给了他的子女。

012 陈祥将军

革命初心始少年,负伤犹自奋争先。

战分南北皆尝遍,功绩名垂入史篇。

——广东 唐石成

巧援司令部

◎胡亦晗

1940年5月8日拂晓时分,炮火声响彻藕塘地区。

只听有人大喊:"日军偷袭了!日军偷袭了!"大队日军已经包围了藕塘地区的新四军四支队司令部。

陈祥的部队正在附近,得知这一消息,他立即召来下属商议。

"同志们,想必你们现在已经知道了新四军四支队的情况,虽然我们现在有其他任务在身,但新四军四支队司令部现在的情况更加紧急,最紧要的就是援助他们。"

战士们纷纷表示赞同,陈祥接着说道:"我们必须快速占领藕塘东南端宝塔山。一者,可以利用地形优势。这里居高临下,易守难攻。先用兵力和火力将日军吸引过来。二者,防止日军观察到此地地势,抢占先机,我们必须事先占领,才能发挥援助的作用。"

果不其然,2000多名日军被成功吸引过来。疯狂的日军数次向高地冲锋,均被我军击退。激战一直持续到中午,阵地依然在我军手中。

之后,援军陆续赶来,最终将日军击溃。此次作战也成功掩护了支队领导和 批医院的伤病员安全转移。

战斗结束后,陈祥受到上级表彰。在接受表彰时,陈祥内心虽有激动,但更多的是平静。因为他知道,只有打败日本侵略者,老百姓才有好日子过。这一段路程还很漫长,但是充满希望。

勤俭家风代代传

◎ 潘　晨

一天,陈祥将军外出工作后回来,还没进屋,孙子的声音就传了出来。

"爷爷,你可算回来了,你出去工作了这么多天,我都快想死你了。"小孙子边说边跑向陈祥。

"哈哈,爷爷在外面也可想你了。最近在家有没有听爸爸妈妈的话啊?"

"听,听,我可听爸爸妈妈的话了。"

"那明天你送我上学好不好呀。你已经好久没送过我去学校了。"孙子略带抱怨地说着。

"好好好,明天爷爷就送你去上学。"陈祥笑嘻嘻地摸着孙子的头。

"那我要坐爷爷的小汽车去上学。"

"可是爷爷没有什么小汽车,怎么办呀?"

"爷爷骗人,我明明看见爷爷经常坐着那辆黑色小轿车。"

"那可不是爷爷的,那是国家的,是国家为了方便爷爷工作才让爷爷坐的。你一定要记住,不是我们的东西我们坚决不能要,也不能随便使用。如果每个人都开车送孩子上学,岂不是浪费了很多资源,现在还有很多百姓连饭都吃不饱,我们怎么能这么铺张浪费呢。这样吧,爷爷明天骑自行车送你去上学吧。"

"好,我以后也会像爷爷一样勤俭节约的!"小孙子坚定地回答道。

陈祥将军以身作则,用自己的实际行动为后代树立了榜样。

013 陈宜贵将军

投军救国着戎装,生死无凭苦遍尝。
革命功成身尚在,晚年犹自发余光。

——广东 唐石成

打土豪

◎尚世豪

1937年3月,西路军经过惨烈战斗,最终失败。陈宜贵带领部分战士冲了出来。为躲避马步芳骑兵,他们昼伏夜出,行走半个多月,来到了离山丹城不远的一座煤窑,寄宿在工人的窝棚里。

连日奔波劳累,在大家疲惫不堪时,陈宜贵还在思考下一步的计划,难以入睡。

夜已深,一个满脸胡子的大叔坐在炕沿上长吁短叹,似乎有心事。还没等陈宜贵询问,胡子大叔直接问道:"咱兄弟都是穷苦人,你能不能帮咱们一把?"

"只要我们能办得到的,大叔尽管说好了。"陈宜贵答道。

"南边有个大财主,富得流油,眼看着咱们受穷挨饿,他满仓的粮食霉了也不肯借给咱,让人气恨。只求你们帮我们弄一点粮食。"胡子大叔眼神里满是恳求。

陈宜贵连忙说:"打劣绅地主本就是我们的责任,大叔就不要说'求不求'的话了。"陈宜贵等人第二天一早便出发了。

大约过了半小时,他们来到财主屋外。一名战士上前叫门,没有应声,又敲了一阵大门,仍无动静。另一个战士直接喊道:"红军来了,你再不出来,就没收你的粮食和银子。"

财主怕了,赶紧让人打开了大门。

陈宜贵对他说:"我们是红军游击队,今天登门借些粮食,你要老老实实,今后不准欺压这里的百姓,坑害群众。否则,我们今天就直接打倒你!""好说,好说。"地主吓得直点头。就这样,这场打土豪分粮食的行动就结束了。

临行前,胡子大叔给陈宜贵一行人准备了充足的干粮。看着胡子大叔眼中的感激与不舍,陈宜贵革命的心愈加火热。

言传身教

◎ 姚 杰

一天,陈宜贵将军的外孙女来家中吃饭时,闷不作声。

陈宜贵将军敏锐地感受到了外孙女今天的不同,就开玩笑地问道:"晨晨,是不是外公有一段时间没有看见你了,就和外公生疏了。今天怎么一直不说话?"外孙女看了看陈宜贵将军,摇了摇头。

过了一会儿,外孙女说道:"外公,我练舞蹈时动作一直不到位,教练批评我,我觉得很难过,是不是我不适合学舞蹈呀?我想要放弃了。"

陈宜贵将军听完后,笑了两声说:"晨晨,外公我年轻的时候遇到过两次相同的敌人。第一次遇到他们的时候,当时天气可恶劣了,我差点丢了性命!但我还活着是不是?"外孙女听到这,眼睛瞪得大大的,满脸惊讶。

"我第二次遇见他们的时候,是在解放宁夏的战役中,但这一次结果完全不同,我们消灭了他们!勇敢向前,不怕苦,不惧困难,才是好孩子。"陈宜贵将军语重心长地说道。

从此,外孙女更加努力地练习,不久便成了舞蹈班中的佼佼者。她说:"每一天都有可能遇到不同的挑战,每当我遇到挫折和困难的时候,我都会用外公讲的抗战故事来激励自己,告诉自己要勇敢,要乐观。"

陈宜贵将军以身作则,用自己的亲身经历为后辈树立榜样。

014 程明将军

> 少年注定不平凡，机智聪明意志坚。
> 屡建奇功名显赫，家乡怎敢忘英贤。
>
> ——北京　杨金香

"小鬼"急行军

◎赵　越

1936年，程明参加了东征战役。

有一次，首长命程明带一个班的人去给前方总指挥部送信，让他们转移，并就地保卫总指挥部。程明带队迅速出发，一路疾行。等赶到驻地时，发现总指挥部已经转移。

程明不敢松懈，他想：敌人还没走远，指挥部随时都有危险。程明决定找到总指挥部，保卫总指挥部。

程明对大家说："同志们，现在前方指挥部同志们的安危就握在我们手上。指挥部是重中之重，决不能出事。我们不怕苦，不怕累，不怕流血牺牲，我们不能退缩！"大家备受鼓舞，快马加鞭向指挥部转移方向前进。

不巧的是，在走山路的时候遇到了几个敌人。敌人举着枪问他们是干什么的。程明十分镇定，平静地回答道："我们是上头派来上山摸清道路的。"敌人半信半疑，要同他们一起行动。程明灵活利用山间地形，很快就把敌人甩掉了。

凌晨3点左右，程明一行人终于找到了总指挥部。彭德怀询问完情况，亲切地说："你们累坏了吧！吃饱后好好睡一觉。""睡觉？"程明听后很惊讶，心想：敌人离得这样近，哪能安心睡觉呢？彭德怀笑着说："小鬼，放心吧，敌人打不着我们！"程明这才放下心来，吃了顿饱饭，睡了个好觉。

让他意想不到的是，这件事给彭德怀留下了深刻的印象。22年后，当他们再次相遇时，彭德怀亲切地说："你不就是15军团224团的俱乐部主任嘛！小鬼，长高了！"这句熟悉的"小鬼"，让程明激动得热泪盈眶！

勇于担当

◎ 胡羽翔

1950年的一个清晨,天微微亮,战士们就已经做好准备工作,严阵以待。肃穆的气氛预示这是一个特殊的早晨。

"同志们好,我是你们的政委——程明。今天,第四野战军特种兵高射炮第一师正式成立了!我们这支队伍的主要任务是抗击美、蒋的空军袭击,承担着保卫人民和国家的责任,大家做好准备了吗?"程明严肃地看着众人。

"可是,天上的飞机怎么打啊?又怎么打得过啊?"

不出程明所料,大家窃窃私语,显然大家对这艰巨的任务存在疑虑。看过了太多飞机轰炸后的惨烈景象,战士们始终对空袭有着心理畏惧。

程明真诚地说:"不瞒各位,我们高射炮部队是刚刚组建的队伍,确实一切都要从零开始。万事开头难,难道我们就不学了吗?就不训练了吗?就坐等着美国、蒋介石的飞机飞到咱们头顶上肆意轰炸,咱们却只能像老鼠一样四处逃窜嘛!我们是中国的军人!我们打得跑小鬼子,赶得走国民党。再困难的事情我们都遇到过,我们都成功克服了。现在国家处于空袭的危险之中,我们不站出来还有谁能站出来?"

"我程明为了祖国,即使是献出生命也不会有丝毫的犹豫!我相信,你们也是!"程明的眼神里透着坚毅的光,一字一句掷地有声。

"政委,我们准备好了!"战士们异口同声地喊出自己的决心,气壮山河。

程明看着战士们坚毅的表情,欣慰地笑了起来。

不占便宜

◎辜渝航

有一次,专车司机送了女儿一程。

程明知道这件事之后,他立马找到了女儿,质问她:"你知道设立专车是为了什么吗?"

女儿明白父亲是因为自己私自乘坐专车而生气,她解释道:"父亲,我上次是因为时间来不及了才坐专车的。"

"这不是理由!"程明提高了嗓音,继续说道:"它既叫专车,它就是专属于人民大众的财产。你应该知道入党宣言里面有这么一句话:'我们只有一切依靠人民,一切为了人民,以人民群众的利益为根本出发点,才能真正践行全心全意为人民服务的根本宗旨',这是我们党秉持的初心,也是你我应当传承下去的!你可以为一件紧急的私事坐专车一次,就可能会有两次三次无数次!"

他铁青着脸向女儿发出了最后的警告:"你记好了,以后无论时间有多紧急,也不能乘坐专车,不准占公家的便宜!"

自那时起,"我们依靠人民,一切为了人民。"这句话对她来说就不再是一句口号,而是在生活中践行的信念。

后来女儿在外地工作,每次回家都是坐夜间的火车。下了火车已是深夜,她仍然坚持自己走回家,坚决不叫专车司机来接自己。"不沾父母的'光',不占公家便宜"是她从父亲程明那里继承而来的人生信条。

015 程业棠将军

> 炮枪声歇净硝烟,上海滩头雨似绵。
> 地当枕床天当被,将军七夜路边眠。
>
> ——安徽　何其三

"团长,让我去!"

◎周　硕

"快跑!"程业棠所在的西路军部队在抢渡黄河后,被马步芳匪军和国民党胡宗南部围追堵截。马步芳六个旅尾追而至,猛攻程业棠所在的阵地。

团部被围,生死存亡之际,他们的团长身负重伤,提枪准备冲出门外与敌人决一死战。程业棠一把抓住团长,他的声音因为许久没有喝到水而变得嘶哑,但异常坚定沉稳:"团长,让我去!"不等团长回答,他已经冲在了最前面。

他英勇的形为感染了全体战士,众人的斗志被彻底点燃,纷纷跟着程业棠冲了上去。冲锋杀敌的喊声震天动地,令敌人胆寒。在他的带领下,全团士兵如猛虎下山,以一当百。他们用身体连成防线,死死扼守,坚决不让敌人前进一步。

阵地不慎失掉一块,下一个冲锋一定夺回,又失掉又夺回,再失掉再夺回。程业棠带着士兵们杀红了眼,子弹没了就拼刺刀,刀刃卷了就用铁拳、用身躯。他们有的掐住敌人的脖子,有的咬掉敌人的耳朵,想尽一切办法去阻止敌人前进。

战场上尸横遍野、血流成河,程业棠的身上多处受伤,仍不肯下火线。每次冲锋前都有人劝程业棠不要上了,他都一言不发地摇摇头,一次又一次地提起武器跟其他士兵一起冲锋杀敌。他明白,这种时候,谁都不可以退缩!而且他怎么能安心地躲在阵后,眼睁睁地看着同志们流血牺牲呢?

程业棠带着战士们撑到了最后,等到了兄弟部队的援助,成功保住了阵地。

闪耀的勋章

◎ 胡靖凯

1979年,程业棠在办公室里批阅文件时,收到了一封来自儿子的信。

信中,儿子表示自己在六年的军旅生涯中受益颇多,现在想退伍回家,考大学,找一份安稳的工作。希望父亲可以给他一些建议。

此时程业棠的心情非常复杂。他盼望儿子能回到他身旁安稳生活,也希望儿子能继续留在军队为国家效力。无从下笔之际,他望了望桌前自己的一级解放勋章,仿佛又回到了那个充满硝烟的战场。

在苏家埠战役中,身为副排长的他率领全排战士冒着枪林弹雨浴血奋战。总攻时,他第一个冲出掩体向着敌军指挥部发起进攻。突然一颗子弹击中他的左肩,剧痛蔓延全身。他倒了下去,眼前却浮现操劳一生的老父亲,苦难的乡亲们,还有身后冲锋的战士们。被子弹击中的疼痛顿时被更加强烈的斗志所取代,他用枪艰难地把自己撑了起来,继续冲锋,击败了一个又一个敌人,最后活捉了总指挥厉式鼎。

想到这里,他拿起笔写起来:"儿子,我希望你明白,天下兴亡,匹夫有责。我17岁就参加了红军,为人民奋战。为国家为人民而战是一件荣耀的事。如果我是你的话,我会选择参战而非回家来读大学。与家人团聚固然是一件好事,但是你能在国家最需要你的时候离开吗?我们这一辈已经老了,明天的和平与稳定需要你们去守护。去战斗吧儿子,为这个国家去奉献你的青春!"

程业棠写好信后,看了看桌前的勋章,那勋章依旧在阳光下闪烁着红色的光芒。

016 戴正华将军

千军碧血染黄沙,端赖回天医术佳。

戴月披星酬远志,正思勠力振中华。(新韵)

——北京 李灵光

为万世开太平

◎汪 骏

1934年10月,戴正华随红六军团长征北上。

暴虐的风雪如同一头游荡在草原上的"饿狼",正撕咬着红军战士们的血肉,啃噬着他们的筋骨。入夜休息的时候,战士们想生火,火苗却被寒风残忍地吹灭。大家蜷缩着身体,紧靠在一起,以此获得一些温暖。深夜,战士们的咳嗽声和干呕声此起彼伏,戴正华看在眼里急在心里。身旁的同志蜷缩着,身体不受控制地发抖。戴正华叹息了一声,将自己身上仅有的一件军大衣脱下来披在了他身上。

长期的奔波早已使他身心俱疲,若说内心毫无波动是不可能的。他思念着温暖的故乡,想念自己的亲人们。忽然,他想起了幼时的自己。那时每当听到英雄的故事,戴正华心中便会油然升起一股敬意。从小到大,他心里一直有个"为万世开太平"的宏愿。值此乱世,自己怎能轻易就被打败呢?这般想着,戴正华又振奋起来。

过草地的时候,每人只准备了十天的干粮。可是草地一望无际,危机四伏。第六天的时候,前面有个战士掉进了沼泽里。戴正华奋力一跃,抓住了他的手臂,但自己也逐渐陷了进去,幸亏战友们发现及时,把他们捞了出来。但是,战友的粮食掉入了沼泽中,戴正华偷偷交换了两人的背包,把自己的粮食给了战友。剩下的几天里,他透支着自己的身体,强撑着不给其他人带来麻烦。

到达将台堡时,戴正华流下了激动的泪水。他知道,革命终将取得胜利,自己为万世开太平的夙愿也终将实现!

白衣秉丹心

◎ 胡 杨

夜晚本该寂静,可美军的300余门大炮和数千架飞机时刻不停地轰炸着,让上甘岭的志愿军战士们无法安睡。

"报告首长!我们的医疗小队出现了伤亡!"满脸泥沙的小战士朝着帐篷底下一个军人喊道。

"你说什么!医疗队的死伤情况怎么样?"时任东北军区后勤部长的戴正华猛地转过头来,露出一张果决而严肃的面庞。

"报告,情况很糟糕!医疗兵死亡超过两成,剩下的有差不多一半都受了伤!"戴正华沉吟半晌,毅然决然地提起桌上的医疗箱就往门外冲去。

"将军,将军!您这是做什么?"戴正华身侧的警卫员看见他的动作,连忙冲上前去阻拦。"如果您去了前线,受了伤,我们怎么向彭司令交代?"

"糊涂!如今战况紧急,倘若医疗设施再跟不上,我们必然会输!难道要我眼睁睁地看着我的战士们得不到救治而痛苦死去吗?要我眼睁睁地看着我们吃败仗吗?"戴正华严厉地抬手,制止了警卫员阻拦他的举动。"听我命令,所有医疗兵,跟我一起去前线救护伤员!"

"是,将军!"一行人踏着坚定的步伐,奔向炮火漫天的上甘岭。这场仗虽然打得艰难,但最终还是守住了阵地,取得了胜利。

017 邓忠仁将军

川陕西征不论功,邓萧事业赖仁忠。

一朝拜将犹深醒,毅魄七千殇四平。

——北京 李灵光

坚守四平

◎郑亦崔

1946年4月初,蒋介石下令国民党王牌部队全部美式装备的新一军向北进攻,第71军迂回向四平推进。为此,保卫四平的东北民主联军决定成立四平市卫戍司令部和城防指挥部,邓忠仁等为副司令、副总指挥。

邓忠仁将军知道这场战役的重要性和艰巨性,为了振奋士气,他在战前向将士们进行了一次动员。他站在阵地前,紧皱的眉间透着坚毅,大声说:"同志们,保卫四平这一战,我们一定要拿下!"

唰地,阵地上的将士们举起了手中的长枪,"保卫四平"!

从4月18日开始,国民党军向四平发动猛烈进攻,邓忠仁将军亲自上阵指挥战斗,打仗的时候他总是身先士卒,冲在最前面。

"首长,这太危险了!您还是回到指挥部吧,这有我们就行了。"有的战士劝说。

邓忠仁却说:"多一个人就多一份战斗力,我是副司令,我更应该以身作则,冲在最前面!"

将军的话感染了许多战士,在他的带领下,战士们都英勇无比,打退了敌人的多次进攻。炮火一停,邓忠仁又跑到阵地上检查工事被毁状况,了解人员伤亡情况,随后又前往指挥部指挥抢修被毁工事。

邓忠仁率部坚守四平31个昼夜,于5月18日深夜主动撤离。四平保卫战遏制了国民党向东北的长驱直入。

018 丁世方将军

半百年华一世名,白衣戎马度平生。
战场救护扶伤病,保障医方忆往情。

——河北　李晓群

悬壶济苍生

◎张静茹

1927年,乡里。

"世方——好消息!镇上有医训班了!"平哥气喘吁吁地跑了过来。

"先生在课上已经说过这事了。先前娘生病,总是咳嗽,我就想学点医术,已经报名了。平哥你呢?"世方说。

"我肯定是要去的,学点医术,照着说书先生说的那样,悬壶济世!哈哈——"平哥的笑声回荡着。

此时,14岁的丁世方不知道,本是奔着为娘治病的念头去学医,自此便是从医一生。

后来,世方和平哥在麻埠镇协昌医训班学医,一学便是三年。

1929年,镇上。

六安、霍山两县地方豪绅横行乡里,残酷暴戾,民不聊生。

平哥跑进屋里,似乎是气急了,脸涨得红红的。

"昨儿我听我姐说那刘赖子又去家里收租了,上个月刚交了今年的,这个月又来家里要明年的地租,家里实在是拿不出粮食来,那刘赖子就把我家砸了一通,我爹气得就晕了过去!"

世方看着气愤又无力的平哥,眉蹙得紧紧的。

"平哥,这县里的恶霸地主净干些压榨群众的事儿,我们回去联合乡亲们推翻他们!"

哥俩一拍即合,辞了先生,便连夜赶回了乡里。

不久,平哥和世方参加了古碑冲农民暴动,加入了赤卫军,跟随红军队伍乘胜进军,一举打倒豪绅地主的反动武装。后来,世方和平哥加入了共青团,在革命道路上越走越坚定。

危难坚守

◎ 尹殿凯

1937年3月,西路军兵败。丁世方在战斗中不幸腿部中弹,与部队失去了联系。为了躲避敌人的追击,丁世方躲进了山洞里。晚上,他跑出去找队伍,却晕倒了。

当他再次醒来时,发现自己正躺在床上。原来是老乡早上开门时看见他晕倒在自家门前,便把他弄进了屋里。丁世方在观察了这位老乡的言行举止后,觉得这位老乡还算可靠,便将自己的身份告诉了他,请求老乡能帮助自己找到队伍。

老乡听了他的话后,不由得心生敬佩,但劝他:"如今这乱世,还是安安生生在家过日子吧,不要再去干这随时都有可能掉脑袋的事了。"

丁世方听了,坚定地说:"正因为身处乱世,我们才更应该挺身而出,与这乱世作斗争,为老百姓谋出路。如果我们每个人都待在家中,我们的小家又哪来的安生日子可过呢?"听了这话,老乡也不再作声。

老乡便让丁世方在家中住下来,安心养伤,并答应他,等他伤养好后,便送他出去。无奈消息还是走漏了,当地保安团来搜人,丁世方爬到了一棵大榆树上躲了过去。保安团岂肯就此放过,将老乡抓回去拷问,他死活没承认,最后拿了25石粮食作保才被释放。

在群众掩护下,丁世方为当地的老百姓治病,在行医过程中他还不忘宣传党的思想,使不少群众明白了"小家"意识的错误,明白了斗争的必要性。

建立海军卫生部

◎ 周楚楚

丁世方于1950年调至北京,那时候北京的海军卫生部还是一片空白。在丁世方的领导下,卫生部进行了几次改革,几次招人,形成了欣欣向荣的景象。

一天,丁世方走进海军卫生院,看到一排医生和护士,他对医生说:"海军是新中国的一支重要部队,必须要有强有力的医疗后勤保障,我们要按上级指示,全力以赴投入工作,制定规划、筹集经费、调配人员、购置设备,筹备建立海军卫生部。"

这时候有一个医生提出了异议:"海军真的需要一支健全的卫生部队吗?我们借用陆军的卫生部队,难道不行吗?这样大费周章地建设队伍,困难重重,什么都要重新开始,到头来是一场空,怎么办?"

丁世方没有出声,只是静静地冲他微笑说:"请大家给我一个月的时间,如果一个月后大家还觉得建设海军卫生部没有必要且不能建成的话,那我以后再也不提这事了,如果这一个月我能成功,我们就继续建设下去。"

在接下来的一个月里,丁世方每天废寝忘食,亲力亲为,在卫生院里与其他医务人员召开会议,制订规划、购买器材、组建团队,在他们的努力下,海军卫生部初具规模。

一个月后,在一次会议中,那位提出异议的医生表达出了自己由衷的敬佩之情:"还是您说得对呀,我们中国人民解放军确实需要一支独立的海军卫生部作保障,这样的话才能填补我们这一方面的空白,不能因为没有人去做,我们就轻易放弃,这不是我们党员的风格。"此后,这名医生也积极加入了建立海军卫生部的队伍中。

019 丁武选将军

鱼水情深敢胜天，民心所向最当前。
和平年代强军梦，治国安邦普法篇。

——河北　李晓群

严肃军纪

◎郭家豪

1937年8月，丁武选任八路军129师师部军法处处长。他坚决贯彻落实从严治军方针，认真检查军风军纪，妥善审理、处置军法案件，为保证129师严明的军纪和坚强的战斗力做出了贡献。

到了延安整风期间，有一位军分区司令员，两位团级干部因不满上级的不信任、不公平，带着部分人枪私自出走，打算回自己的老部队或老根据地。

出逃者被抓回后，丁武选等人召开了关于如何处置他们的会议。

"应当严惩！对于这种分子，要严惩不贷！"有人十分激动地说。

丁武选沉默了片刻，说："他们出逃不是投敌，情有可原，不应采用极刑，可停职检查。"

"不严惩他们，怎么体现我们军纪的严格！必须严惩！"有人反对道。

"军纪的严明从来不是靠严惩违规的人来实现。军纪的严明是用公平公正来实现的。原四方面军的一些中高级干部受到错误处理，感觉不被信任，才有人准备出走。我们不能一再出现冤案了！只有公平公正处置军法案件，才能真正实现从严治军，才更能让军队凝成一股力量！"他公正严明，赢得与会者的尊敬。最终，对于出逃者的处置按丁武选的建议，进行停职检查，保护了革命的骨干。

020 董洪国将军

能文能武志宏恢,革命熔炉百锻材。
无限征程立场定,胸襟坦荡傲松梅。

——浙江　陈文林

"卖工还枪"闹革命

◎阎荣安

1927年春,在中国共产党的领导下,农民运动蓬勃兴起,董洪国加入了农民协会和农民自卫军。

7月,"宁汉合流"后,国民党反动派开始向农民协会发动猖狂进攻。11月,董洪国随农民自卫军与反动民团作战。由于缺乏经验,武器装备落后,农民自卫军损失惨重,大败而归。

为了打赢战斗,董洪国从师哥那里拿了一支土枪,战斗中却把枪弄丢了。这支枪原本是师哥为别人定做的新枪,标价6块大洋,这钱对董洪国来说不是小数。他既担心师哥硬要还,又怕父亲知道后担心,于是硬着头皮去见师哥。

"师哥,我回来了。"董洪国站在铁匠铺门口,紧张地搓了搓手,抿了抿嘴,半晌才鼓起勇气和师哥打招呼。

师哥没有回答,像是没有看见他。

"明天是哪家的活?"董洪国又心虚得没话找话。

师哥半晌不作声,沉默了好一会儿,才说:"还不是打铁。"

董洪国知道师哥爱喝茶,马上泡了一壶好茶,赔着笑端到他面前说:"大哥,喝茶。"然后,在他身边坐下,惴惴不安地说:"大哥,您的枪我弄丢了,都怪我。要不您看这样行不行,这三年的学徒工资60串钱,我都不要了。另外,再多帮您干一年也不要钱,算是还您一支枪的钱?"

师哥考虑了一会儿,说:"你既然拿去用,应该是急需的,都是师兄弟,我不怪你,就这样吧!"

"嗯,好嘞,谢谢师哥!"董洪国喜笑颜开,心中的一块石头总算是落了地。

戒 烟

◎杨美琳

中华人民共和国初期,董洪国担任了河南军区后勤部部长兼政委一职。

1949年,河南军区供给部在郑州办起了河南省第一个烟厂。随后烟厂负责人逢年过节常给领导送烟,美其名曰请领导品尝,鉴定是否有质量问题。

一天,烟厂厂长拎着几袋上好的烟草来到董洪国家中。"董部长,早就听说您对烟草有研究。这不,这是我们厂新鲜加工好的卷烟,先拿来请您品鉴一下。"厂长笑着说道。他早就打听好了,这位董部长喜欢抽烟,而且烟瘾还不小呢!向后勤领导多送几次烟,以后有什么需要也好开口啊。

董洪国的脸沉了下来。作为分管领导,他手下有不少后勤单位,那些单位的领导们总是以各种理由来"上贡",托他照顾。这怎么行!那不是要出大问题吗?于是,董洪国淡淡地说道:"同志啊,这质不质量的,还得要人家专门做这行的来说,我怎么尝得出来呢?而且我早就有戒烟的打算了,你这烟,还是拿回去吧!"

那位厂长又劝了几番,见董洪国执意不收,这才讪讪地拎着烟走了。

再后来,他就把烟给戒了。

董洪国常说:"一起从大别山走出来的很多战友都牺牲了,有的连姓名都没留下来,我能活到新中国成立这一天,已经是非常幸运了。和他们相比,我们现在的生活早就赛过天堂了!还有什么不满足的呢?——这烟嘛,还是戒了得好。"

021 杜彪将军

一心跟党务追求,热血男儿壮志道。
红色基因钢铁汉,功昭日月耀千秋。

——浙江　陈文林

拒绝阔奢

◎黄佶程

1950年10月,杜彪来到厦门。一天,杜彪让警卫员准备准备,要在家中招待朋友。杜彪很少留客人在家中吃饭,大家自然重视起来。

厦门市政府办公厅的工作人员想到将军家中的碗筷已经用了好久了,碗有些磕碰显得有些破旧,筷子也有些发黑变形,便让警卫员去招待科借一些彩釉碗和象牙筷子来,生怕招待不周。

吃饭前,杜彪来到了餐厅。他看到餐厅井井有条,很是满意,但一看到桌上的碗筷时,他脸色一沉,严肃批评:"谁让你们摆象牙筷子和彩釉碗的?赶紧给我拿下去!"不等身边的警卫员解释,气得拂袖而去,工作人员赶紧换上了家中的旧碗筷。

宴席结束后,杜彪重申:"今后不管家里来了谁,都不许摆阔气,从今以后,无论是待客还是自家吃饭,都只允许用竹筷子和陶瓷碗。"随后解释道:"一双筷子,反映的是共产党员节俭的精神。中国老百姓都用它,我们也是为老百姓服务的,更不能特殊。富人们不用竹筷瓷碗,用象牙筷子,但我们不能用。一双简简单单的竹筷子,家家户户都在用,为什么让我们一定要换上象牙的筷子呢?是为了彰显财富和地位吗?是为了彰显阶层比别人高一级吗?是为了让别人都看到,还是在麻痹自己?这一双洁白的象牙筷子,会横在我们和老百姓之间,从此阻碍了视听,变得自以为是,变得俗不可耐。"

一辈子不甘做"俗人之举"的杜彪,就爱用这平凡的竹筷子,在餐桌上拿起了它,就好像和老百姓同席而坐一样。

022 方国华将军

少小挂书牛角悬,纵横来日辟新天。

灵丘寻宝得兵库,痛煞山西阎百川。(新韵)

——北京 李灵光

弃暗投明闹革命

◎殷钰洁

儿时的方国华命运多舛,弟弟因无钱医病早亡,7岁时父亲去世,靠母亲做些针线活维持生计。尽管母亲日夜操劳,也难以维持家用,只好把姐姐送人当童养媳。

1927年春,风起云涌的大革命让23岁的方国华萌发了革命思想。他瞒着母亲,和学校几个工友一起报名参加了北伐军。

这一年年初,三军占领了南京,蒋介石的嫡系部队进驻南京,要缴三军的枪,三军又经芜湖到安庆向回走,乘轮船到九江,再乘火车到江西南昌。蒋介石此时叛变革命,制造"四一二"反革命政变,第三军军长朱培德也被蒋收买,接受了改编。

夏天,方国华患了疥疮,住进南昌美惠医院。"八一"南昌起义时方国华就在医院里,当知道是共产党的军队消灭了守城的反动军队,大家都非常兴奋,病人们奔走相告,行走不便的方国华与重病号们也相互搀扶着到街上去看。街上到处贴着"打倒蒋介石""打倒帝国主义"的标语,还有很多工人、学生在街上游行讲演。

1928年春,方国华出院回到三军,虽然三军的党代表被撤走或被杀了,但共产党还是在士兵中产生了极为深刻的影响。

次年秋,三军被调到闽西去打红军,有一天,轮到方国华站岗,有两个排投奔了红军,自己虽然没能走,但也成功地掩护了大家,他感到十分欣慰。10月,部队到了福建武平县,在路上遇到红军,他们营的士兵都跑散了。当时,方国华所在的班担任尾押民夫的任务。最后他们决定放了民夫,然后一起奔向武平县高屋村,集体参加了红军。

023 方升普将军

少小参军本自强,征南扫北有担当。

枪林弹雨从容过,卓著功勋名姓扬。

——浙江 陈文林

力挽狂澜

◎马浩钦

1934年11月,红25军奉命开始长征。不到20岁的方升普,已经是其中第75师225团8连连长。

独树镇七里岗,位于桐柏山与伏牛山之间。敌人提前在此埋伏,形成了长5公里的弧形阻击线。此时方升普正带领着他的连队跟随部队赶路,而一张为了歼灭红军的危险大网却蓄势以待。

红军战士们顶风冒雪,一步一泥泞,朝着方城独树镇七里岗行进,准备在此越过许南公路,进入伏牛山。方升普看着七里岗周围的地形,心里想着:"敌人不会在这附近进行埋伏吧。"他一贯谨慎,便对旁边的通信员说:"传令下去,此处地形险要,让战士们警惕起来,随时做好战斗准备。"正当红军进入独树镇准备自七里岗经过许南公路时,枪声响起,一颗颗手榴弹投向了队伍中。

面对敌人突然的进攻,方升普迅速反应,对着士兵们大喊:"有埋伏,快找掩体!"说完他便提着枪开始反击敌人的进攻。天气严寒,很多将士手已冻僵,一时连枪栓都拉不开。他从通信员身上抽出一把大刀,高声喊道:"同志们,现在是生死关头,决不能后退,大家跟我冲!"方升普一边喊着,一边带领战士们冲上去,同敌人展开白刃格斗。他不畏生死,率领8连战士,抢占了制高点,成功掩护红军侧翼。红25军以众寡悬殊之势赢得了这场看似"必输之局"的战斗。

报国志

◎ 刘　怡　夏　鑫

1955年12月,方升普调任福州防空一军军长,担负保卫我国东南领空的重任。

一个雾蒙蒙的下午,广播声突然响起:"警报,警报,前方海面上100米处有一不明飞行物向我方靠近,请各方做好准备!"

"这肯定又是国民党部队的侦察机来了!"一位战士说道。

"大家保持警惕,听我指挥,高射炮准备,三,二,一,发射!"

然而,发射出的高炮弹却扑了个空。

此后的一段时间内,我方的东南沿海与军用机场上也经常可见该类飞机的身影。

见此情形,方升普将军心急如焚,连夜与其他将领们一起商量对策,经过调查研究,发现这是国民党部队使用的最新一款美国的侦察机。接下来的几天里,方升普将军废寝忘食,终于与其他战友们研究出来了新的作战计划:"首先,我军目前防空装备和力量有限,我们需要针对敌机的活动特点,调整作战部署,制定战斗预案,规定部队实行'生活战斗化',保证战士们随时能投入战斗;再者,我们可以按照游击战术把高射炮伪装、隐蔽布置在一座座不高的小山上和不同方位的树丛中,形成火力交叉。"

1961年8月2日上午,敌侦察机又一次以超低空和高时速向闽江口飞来,敌机低空飞行时,我空军雷达开机搜索未能察觉踪影。敌机接近闽江口开始升高,刚一露头就被我军对空观察哨发现,并立即上报敌情。在极短的时间内,各级指挥所和高炮连就确定了防区上空发现的目标正是敌机,方升普果断地一声令下:"瞄准敌机,密集开炮,狠狠地打!"整个连的高射炮同时向敌机开炮,敌机中弹,飞机残骸坠落,飞行员跳伞被擒。

农民本色

◎ 张镇宇

在女儿方晓梅的记忆中,爸爸方升普是个名副其实的大忙人,经常外出公务不在家里,出差回来也是第一时间赶到指挥所值班,少有闲暇留在家中,她很少见到爸爸的身影,也少有机会能走近他、了解他。

有一次,方晓梅听说方升普又要出差,就硬缠着带上自己一起去,方升普说:"只有一张火车票,你没有票上不了火车!"方晓梅抢着说:"你把我装在木头箱子里,我不出声,别人看不见,不就可以把我带上火车了吗?"时间快来不及了,方升普看着女儿笑了笑,就赶着坐车走了。

方升普在家的时间虽很短,但却从来不忘对子女的教育。

在西安工作时,方升普家前后有不少空地,他就让每个孩子都"承包"一块地,在地里种上辣椒、茄子、豇豆、西红柿、花生等,并利用在家的时间看着孩子们给自己的菜地浇水。

为了教育子女时刻不忘革命传统,方升普还专门抽出时间教孩子们打草鞋。有一年他从汉中出差回来,特意带回来一捆麻。晚饭后,他立刻找来一条长木凳,在木凳一头钉上一个大铁钉,让孩子们站在他身边看他怎样编草鞋。他一边示范麻利地编着麻线,一边自豪地说:"打草鞋一定要把麻勒紧鞋才结实!""早年打仗的时候如果有这种麻编的草鞋穿是很幸运的!"

这时,新中国已经成立多年,但方升普却从来没有忘记过自己的初心。

024 方子翼将军

少小参军毅志坚,长征路上好儿男。
航空领域名赫赫,万古流芳入史篇。

——北京　杨金香

传承初心

◎ 钱　杰

方子翼幼时生活过得很艰苦,后来成了人民空军元勋的他,始终严于律己,对家属和子女要求甚严,从没有想过利用权力为家人谋好处。

在他女儿还小的时候,一天中午,爱动调皮的女儿打翻了饭菜。看了看地上的饭菜,女儿抬头看父亲,手指因紧张而绞在一起。方子翼蹲下身,平视女儿,唤了一声女儿的小名,缓缓说道:"爸爸以前打仗的时候,米饭是很难得的,有的时候我们只能用野菜填饱肚子。新中国成立了,我们的生活也变好了,但是种粮食是很辛苦的,而且还有人每天都吃不饱,我们一定要懂得爱惜粮食。知道了吗?"女儿点点头,说:"爸爸我知道了,我以后一定乖乖吃饭,一点都不浪费饭了。"

在女儿的成长过程中,他一直重视对女儿家国精神的教育,他总是告诫自己的女儿要有"先国后家"的精神。他还经常和女儿说:"不要说违心的话,不要做对不起党、对不起人民的事。"

正是受到父亲的影响。他唯一的女儿方秋萍在陕西、安徽插队 6 年,回到北京后当了一辈子工人,生活十分简朴。

"仰不愧天,俯不怍人",这彰显了一个共产党人的高风亮节,也是方老的家风精神,于后代之中传承。

025 傅春早将军

> 六安子弟傅春早,百战功成临粤东。
> 骁勇虎贲星将领,修身两袖起清风。

——广东 吴雁程

独树镇遭遇

◎ 陈家裕

1934年11月16日,红25军在军长程子华、政委吴焕先、副军长徐海东的率领下,从河南罗山县何家冲出发,以"中国工农红军北上抗日第二先遣队"名义奉命长征。

26日,红25军靠近方城独树镇。此时,突遇寒流来袭,气温骤降,雨雪交加,道路泥泞,傅春早与战友们穿着被雨淋湿的单薄衣服,在饥寒交迫中顽强坚守着,傅春早心想,我们一定要坚持下来,想着便也说了出口:"同志们,加油,我们一定要坚持住。"

这天下午,正当部队准备穿越许(昌)南(阳)公路时,遭到敌人40军115旅和骑兵团的伏击。在生死存亡的紧要关头,政委吴焕先举起大刀,振臂高呼:"同志们,跟我来!"战士们一听号令,毫不犹豫地冲向敌人,凭借着一股不怕牺牲的英勇精神,硬是把眼前凶恶的敌人压了回去。

恶战持续到傍晚,军领导当机立断:"傅春早,你带领手枪团两个班,插到敌人后方,从后方发动攻击。"

"是!"

在夜幕的掩护下,傅春早与战士们冒着枪林弹雨,从敌人的缝隙中钻了过去,在敌军的背后突然发起猛烈攻击。敌人被打得措手不及,腹背受敌,军心动摇,纷纷溃败。红25军终于杀出一条血路,继续向伏牛山前进。

026 傅绍甫将军

傅拔川团夜虎威,绍师蒙垢突重围。
甫当余力歼顽敌,勇渡长江巨手挥。

——广东　邓浩良

人民的子弟兵

◎吴鸿凯

1945年,早春三月的一个晚上,一支穿着灰土布军装的部队来到了院冲杨,村民们吓得躲进屋子,担心他们像日军一样,破门而入,烧杀抢掠。

团长傅绍甫看到这幅情景后,心想:都是那群鬼子,害得咱们的老百姓生活得这么胆战心惊,看我不打得他们落荒而逃。他让战士们挨家挨户敲门。那些敲门的战士大声地说:"乡亲们,不要害怕,我们是中国共产党领导的新四军,我们是来打日本鬼子的,是为乡亲们带来和平的!"这样喊了一遍又一遍,终于,有胆大的村民走出了家门。最后,所有的村民都打开了大门,站在门口,迎接自己的子弟兵。

第二天,村民们知道了这支队伍是属于新四军第七师沿江团的。傅绍甫征得村民们的同意后,将团部放在了杨家祠堂,战士们则住在村民们的家里,可是当时,院冲杨只有十来户人家,还有很多战士无法住下。于是,在傅绍甫的指挥下,战士们在村头村尾搭起了好多茅草屋,住在了茅草屋里,并且一住就是半年。就这样,他们成了院冲杨的"临时村民"。

村里老杨在他快90岁时回忆道:"这傅绍甫将军,一点官架子都没有,我们村里人都知道,他就是为了帮老百姓带来幸福的生活啊!"

027 高先贵将军

> 高风亮节老红军,先正胸襟作后勤。
> 贵在坚持如一日,忠心为国立功勋。

——广东　邓浩良

石头仗

◎丁佳妮

反"围剿"斗争正在进行,高先贵却患上疟疾。

"指导员,咱们的子弹和手榴弹都严重不足,已经撑不了几天,接下来可怎么办?"一名战士匆忙赶来,将战场现况带给躺在病榻上的高先贵。

高先贵强忍病痛,思考片刻后,对他说道:"找几个有力气的战士过来。"

几名战士来后,高先贵表示:"敌军强于我军数倍,假若我们坚守,将很难与敌军抗衡,请你们去山上砸一些石块,削一些竹竿,越快越好!"战士们虽不明所以,但仍然听从高先贵的指示去执行任务,很快便将仓库塞满石块与竹竿。

接下来的战斗中,高先贵所部先后粉碎敌军的数次进攻。敌人见正面进攻无效,便施行两翼包抄的战术。为节省弹药,高先贵与战友们采取"分而制之"的战术,对远处的敌人使用机枪点射,对近距的敌人投以手榴弹,而对冲在眼前的敌人则采用石头砸、竹竿戳等方式……

虽然敌众我寡,但凭借高贵先的机智果敢和战士们的顽强拼搏,最终守住了阵地。次日下午,主力部队向敌军发起猛攻。骤然间,敌军分崩离析,丧胆而逃。

战斗结束后,有个战俘沮丧地说起:"我打过不少仗,还没见过'石头仗'!"从此,高先贵率部队以"石头仗"击溃敌军的事迹在军中迅速传开,闻名一时。

为人民服务

◎董豫川

高先贵的长孙高德祥,一直从事与核燃料实验相关的工作。由于工作环境对身体的伤害较大,为此,高德祥希望爷爷将自己调到部队里,更换一下工作环境。

在高德祥看来,爷爷的地位那么高,在部队安排一个工作应该是很方便的。没想到,高先贵听闻后大发脾气,拍着桌子对高德祥说道:"我的权力来自人民,是为人民服务的,不是为高家人服务的!老老实实地原地不动,只要我还在职,你就别想换工作!"

刚开始,高德祥对爷爷的举动很不理解,认为爷爷对自己太过于苛刻,自己好歹也是长孙,在这样的环境工作下身体怎么能受得了呢?爷爷这样做,实在是不看重自己。

一个星期后,高先贵专门将高德祥叫来,语重心长地说道:"要毁掉一个社会,只要三个字就能做到,就是'不公平'。如果有点权力的人都为自己家人考虑,那么老百姓谁还会听你的话?谁还会将权力放心地交给你?从事核燃料实验的不是只有你一个人,我给你换个工作很简单,其他的工人怎么办?我能都调走吗?如果政府一碗水端不平,就很容易出问题!"

自此,高德祥终于理解了爷爷的良苦用心,再也没有向爷爷提起更换工作的请求,而是同爷爷一样,始终在自己的岗位上默默坚守,兢兢业业地为人民服务。

028 顾鸿将军

> 铮铮傲骨自延安，斩寇名扬独立团。
> 血战华东驱蒋匪，一生戎马史书丹。
>
> ——广东 牛艾滨

"西瓜"助"突围"

◎丁佳妮

1942年7月中旬的一个上午，顾鸿为了不打无把握之仗，在战斗前，亲自侦察。

顾鸿与部队的几名战士蹲在草丛后，前方三四百米处便是敌人的碉堡。身旁的一名战士拿着望远镜观察敌军阵营后，细声与顾鸿说道："队长，你看，碉堡下面有一个人正吃西瓜哩。"顾鸿闻言后，随即拿起望远镜望了一眼，看到对面确实有位身穿士兵服装的人正狼吞虎咽地啃着西瓜，旁边还有一人正蹲在地上，貌似瓜农。顾鸿心想，敌人竟在站岗期间吃西瓜，可见警惕性并不是很高。于是，顾鸿见机，果断派战士前往南义镇北面，等待那位瓜农下集后，主动约其谈话。

听闻有人来找，瓜农老伯顿时紧张起来。但是，一听说是新四军的人，老伯便立马放松了心情，将卖瓜时看到的情况全都如实地告诉了战士。老伯说："碉堡外面有铁丝网、小沟沟，看着可深哩，要通过沟，只能经过沟上的一个桥，那边的士兵常常找我买西瓜，有的时候我晚上经过那边，还能听到赌牌声呢。"

战士回来后将消息带给了顾鸿。在彻底了解敌情之后，顾鸿决定在凌晨时分出发，趁敌人疲倦之际，亲率战士将南义镇重重包围起来。紧接着，顾鸿指挥三连与五连配合作战，突击队冲进敌人连部，将敌方连长活捉，有的士兵还没来得及拿枪就被俘虏了。

就这样，顾鸿凭借细致的观察能力以及卓越的军事指挥才能，成功地攻克了敌据点。

情系希望小学

◎丁佳妮

年近百岁的顾鸿，在家里依然穿戴整齐，精神饱满。他特别喜欢哼唱红色歌曲，不仅如此，他还教他的重孙唱，给重孙讲自己在战场上经历的惊心动魄的事。

有一天，顾鸿在教太孙唱歌时，太孙疑惑地问道："太爷爷，你年轻的时候环境那么艰苦，为什么还是那么开心啊？"顾鸿闻后，大笑着说："不光辛苦，而且艰苦！吃不饱穿不暖，但只要想起我们是为了人民，为的是赶走侵略者，解放全中国，当然就开心了。"说罢，顾鸿又继续唱了起来。

唱完一首《革命人永远年轻》后，顾鸿来到重孙的身边慢慢坐下："奕安啊，我虽然已经老了，但是我的使命还没有完成，几十年前我有不少战友死的死，伤的伤，他们的孙辈或许也和你一样大，还有故乡的父老乡亲们，我不能忘了恩情啊！"奕安听后，马上答道："那太爷爷，要做一些什么事情才能帮助他们啊？"

顾鸿欣慰地笑了笑："太爷爷在帮当地建立希望小学，假如有一天太爷爷干不了了，奕安能帮太爷爷接着干下去吗？能让那边的孩子有条件读书吗？"

"能！"奕安响亮地回答，"太爷爷和我说的，我都记在心里，长大了我也要和太爷爷一样！"

阳光透过窗户照亮了整个房间，这个约定在光的见证下，不仅镌刻在了顾鸿心中，更留在了奕安心底。

随后，歌声继续响起……

029 关盛志将军

红军小鬼走长征,甘陕抗倭寸土争。
挂彩突围开血路,航魂一缕九天行。

——广东　牛艾滨

永不掉队

◎汪文卿

他已经快走不动了。

每走一步,都要忍受脚丫子溃烂所带来的痛苦,鲜血慢慢渗出裹脚布,在关盛志的身后留下一串血脚印。

关盛志挂着拐杖,咬牙一步一挪地熬着,强撑着在一个小土墩上坐下。炊事员赶忙递上午餐,是在路边挖的野菜。他匆忙地扒着野菜,心中产生一丝复杂的情绪。

这时,脚底板忽然间又传来一阵钝痛。关盛志气恼地放下空碗,怒视着这双不争气的脚。疲惫和饥饿始终困扰着他,他常常走着走着就眼冒金星,紧紧攥住拐杖,好一会儿才能缓过神来。现在,关盛志正面临一个严峻的问题,他还能跟得上这支队伍吗?

这支队伍在急行军中常常遇到地方小股军阀部队的侵袭,一场场遭遇战不断打响,像现在这样休息的时间弥足珍贵。四周,吃得快的同志正争分夺秒地休息,不一会儿就响起了阵阵呼噜声。而此时的关盛志,咬牙支撑着自己,摇摇晃晃地站起身,往队伍前方走去。他下定决心提前行动,趁着队伍休整的时间再赶一程。他不想掉队,因为这支新生的部队是他心中的信仰,是他奋斗的目标,他决不能掉队!

凭借着顽强的意志,他一瘸一拐地跟紧队伍。后来,他随着部队冲出了平汉铁路等封锁线和敌人的多次堵截,越过了崎岖的铜柏山,通过了地主豪强围寨林立的平原地区。

不论多么困难,关盛志始终跟着党走,永不掉队。

野菜汤

◎ 汪文卿

1964年8月1日,35团正式授旗成立,部署在西北,任务是确保科学家们顺利研发原子弹。

在一次物资运输过程中,部队遭遇了恶劣的沙尘暴天气。黄沙封锁了唯一的运输线,外界的物资无法按时运输到位。炊事员发出紧急报告,表示只剩少量面粉仅可维系几日,包括科学家在内的整个部队面临着严峻的断粮危机。

此时,关盛志来到战士们面前,"现在已经到了研发原子弹最关键的时期,我提议现在把仅剩食物给研究人员送去,让他们可以用更多的精力投入原子弹的研发当中去,我们在周围找一点野菜吃吧"。就这样,关盛志陪着战士们每天只吃盐煮野菜汤维持生命,并一直鼓励战士们坚持下来。

关盛志同战士们分享了自己当年的长征故事,分享他参加革命的初心,并表示每一次面临的艰难险阻从未动摇过他对党对革命的信心,他还教导战士们要相信党和毛主席的决策,相信科研工作者一定可以造出原子弹。

正是如此,关盛志给予了战士们精神上的鼓励,并且在每人每天吃不饱的情况下,他还将自己的野菜汤匀出一半分给体质较差的战士,并笑着说自己饭量小,吃不了这么多。

随后,运输车终于到了,这时,战士们才发现关盛志的身体浮肿是最严重的。

这就是可敬又可爱的关盛志政委。

030 官俊亭将军

一将成名百战功,挥师南北济蓬瀛。

长津湖畔创神话,多少官兵说俊亭。(新韵)

——北京　李灵光

夜袭阳明堡

◎朱明基

1937年10月,八路军129师385旅769团奉命进入山西代县侦察敌情。当得知阳明堡西南的一座飞机场已被日军扩建为向太原出击的临时机场时,师部决定夜间突袭。

此时的官俊亭还是排长。他明白,正在抗日前线的士兵们很难承受空袭的巨大压力,如果能炸毁日军的飞机,不仅可以减少我军的损失,还能极大地振奋士气,意义重大。因此,他不顾自身安危,毅然请缨要求负责主攻任务。

官俊亭对上级请求:"我不怕死,就怕不能死在战场上。我生是八路的兵,死是八路的鬼。让我担任主攻吧!"

19日夜里,官俊亭带着二排的战士爬过铁丝网,摸进机场,直扑飞机。机场有三排飞机,他率领士兵首先向一架"大家伙"扔去了手榴弹。顿时,机场里枪声和爆炸声四起,日军被惊起,慌忙打开机枪扫射。

但此时,官俊亭早已带领士兵们躲到了飞机的肚子下面,一边朝左右飞机开火,一边扔手榴弹。敌人的机枪扫不到他们,反而射穿了自己的飞机。很多飞机开始起火燃烧,有的是发动机被打毁,有的是机身被打得像麻子脸。

经过1个小时的激战,769团战士一共歼灭日军100余人,阳明堡机场内的24架飞机全部被毁,有力地打击了日军的空中力量。

官俊亭被评为战斗英雄。但他却说:"我只是众多战斗队员中的一员,要说功劳,那些在战斗中牺牲的烈士,才该记头功啊!"

031 桂绍彬将军

丹桂绍熙彬雅风,扶眉神岭建奇功。

枕戈唯愿江山固,遍历征尘海陆空。(新韵)

——北京　李灵光

革命故地诞新星

◎ 汪文卿

1929年,六安独山镇的农协会员被当地军阀抓走。独山镇周围15个乡的近万名农民,手持大刀、长矛从四面八方涌向独山镇。起义队伍占领了独山镇,救出了被捕同志。

这一事件给年仅13岁的桂绍彬留下了深刻的印象,他第一次感受到党领导下的农民所拥有的力量是如此的"撼天动地"。自此,他下定决心,一定要加入这支光荣的队伍。

次年,桂绍彬加入农民协会。他年纪虽轻,但组织能力强、工作热情高,深受村民们的认可。

由于当地红军力量过于薄弱,不久便从村子里撤走。村子很快被红枪会控制。红枪会虽源自农民,却从未接受过党的改造,还相当反动,为了在村中立威,便将桂绍彬抓了起来。

红枪会的人对桂绍彬说:"小孩,看你年纪轻轻,怕是不懂事才给共产党干活,把你知道的都说出来,大爷们放你回家。"

桂绍彬听后,冷冷地回了一句:"我是自愿帮共产党的,你们问我也不说。"

红枪会的人一愣:"这小家伙还嘴硬,关上几天看你怎么办。"随后,他们将桂绍彬和其他干部一起关进了牢房,每天只提供一点馊掉的饭菜。

红枪会的人妄图以恶劣的环境消磨桂绍彬的心性。然而,他们失败了。七天后,当地红军带领上级党组织和军队回到了独山镇,瓦解了红枪队,释放了被关押的村民。

桂绍彬怀揣着对党的深情走出了牢房。

强攻运城立奇功

◎ 汪文卿

1947年7月,晋冀鲁豫军区野战军第八纵队于8月1日在晋南地区襄陵县宣告成立,桂绍彬任政治部主任,参与指挥作战。

第二次攻打运城的战役于10月8日开始,由八纵和吕梁独三旅、太岳军区第三军分区基干团等负责。守城敌军包括国民党军五个团及地方反动武装,总兵力达12000余人,强于解放军兵力几倍之上。

桂绍彬并没有因为守敌众多而退却,他和八纵指战员在武器装备处于劣势的情况下,仍然奋勇前进,连续向运城发起数次进攻。

敌人的火力十分猛烈,先后发动四次反扑,给解放军造成较大伤亡,阵亡将士的遗体遍布战壕。失去战友的痛苦并没有让第八纵队战士们意志消沉,他们前赴后继,冲向敌人阵地,奋勇杀敌。战况陷入胶着,桂绍彬为了提振士气,尽快取得战争胜利,竟亲自上了战场。

"桂主任,您是指挥员,还是留在后方吧!"一名战士劝道。

"这个时候,我不身先士卒,怎么对得起大家?"桂绍彬反问,他举起一把"汉阳造",和战士们一起冲了上去……

不久后,因国民党胡宗南派军增援,解放军主动撤围,桂绍彬亲率部队集中兵力快速迎击敌人。此战共歼守敌2000余人,有力地牵制住了敌人。

念亲不徇私

◎汪文卿

桂绍彬一生廉洁,对亲属要求严格,其优良的家风给后人留下无尽的财富。

在担任中国人民解放军海军航空学校政委后,不少亲戚、老乡给桂绍彬来信,或登门拜访,希望他作为"大领导"能帮忙办事。对于这种风气,桂绍彬十分反感。

有一回,桂绍彬的一位亲戚来北京看望他。桂绍彬起初非常高兴,因为这位亲戚是他的恩人,在抗日战争时期冒着被伪军搜捕的危险救过他的命。

当亲戚说明来意后,桂绍彬沉默了许久。原来亲戚希望桂绍彬把他的儿子一家调进城里。亲戚说:"大侄子,你发达了,说话办事顶我一百句,你想想办法,把你兄弟一家调进城吧,老叔就求你这一次。"

桂将军无奈地苦笑道:"哎,老叔,我这共产党的干部不好当啊,给兄弟调到城里不合规定,这事我帮不了啊。"

亲戚急了:"大侄子,你现在可是干部,手上有权,你天天大口吃肉,怎么着嘴里也漏点汤给我们吧。"

桂将军严肃道:"老叔,我手上的确是有权,但这是党和人民赋予我的,只能用来办公事啊,滥用权力、违规违纪的事我桂绍彬绝对不干!"

两人不欢而散。桂将军心里难受极了。老叔一辈子不求人,又对他有救命之恩,帮不了老叔,他心中有愧。但是他的底线无论如何不会动摇——共产党的干部家后门一定要关得紧紧的!

032 桂绍忠将军

烽火连天赴战场,扶伤救死节高扬。
他乡异国情无限,碧血丹心万代彰。

——广东　卢木荣

病人至上

◎权王妍

1948年5月,已担任陈(赓)谢(富治)兵团第九纵队卫生部长的桂绍忠,被重新划归中原军区领导并负责卫生部手术组的工作。

很快到了夏天,为防止敌军轰炸,所有手术室都被黑布严密遮蔽起来,屋里闷热如蒸笼。桂绍忠坚持站在手术台前,抢救伤员战士,做了一台又一台的手术,精神和体力的迅速消耗使他脸色苍白。

此时,又一台成功的手术接近尾声,桂绍忠松了一口气,正在为伤员包扎伤口时,突然瘫倒了下去,手术室里的众人呼喊着他的名字,他隐约听见了他的名字,眼前却变得黑乎乎的一片。

等他醒来时,发现自己躺在了病床上。他没有担心自己的情况,而是第一时间询问:"刚才那个伤员呢,他的伤口还没有处理好。"院长笑了笑:"老桂啊,你好好休息着吧,他已经没事了,你看你自己的身体都这样了,还没来得及恢复,成天担心着别人,你先躺下好好休息。"桂绍忠救人心切:"我的病人还在等我。"稍稍休息后,他坚持起身回到手术台前继续工作。一连数日,桂绍忠几次晕倒在抢救伤员的手术台上,抬下去休息时,也在不断思考炎热天气下如何控制各种疾病在部队中的蔓延。

桂绍忠用高超的专业技能,和丰富的理论知识,为部队战斗力的快速恢复作出了极大的贡献。

033 韩庄将军

> 铁窗浴血炼坚骨，大野游离战恶狼。
> 苦雨凄风终不惧，培桃栽李百般忙。

——广东　卢木荣

炸碉堡

◎权王妍

1947年底，韩庄到华北军区第20兵团担任炮兵主任兼重迫击炮团团长。1948年，解放战争进入战略决战阶段。韩庄接到命令，配合第20兵团攻城的外围战斗。冲锋号响起之后，战士们冲锋在前，可国民党军队火力猛烈，特别是碉堡中的机枪手使我军损失惨重。由韩庄带领的重迫击炮团在我军后方配合作战，但因为距离较远且迫击炮杀伤力有限，无法对碉堡中的敌人造成杀伤，战斗陷入僵局之中。

看着冲锋在前的战士们不断冲上去，可是倒在碉堡前的也越来越多，韩庄心急如焚。他清楚地认识到，如果不能从碉堡处将敌军防御线打开一个缺口，这场战斗的伤亡将远远超出预期，也会大大扰乱我军的进攻节奏。想到这里，韩庄立刻对周围地形进行观察，他的视线锁定在敌侧方一个更加开阔之处。

于是，他指挥几名炮兵将迫击炮搬到那里，以自身暴露换取我军迫击炮更加有利的发射点，这时战友的火力支援尚不足够，炮兵团要与敌人的炮火分秒必争。但炮兵战士又是两发未中，战况危急，韩庄果断地说："我来！"他亲自在炮筒放入炮弹，沉下心，慢慢瞄准，嘴里默念"别急，别急"。定好方向之后迅速点火，一击即中。在其余火炮辅助下，顷刻间便摧毁了敌人的钢筋水泥碉堡，城崩墙塌，堡碎人亡。

韩庄在战斗中指挥有方，英勇果断、灵活机动，带领炮兵团为战斗立下赫赫战功。

炮兵学校

◎朱心怡

九月秋风习习,一名正值壮年的男子背手立于校门前,凝视校园,面露喜色。

他是韩庄。看着自己参与选址、主持组建的炮兵学校开始运行那一刻,韩庄仿佛是初见一个自己孕育的生命一般,感动而又充满希望。

这一份喜悦没有持续太久——学校的教学方面很快就出现了问题:学校成立伊始,教学人才和各类教材极度匮乏。截至十月,只有不到十名专业人员担任教员。教材方面仅有少量的苏军教程,有的还与我军的实际装备不匹配。

如此窘境似万钧铁石压在胸口,让韩庄一时喘不过来气。韩庄漫无目的地踱着步,思绪被拉回了十几年前的战争岁月:那时炮火不息、敌人猖獗,而军队只有简陋的小米加步枪。可就是凭着满腔热血和不灭希望,还是胜了,终带着人民走出了水深火热。想到这里,韩庄松了一口气,像是释然了:那时这么艰难都走过了,面对眼前困境又怎么能退缩?

于是,韩庄很快就采取了行动:在教学人才方面,韩将军安排从各级干部中抽调若干名同志,强化集训引领他们走上教学岗位,充实进教员队伍。在教材建设方面,编撰教材,很快编印出一批急需课本。不仅如此,就连学校营房的建设和后勤保障工作,韩庄也参与其中。

前半生为求民族独立抛头颅洒热血,后半生为求国家强大奔劳不息,他一直是那个一切为了国家为了人民的英雄,从未改变。

034 何柱成将军

一代名将赤胆魂,燎原星火起纷纭。

南征北战平天下,浩气长存耸入云。(新韵)

——意大利 金冠军

九死一生

◎李宣良

1936年10月,会宁会师后,何柱成随总部同红九军一道西渡黄河,开始了一生中最为艰苦悲壮的征程。连续一个多月的时间,西路军每日作战,当行进到甘肃临泽时,被敌人骑兵分割包围,经过数日苦战,队伍被打散。

何柱成孤身一人通过马家军在山下的封锁线后,一路向东去找红军。身无分文,他一路乞讨,昼伏夜行,寻找到达陕北的道路。

与此同时,马家军在河西走廊一带抓捕西路军失散人员。为躲开马家军的搜捕,何柱成避开大道走小路,白天躲藏,夜间赶路,风餐露宿,3月下旬来到了景泰县境内,何柱成本以为已经脱离了敌防区,又被民团抓住,押到兰州集中营。

随着国共关系转向缓和,中共中央加紧谈判,要求国民党把关押官兵全部送回延安。何柱成见看押松懈,就同战友秘密商量找机会逃走。这一天,恰好轮到何柱成几人做饭,他们提前把路线看好,在半夜时分趁无人注意,悄悄跳墙逃走。

他们从老乡那里得知,镇原县有红军,距离此地大约三四天路程。何柱成欣喜万分,他们连续乞讨5天才来到镇原县,找到了驻扎在那里的援西军部队。在援西军政治部,何柱成受到了热情接待,回想过去数月九死一生的遭遇,不禁潸然泪下。

在长达数月的艰苦战斗中,面对敌军围剿,即使身无分文、饥寒交迫、孤身一人流落荒地,何柱成也不退缩不放弃,一颗红心向着党。

下连当兵

◎ 权王妍

1958年9月,党中央和毛泽东提出"军队干部下连当兵代职"制度。虽然此时何柱成已被授予少将军衔,荣获二级八一勋章、二级独立自由勋章、一级解放勋章,成为共和国的一名开国将军,但他坚持响应号召,来到驻守海防第一线薛家岛上的某部四连,没有代理连排干部,做了一个月的列兵。

刚到的时候,岛上的干部们出于对何柱成身份的考量,不仅没有给他安排和战士们同样的训练和劳动任务,甚至吃饭睡觉也不与战士们在一起。何柱成主动找到班长,他请求班长在自己当兵期间,以列兵身份严格要求自己。

见班长没有立刻给出肯定的答案,他直接要求面见连长。他对连长说:"军人就要服从命令。我是响应党中央和毛主席的号召来到这里的。你们这样做,让我们的战士和群众怎么看待军队干部呢?"连长无言以对。"请让我做一个合格的列兵,而不要给我任何的特殊待遇。如果你们不能做到,我就换个地方去当兵!"

在何柱成的强烈要求下,一个月里,他作为士兵与战士们同吃、同住、同劳动、同训练、同娱乐。服役期间他服从命令、尊重骨干,期满,何柱成被连队评为"五好战士"。

035 洪学智将军

十七年来途路长,随身带就柳条箱。
不收裘服和珠宝,一颗初心里面装。

——安徽　何其三

打游击

◎ 张春雨

1929年5月6日,徐子清、肖方等策划的立夏节起义取得胜利,这是鄂豫皖地区继黄麻起义后的又一重大胜利。5月7日,在南溪火神庙召开了庆祝大会。

那天,雨过天晴,天空一派清明,高远的天空下,一片红旗飘飘,庙台下面人头攒动,少年洪学智也挤在密密的人群当中,他个子不算高,身体不算壮,却是人群中呼喊得最大声的。徐子清、肖方站在庙台上,激昂地发表演说,"这次起义取得胜利,我们打败了地主,我们是为穷人而战斗的,各乡各村的穷人要团结起来,成立苏维埃政府,向地主老财讨还血债。"洪学智不知道什么是苏维埃政府,但他知道那是为穷人出头的。

庆祝之后,联庄的负责人找到他,告诉他:"我们有三支队伍:自卫军、赤卫队、游击队,前两个是不脱离生产的,需要时才会集中在一起,不那么辛苦,游击队是脱产的,得到处跑,辛苦得很,你想加入哪一个?"

洪学智毫不犹豫地说:"要干就干游击队。"

负责人严肃地问:"危险,掉脑袋也不怕?"

洪学智昂着头,目光澄明,响亮地回答:"不怕,最危险,但能打最多敌人。"

负责人欣慰地拍了拍他的肩膀,目露赞赏地笑着说:"是个好孩子。"

洪学智进入了游击队,很快便成了班长,冲锋在危险的第一线。

翻越大雪山

◎ 陈　锦

1936年9月,长征中的红军要翻越夹金山。洪学智此时担任红四军政治部主任。

夹金山终年积雪,许多战士冻伤,洪学智便组织了一个收容队跟在队伍后边,专门收容那些掉队的和已经不能走的战士。近午时,部队接近夹金山主峰,突然乌云翻滚,天暗下来,一阵大风雪席卷过来。六个红军战士在风雪中倒下了。这些战士曾同大家一块与敌人浴血奋战,在洪学智眼中,即使他们"死去",他也不忍心将他们留在山上,于是派人把他们抬下了山。

下山后走了一程,洪学智发现有个磨坊,可避风寒,下令红军就在磨坊里休息,把冻"死"的战士也抬进屋里。后半夜,磨坊内温度升高,一位战士发现一个冻"死"的战士动了一下。大家很惊讶,都不相信,洪学智走近一看,可不是,呼吸急促,是在动。洪学智立刻大声说道:"赶快抢救!"当时没有医生,大家就给那位战士灌姜汤,七手八脚把他救活了。有一个人活了,说明另外五个也有希望。大家就一个一个地抢救,结果救活了五个人。

洪学智在这次事件中有了抗寒经验,在山下,他让各部队夜里两点钟就起来吃饭,用大锅煮辣椒汤,大家喝了,热热乎乎地上路。路上每人还带一瓶辣椒汤,爬到主峰时喝两口,增加一些热量,终于挺过了暴风雪。

优良传统不能丢

◎ 郭鹏昕

洪学智到部队视察,总是遵守着一个铁的规律,招待用餐,严格执行"四菜一汤"的规定,不准突破,不准搞变通。

有一次,洪学智到一个直属单位去调研。第一天晚餐,上菜速度比较慢,刚上到第四个菜,洪学智就说吃饱了,起身便走。单位领导明知菜还没有上完,也不便明说,只好陪同离席。第二天晚餐,单位领导鉴于昨天的教训,特意吩咐加快上菜速度,这次,不等洪学智吃饱饭,已经上了六七个菜。洪学智问,昨天上四个菜不是很好嘛,今天怎么搞的,为什么增加?到了第三天晚餐,单位领导知道了他的习惯,想了个新办法,虽然还是四个菜,但每个菜都换成大盘子,一个大盘子中放了好几样菜,成了个大拼盘。洪学智知道单位领导的用意,故意问道:"你们还有比这更大的盘子吗?"单位领导开始没反应过来,直说有,但话在嘴里砸吧砸吧,很快回过味来,琢磨出是批评,便连声说没有了。

洪学智语重心长地说,你们想让我吃好点、多吃点,是出于好心。但是菜多了,一是破坏了规矩,二是造成浪费,三是可能有害健康,何苦呢!不管什么样的生活条件,咱们搞革命的初心不能丢,铁的纪律不管在什么情况下都得遵守!

一代风范励后人

◎ 张春雨

洪学智喜欢开家庭会议,在家庭会议中引导子女,教育子女。

一次,他过生日,正好全家团聚,借着这个机会,他又开了一次家庭会议。

当时正值改革开放,新旧经济体制转换,有的干部子女下海经商,有的倒卖手上计划内的指标,老百姓对此反响很大。一家人围在桌子周围,洪学智望了望孩子们,问他们:"你们对改革开放怎么看?"孩子们七嘴八舌,讨论得很热烈。有的认为:"顺应变化,变一变门路,抓住机会,可以赚更多的钱。"有的说:"打开自己的死脑筋,变一变思想。"

洪学智用手叩了叩桌子,严肃了语气,对几个孩子说:"有些东西可以变,有些却不能,你们出生在革命军人家庭,有些东西是得像烙印一样,刻在身上丢不得的,我不指望你们个个都能飞黄腾达,但是不能给这个家抹黑,你们时刻记住,你们不能给这个家丢脸!"

一个孩子不服气,说:"规矩是死的,人是活的,为什么有些东西不能变?"

洪学智回答道:"如果为了一些物质上的东西,把自己做人的根本都给变没了,那就是舍本逐末,得不偿失,变的是思想,不变的是自己的初心"。接着说,"走正道,为老百姓办事,这是你们应该有的初心,也是我们这个革命家庭应该守住的本,守住的初心。"

036 胡继成将军

> 百年岂许负闲身,浴血疆场几度春。
> 抗美援朝迎劲敌,红旗飘处记殊勋。
>
> ——河北 魏秀琴

当兵的孩子

◎ 蒋 焰

1930年10月,蒋介石调兵10万,对鄂豫皖根据地进行了第一次大"围剿",杀害了许多革命干部和无辜的红军家属。年仅15岁的胡继成看到这些血淋淋的惨状,心中暗暗下了一个决心——成为一名红军战士。他偷偷去乡苏维埃政府开好了参军证明和路条。

1931年春节刚过,胡继成告诉在山上一块放牛的几位堂兄弟:"明天,我就要去参军,你们要和我一起去的就一块走。""当红军发衣服穿,顿顿还都有饭吃。"大家一致赞成。因年龄都小,既怕家人担心,也怕家人不让走,于是兄弟几人商定先不告诉家人,等到了部队再给家人报信。

第二天早晨,胡继成和往常一样,带着干粮牵着牛出了门。到了晚上,家人们发现几个放牛的孩子都没回来,点着火把找到山上,发现几头牛都拴在木梓树上。他们明白了,这五个孩子是偷跑着出去当红军了。

他们走了两天一夜,终于到了六安县县城,但红军主力军已经走了,胡继成就参加了六安县游击大队,成为了一名战士。过了一年,17岁的胡继成当上了保卫连连长。

刚当上连长,就经历了鄂豫皖根据地空前惨烈的霍邱保卫战,受命带保卫连70多人扼守交通要道。他亲眼见到了身边一个个鲜活的生命变成了一排排小土包。在激烈的战斗中,胡继成的心性愈发成熟,他从未忘记,当年那个偷跑去当兵的孩子的决心。

隐瞒伤情

◎ 张春雨

19岁的胡继成虽年龄小,个子不高,但很有作战才能,从不拖后腿被大家戏称为"小参谋"。

根据党中央的指示,红25军于1935年11月16日从罗山何家冲出发长征。胡继成在扶山寨战斗中负了伤,伤口很深,周边的皮肉外翻,血水一阵阵地往外流。通讯员劝他:"留下来,把伤治好再走。"胡继成咬紧牙关回答道:"这点小伤没有伤到筋骨,不算什么,留下来治伤,不知道要落下部队多少路程。"胡继成只让通讯员用被单草草地裹了伤口,便跟着大部队一起前进。伤口被粗布磨得血肉模糊,疼痛带来的眩晕感让胡继成倍感不适。没有药物,胡继成便让通讯员每天晚上用盐水给他清洗,伤口传来阵阵刺激和疼痛,但他还是一声不吭。尽管如此,长途的行军还是让伤口感染,恶臭难闻。

这一天,他同司令部秘书杨太强一起吃饭,杨太强坐在他对面,耸了耸鼻子:"什么味道,米煮坏了吗?"他一看到对面的胡继成身上的布条,哪还有不明白的,拉起他的胳膊就往外面走,怒道:"你这是做什么?你要是再不治疗怕是人就没了!"胡继成被拉得一个跟跄,他说:"我不想留下,拖队伍的后腿。""你这个样子,还强撑。"杨太强硬是将他送到了团卫生队。因为条件困难,简单处理后,胡继成带着伤继续走在长征路上。

不用特权

◎ 王吉祥

战争的硝烟早已被和平之风吹散,在废墟中重生的新中国投入到了火热的经济建设之中。胡继成时任成都军区副司令员,但他对待亲人,总是不忘初心,铁面无私。

胡继成的六个儿女刚成年,他就说服他们到外地当兵。最长的有26年,最短的有10年。最后,子女都从部队转业到了地方,有三个孩子是自由职业者,有三个孩子在单位当普通职工。

大儿子胡向东在广州当坦克兵达10年。在第8个年头时,胡向东与妻子结婚并有了孩子。那时,胡向东在广州,他的妻子在成都工作独自抚养孩子。为了解决两地分居的不便,他曾通过母亲向父亲求助。以当时胡继成的地位,他只需要凭借自己的身份打个招呼,便可以结束儿子儿媳两地分居的痛苦,但他拒绝了。胡向东虽然了解父亲的性格,可他还是希望父亲能够为儿孙做出让步。胡继成再次严厉拒绝了儿子的请求,并对儿子说:"我们作为军人,身上担负的便是人民的安全与幸福。我现在身为副司令,不想着一心为人民谋幸福,还以权谋私,这与那些蛀虫何异。我绝不会做以权谋私之事,你需要通过自己的努力转业回来。"胡向东被教育得哑口无言,只能最终作罢。

战争时不怕牺牲,为祖国奉献生命;和平时不忘初心,为人民无私服务。他不用特权谋私利,只用初心为人民谋幸福。

说到做到

◎ 张春雨

胡继成对孩子言语上的教育不多,但要求孩子们做到的,自己首先带头做。

胡继成任广州军区参谋长时,由于气候湿热,几场雨一下,他家院子里的小草长得特别多。他就经常带着孩子拔草,从不要求士兵帮忙干。这些草很顽固,根须特别多,只要根挖不出来,它就会不停地长出新草来。每次拔草,他拿着一把大铲,几个孩子或用小棍,或用小铲,努力地把草根一棵棵挖出来。老将军干得认真,天上太阳晒,不怕;地上蚂蚁咬,不吭;汗流浃背,也不回去,直到干完了为止。几个孩子跟着他,看父亲这样,也都咬牙坚持着,没有一人临阵脱逃。

20世纪60年代初困难时期,将军家人口多,生活也十分困难,经常吃粗粮。为了解决吃菜问题,他带着孩子们在院子里挖地,种上了牛皮菜。牛皮菜一般用作青饲料,用来喂猪,喂鸭。吃的时候,整棵菜只是用水煮一煮就端上了桌,没盐没味,又粗又涩,确实很难吃。吃饭时,孩子们总要偷偷地你看看我,我瞧瞧你,嘴里嚼着就是不往下咽。胡继成就夹一筷子菜放到嘴里,故意大口大口地嚼,一边嚼还一边说:"这菜很好吃,比起我们当年吃草根、树皮好多了。"看到孩子们皱着眉头吞菜的样子,他也很心痛,可国家有难处,老百姓的孩子都在吃糠咽菜,自己的孩子为什么不能?野菜吃不下去,他就带头吃!

037 胡鹏飞将军

> 春秋九秩鉴英雄,亮剑屠龙战绩丰。
> 天海鹏飞惊世界,合堪青史载奇功。
>
> ——河北 魏秀琴

舍小家顾大家

◎ 谢东霖

1946年6月,著名的中原突围开始了。时任中原军区第1纵队3旅参谋长的胡鹏飞带领部队来到了湖北省的菠萝崖村,与他一起到来的还有他刚刚八个月大的儿子。

战争路途险恶,情况未定,胡鹏飞深知孩子会拖累部队的步伐。可他毕竟是这个八个月大的婴儿的父亲,又怎么忍心将孩子托付给他人?为此,他整天茶不思饭不宁,只能以抽烟缓解内心的苦闷。

一天,旅政治部主任胥治中找到胡鹏飞,对他说村子里有人愿意收留这个孩子。收留孩子的人叫张冰如,她为人贤惠,是一位地下党员。胡鹏飞紧皱眉头,看着还在酣睡的婴儿,终于下定了决心。

张冰如来到跟前问道:"把孩子托付给我,以后你打算怎么办?"他知道,大家不保,何以成小家。他咬了咬牙:"若是有幸生还,我就回来找他,万一发生不测,待他长大后,请你告诉他,他父亲是好样的。"良久,他抱起孩子,亲了亲他的额头,坚定地将儿子交给张冰如,同时还有一封信。

"此去不知是生是死,若是我没有回来,请你一定要把这封信交给他,让他知道他的父亲不是故意抛弃他的。"他又一次对张冰如说。

离开村子时的胡鹏飞走得毅然决然,没有回头,只是偷偷地抹了一把泪,这个在战场铁血铮铮的汉子,这个即使受伤也没有掉过一滴眼泪的战士,这个时候,竟然哭了。

校长亲上阵

◎刘嘉欣

1952年的春天,胡鹏飞将军担任海军航空学校第二航校的校长。

"听说了吗,胡校长又给我们学校争取到了建造新教学楼的机会!""嗯嗯,据说还添置了很多新器材呢!"海军航空学校第二航校的学员刚放学,便开始兴高采烈地议论起来。正说着,看到有一些工人们在一片空地上忙碌着,便上前观望。

"胡校长?你在这干什么啊?"一个眼尖的学员一眼就从工人们中认出了正拿着铁锹挖地,大汗淋漓的胡校长。

"啊,同学们,我们学校要建造新教学楼了,我在帮忙挖地基呢。"胡校长轻描淡写地说。

"这怎么能让校长您亲自挖地基呢?"学员们都感到很惊讶,看到校长的劳累,有的学员拿出毛巾递给校长擦汗,有的给胡校长递水壶,但都被胡校长拒绝了。

"同学们,虽然我们白手起家,现在没能给你们提供更好的条件,但是我们可以自力更生,用自己的努力来换取,挖地基这点小事是我应该做的,同学们放学快去吃饭吧!"

大家被胡校长的一番话语感动了,纷纷表示要向胡校长学习,不惧环境的艰苦,和校长一起为自己的学校添砖加瓦。

凝聚师生力量的新教学楼很快便建成了,它屹立在蔚蓝的天空下,气势恢宏。

038 黄仁廷将军

生自艰难胆气豪,浑然战血染征袍。
徽风铁骨丹心铸,一代威名史册标。(通韵)

——北京 刘洪云

英勇反击

◎李子源　叶礼凡

1934年8月,红25军自罗山南部向皖西北转战,凌晨在六安郝家集附近遭敌11路军独立旅的进攻。红军在此情况下丝毫不乱,英勇反击。战斗逐渐进入白热化阶段。由于敌军占据了制高点,进行火力压制,红军久攻不下,前进困难。

营参谋长看了看表,已经四点多了,如果不能在天亮之前打败敌人,大部队的前进也会受到阻碍。连长黄仁廷愤怒地注视着敌人的火力点,转身对参谋长说:"参谋长,请把这个任务交给我吧。"营参谋长紧握他的手,说:"好,我相信你。"

黄仁廷率领第二连的战士从背后偷袭敌军。敌军被突然袭击,大为震惊,以为红军援军已到,慌忙组织反击。黄仁廷一边向前冲锋,吸引敌军注意力,一边高声呼喊,制造大部队到来的假象。

敌军火力分散,战士们趁机向前突破,战斗呈现出一边倒的趋势,敌人仓皇逃窜。黄仁廷见状,冒着枪林弹雨,率领部队追击。激战中,黄仁廷不幸中枪倒地,腹部被弹片划开一条口子。医护人员把他带回后方简单包扎以后,他又要冲上去参加战斗,被医护人员制止。等到参谋长回来,他焦急地问道:"敌人都打退了吗?"直到参谋长说:"已经全部打退敌军!"他才肯休息。

随后,黄仁廷又开始了新的战斗。

空军师长

◎李俊威

1949年后,黄仁廷担任空军29师师长一职。当时空军初创,黄仁廷也是一个门外汉,为了建设好空军,黄仁廷煞费苦心,亲自了解飞行状况。

有一天,几位飞行员在完成一天训练任务后,见到黄仁廷愁眉紧锁地盯着场上的飞机,嘴里念念有词,手里还在记着什么。

几位飞行员上前报告后,一位飞行员问道:"首长,这都一天了,您还没走呢?"

"嗯!我得全程看着才放心呐。"

"那您也得休息啊。"一位飞行员关心道。

黄仁廷一边做记录一边说:"现在不行,咱们的空军呐!还很弱。跟美国、苏联比不了。好不容易有了发展的条件,那就得迎头赶上。"

"我们一定好好训练,不辜负首长的期望。"几位飞行员心中很受鼓舞,异口同声地说。黄仁廷笑着说:"你们这些同志,有这个觉悟这很好,咱们呐!都得撸起袖子加油干!"

飞行员们也都笑起来。

黄仁廷随后拿出笔记向几位飞行员晃了晃:"我已经整理出训练的改进方法了,你们等着吃苦吧!"

几位飞行员都说:"我们不怕!"场上被欢快的氛围所笼罩。

黄仁廷带领部队开展高强度的复杂训练,提高飞行日利用率和飞行技术,为中国空军建设作出了重要贡献。

039 焦玉山将军

> 漫卷黄沙征战久,挥刀纵马聚洪流。
> 塔山焦土三千丈,立定乾坤谁与俦!

——北京 刘洪云

与阵地共存亡

◎刘子鸣

1948年10月,辽沈战役进入关键阶段,东北野战军主力对锦州国民党守军形成合围之势。

焦玉山率领的34团被安排在塔山一线,阻击国民党援军。塔山阻击战是歼灭锦州守敌、攻占锦州的关键。焦玉山深感责任重大,他向师首长坚定表示:"寸土不让,死守塔山,与阵地共存亡。"

战斗开始后,敌军以3个师的兵力向焦玉山所在阵地发起进攻。敌军地面上使用舰炮、巡洋舰上使用炮火、空中加以飞机的火力支援——三个维度的狂轰滥炸,使我军阵地一片狼藉。

焦玉山在一轮炮火过后,从战壕中抬起头,观察敌人的状况,战斗已经持续三天了,战士们伤亡惨重。副团长问道:"团长,你说咱们守得住吗?"焦玉山心里也没底,敌人的攻势一波接一波,似乎永无休止。但他是团长,他决不能失去信心。他坚定地回答道:"当然守得住,咱们不是孤军奋战,身后有成千上万的同志支援咱们。"他大声地对周围战士喊道:"同志们,坚持下去,想想自己为啥参军,也要相信组织,组织绝不会放弃我们,咱们也绝不能让组织失望。"

敌人的又一轮攻势袭来。战士们顽强坚守阵地,毫不畏惧,顶住了敌人一次又一次的疯狂进攻。傍晚时分,焦玉山趁敌人士气低迷之际,组织出其不意的反击,在半个小时的战斗后俘虏了280多人,稳住了阵地。

一心为国

◎李域铭

1949年后,焦玉山从军队转业到地方,在广东公安厅任副处长。之后几个月里,公安系统进行了多次人员调动。面对新进人员与老公安磨合中出现的问题,焦玉山殚精竭虑,工作也初见成效。他看向窗外,揉着有旧伤而隐隐作痛的左手。

一阵急促的敲门声传来,他连忙说:"请进。"

"处长,中南军区发来信函,请您过目。"

他打开一看,原来是公安部队司令员詹才芳的来信,想让他回部队任职,担任广东公安总队副政委。

经过深思熟虑,他向组织报告了情况,打算做好交接工作,回复信函之后就去上任。同事劝道:"处长,您在这边费了这么大劲打好基础,眼看着就要出成绩了,这时候到另一个地方重新开始,得不偿失啊!"

焦玉山沉思了一会儿说道:"你说得没错,这个时候去了得不偿失,但是你要知道,无论去哪儿工作,都是为了国家,这边工作做得差不多了,那边更需要我,我自然义不容辞!"

"处长,您打这么多年仗,身体也不好,这里的工作状况稳定,回到部队那种到处奔波的状态,身体会吃不消的。"同事又劝道。

焦玉山握了握拳头:"我当初打仗,可不是为了享福的。"同事一脸羞愧:"像您这样的干部确实不应埋没在地方,应该到国家更需要的地方去。"

中华人民共和国后,即使身有旧伤,焦玉山仍旧心怀祖国,始终奋斗在祖国需要他的地方。

040 康烈功将军

万顷龙腥带晚潮,书生仗剑靖尘嚣。
功成有日豪情在,烈烈长风酒一瓢。

——广东　高学文

白刃杀敌

◎宋　建

1936年11月中旬,红军在甜水堡停下了脚步。根据情报,胡宗南的追击部队就快到了。他清楚地知道现在正是红军会师的关键时刻,绝不能让国民党的军队追上大部队。康烈功奉命带领本排战士埋伏在甜水堡,掩护大部队撤退。

掩体里,康烈功同副排长说:"嘿,这场战斗打赢了,咱们大部队就能在陕西站住脚了。"副排长一脸担忧:"可是排长,咱们子弹不多了。"康烈功搓了搓快冻僵的手道:"打赢了不就多了!刀呢?都带着吧?"副排长点头:"带着呢,一把都不缺。"康功烈呼出一口白气:"那就好,这次非得让胡宗南瞧瞧咱们的厉害,咱们当兵,不就是为了打败这些人,让所有人过上好日子嘛。"

敌人已经进入射击范围,一声开火的命令如惊雷般响起,顿时爆炸声、怒吼声、射击声不绝于耳。一阵猛烈的射击后,康烈功连续几次扣动扳机后才发现自己的枪里已无子弹。他望着战场上向前挺进的敌人,深知绝不能让敌人越过甜水堡。于是康烈功命令道:"同志们,上刺刀,跟他们拼了!"战士们被康烈功感染,拿起刀,与敌人展开了激烈的白刃战。这一战,他们重创胡宗南派来的部队,成功地阻击敌人的追赶,为红军的胜利会师提供了保障。

行走在"刀尖"上的父亲

◎叶礼凡

人民解放军在福建省的东山岛地区举行陆海空三军联合渡海登陆作战实兵实弹演习,康烈功接任演习第一副总指挥职务。演习不久,康烈功在演练中差点殉职,命虽是保住了,但左腿受了重伤,流血不止。等到儿子方海去时,康烈功仍然行动不便,需要每天接受药物治疗。

在这期间,经常有人前往康烈功住处探望,也时常有人要送些礼品,康烈功都拒不接受。也有人想要把礼物送给方海,让他转交,也被康烈功制止。

这天,又有人来探望康烈功,并带来了一本《西游记》。方海对这本书很是喜欢,那人见状,就在临走之前把书送给了方海。

方海正在看书,父亲走了进来,好奇地问道:"咱家有这本书吗?"

"没有,刚刚那位叔叔送给我的。"方海回答道。

"不是跟你说过,任何人送你东西都不要收吗!"康烈功面色大变。

方海很不解:"不是珍贵的东西,只是一本书而已。"

康烈功摇头:"那也不行,这是原则问题,要像走在刀尖上那样小心才行。"

方海辩解道:"这本书咱们也能买到,很便宜的。"

康烈功耐心说道:"咱们能买就咱们买,但是,他们送得不行,今天你收到一本书,明天就是别的,日积月累就多了。"

方海听到后,诚恳地向父亲认错。康烈功说:"那你准备怎么办?""我现在就给他送过去。"说完方海跑出门去。

父亲的言行在方海的心中留下深深的印记,在往后的日子里,为他默默指引前进的方向。

041 李发将军

> 四十余年束战袍,横刀立马亦堪豪。
> 厦门痛洒苌弘血,毅魄归来逐浪高。

——广东　高学文

"喂你们吃枪子"

◎刘馨兰

1941年,李发担任八路军山东纵队第五支队参谋长,率部在胶东地区开展工作。

一次,八路军刚打退日寇的扫荡,国民党顽军第12师师长赵保原就命令部队向我根据地发起攻击,企图浑水摸鱼。李发临危不乱,对大家说:"赵保原这是想来捡便宜,好,咱们就让他有来无回!"

第二天,李发让战士们把香喷喷的酒肉、馒头都摆了出来。大家都不解,问李发这么做有什么用意。李发笑道:"赵保原这个人,酒囊饭袋一个,看到这些肯定会心动,咱就来个引蛇出洞!"

李发拿过一个大喇叭,向着对面喊道:"赵师长和国军兄弟辛苦了!这些都是用来犒赏兄弟们的!"

对面的赵保原一听,有些心动。不少顽军士兵开始流口水,放松了警惕。李发又喊道:"赵师长,咱们谈谈如何?都是乡里乡亲的,不用非得兵戎相见吧!"这下,赵保原被说动了,开始跟李发攀起了交情。顽军士兵的注意力被吸引过来,却不知道八路军已经悄悄地摸到了他们的背后。

李发看到时机已经成熟,朝着对面哈哈大笑说:"这顿饭先不急着吃,我们先喂你们一顿枪子再说!"随即一声令下,顽军后方枪声大作。赵保原的部队被打得晕头转向,仓皇而逃,从此再也不敢来惹李发了。

只争朝夕勇担当

◎ 刘馨兰

新中国成立后,李发为了部队建设,简直成了一个"工作狂"。

当时部队刚刚进行了体制改革,工作千头万绪。

这天早上,警卫员小张照常给李发送文件。他刚进门,就发现李发在桌子上趴着似乎睡着了。小张轻手轻脚地走近李发,把文件放在已经被纸张堆得满满的桌上。这时,李发身上的衣服掉在了地上。小张捡起衣服,轻轻拍打干净重新披在李发身上,李发被惊醒了。

小张轻声道:"首长,您太累了,到床上歇会儿吧。"

李发将军坐起身接过衣服重新披好:"不行啊,改革后事情多怎么能耽搁呢!"

小张说:"那也不急在一时啊,还是身体要紧。"

李发将军擦了擦眼镜重新戴好,说:"不行,这么多同志等着工作安排,这么多业务都还没梳理清楚,我休息一会儿,就有一大批同志被耽误,怎么能休息呢。"然后又埋头批阅文件去了。

小张转身出门去接开水,想着李发将军废寝忘食地工作,连随他一起下部队的年轻干部都感到受不了,何况他还是一个负伤带病的人呢!想着想着眼眶便红了。

"小气"的将军

◎ 刘馨兰

李发将军十分"小气",在寒冬常常舍不得用煤。

冬天的南京,气温虽然不像北方那样低,但是湿度大,特别寒冷。老将军家里取暖用的是锅炉,燃煤是免费供应的。为了节省用煤,每到冬天,李发就将室内温度控制在12－13℃,并且规定和检查勤务人员给锅炉添煤、封火的时间。

家人们实在是担心他身体,就都跑进李发的屋里,劝他把锅炉烧得时间长一点、让室温升高一点。李发严肃地反问:"那么多没有暖气的家庭怎么过冬?"

儿子困惑地问:"就你省这么点煤,能起什么作用?"

李发听了,立即教育孩子们:"话可不能这么说,个人的作用的确很小,但是,如果大家都这样,每年就会节省很多。尤其是我这样的老兵,更应该起到带头作用。"

儿子焦急地问:"那您的身体呢?天儿这么冷,冻出病来怎么办?"

李发笑呵呵道:"太小瞧我了,当兵这么多年就数我身体最好。再说了运动运动就暖和了,还能锻炼身体,冷一点还是有好处的。"

孩子们只好作罢。为减少用煤,他还经常动员家人和勤务人员上山捡枯树枝来烧,有时还亲自去捡。他就是这样度过了一个又一个寒冬。

042 李发应将军

少年困苦放牛娃,北战南征处处家。
革命熔炉锤铁骨,航空事业谱风华。

——河北　霍庆来

忍痛取弹

◎李宇卓

1936年11月,红军第4军和31军奉命东移,在甘肃萌城、甜水堡阻击敌胡宗南第1师。而这时,两支部队已经五个月未休整,将士们疲惫不堪。不仅如此,他们甚至接近弹尽粮绝的地步,许多步枪仅有三发子弹,有的手枪、步枪早已损毁严重,根本就无法使用。李发应拿的正是一支仅有三发子弹的步枪。

"来吧,我枪里的子弹可多着呢,杀啊!"

他扣动扳机,一枪正中了敌人的心脏。而正是这一枪,引来了敌人的密集火力。这时,李发应已经只剩下两发子弹了。他再发一枪,没有打中。两名战友发现了状况,立刻赶来支援。三位红军战士互相掩护,李发应用仅剩的一发子弹又打倒一个敌人。这时候,一颗流弹飞来,打进李发应的左手,他负伤了。

战斗结束,李发应被送去了最近的红军医院。当时红军的医疗条件很差,勉强可以做取出子弹这样的手术,可是却没有麻药。手术时,医生安慰道:"忍着点,我会尽快的。"李发应却笑着说道:"刚消灭了几个敌人,心里痛快着呢!这点痛算什么。"他咬着牙,忍着剧烈的疼痛,在没有麻醉的情况下,让医生用手术钳硬生生地将子弹取了出来。

耐心教学

◎ 吴天阳

空军第四航校飞行一期甲班学员正在进行筛选。有一位名叫范万章的学员教练机带飞7个多小时,仍然无法保持正常的飞行状态,单飞更是遥遥无期,眼看就要被淘汰。

李发应当时是航校政委。他听说此事,为搞清楚原因,决定亲自带飞范万章。当天下午,带飞训练开始。范万章驾机起飞,飞到指定空域后,开始盘旋。规定45度的坡度,范万章一拉压杆,坡度成了60度,飞机机身不停颤抖……李发应马上提醒。接下来的动作,范万章又修正得太多,60度变成了30度。改平以后,飞机竟然下降200多米的高度。

晚上,李发应来到范万章的宿舍,反复地讲解操作原理和动作技巧,鼓励他不要气馁。范万章深受感动,也深受鼓舞。

第二天,范万章再次飞行。这一次的动作,他不仅做得十分漂亮,而且坡度误差没超过5度,高度误差也没大于10米。

这可把带飞的李发应高兴坏了,接着又命令:"你……再做一个!"

"是。"

"拉杆!"

伴随着天空的一道旋转的白烟,飞机完美地完成了这个高难度动作。这一次,范万章依然做得很标准。

"明天,你飞一个标准的起落航线。"

"是!"

之后,李发应批准了他的单飞。范万章虽是同批学员中最后一个单飞的,但他的考试成绩并不差。在这之后,范万章经过刻苦钻研,很快追赶上同批学员的技术水平。

半块馒头

◎刘馨兰

抗战时期,一次李发应带着妻子、两个孩子在一个驻扎点休整。长时间的奔波,以及一路上在枪林弹雨中的提心吊胆让大家身心俱疲。

伴随着疲惫来临的就是无尽的饥饿感,物资补给在途中损失不少,粮食分配就成了个大问题。李发应将随身的口粮拿出来,交给部队统一分配,自己却带着家人勒紧了裤腰带。

有一天,将军的小儿子偷偷跑去找吃的,遇到一个受伤战士。那战士看着孩子饿得发黄的小脸,于心不忍,就从怀里掏出半块馒头给了他。那是半块有点黑黑的馒头,硬得像块砖头。孩子看了一下,不大高兴,淘气地把馒头扔到了地上。

这一幕被李发应看见了,他弯腰把那馒头捡了起来,诚恳地对战士道了歉,然后把孩子带了回去。

屋子里,面对哭哭啼啼喊饿的孩子,将军不带一分怜惜,用严肃的语气告诉儿子,勤俭节约是中华的传统美德,更何况是在这种特殊时刻。他说:"你扔掉的不仅是粮食,更是一个人活下去的希望。"

当天晚上,李发应就将自己的伙食给了那个战士,自己只吃那个黑黑的馒头。

之后,无论什么时候,将军的家里都不存在浪费粮食的行为,勤俭节约成了他的家风。

043 李国厚将军

一生戎马铸军魂,心系家乡不忘根。
饮水思源碑永记,爱兵如子万人尊。

——河北 霍庆来

"李疯子"的由来

◎ 曾子懿

李国厚参加了鄂豫皖革命根据地历次反"围剿"斗争。尤其是苏家埠一战,他与"红小鬼"班的战友们活捉了皖西剿共总指挥厉式鼎,受到上级嘉奖。

一天,李国厚带领一支队伍筹办粮食。正当队伍前进之时,突然遭到地主武装民团的伏击。敌人气焰正盛,红军队伍一时处于下风。

危急之刻,李国厚甩掉上衣,挥舞大刀,率先冲入敌阵。他大声呼喊:"战友们,不要害怕,我们牺牲也要向前倒!绝不后退!"

"决不后退!"战友们斗志高昂,冲入敌阵。

一时间,厮杀声,刀枪声,声声愈裂,鲜血泼溅在白茫茫的雪地,触目惊心。

忽然,一个团丁手持长枪,噗地扎入了李国厚的右肩,顿时血肉崩裂,鲜血直流。

李国厚毫无惧意,怒目圆睁,"啊"的一声抡起大刀,便将长枪劈成两截。他眉头一皱,左手顺势从肩头拔出枪头,猛地向家丁掷去。那家丁见对方如此勇猛,竟然一时愣在原地,双手发抖,转身就跑,一边嘴里喊着"疯了,疯了"。

李国厚愈杀愈勇,一把大刀上下翻飞,穿梭敌群之间。他浑身血迹,犹如血人。

那些团丁见李国厚如此勇猛,早已是吓得魂飞魄散,四下逃窜。

此后,"李疯子"之威名,不胫而走。

"饮水思源"碑

◎ 徐梦理

1980年4月,时任江苏省军区副司令员的李国厚来到独立二师驻常州市某部视察工作。营长拿起一叠厚厚的报告,刚要向他汇报军营的情况,他却挥了挥手。

"今年士兵们进行体检了吗?"浑厚的声音传来。

"没有,按照计划,体检将在下个月。"营长如实汇报。

"把体检提前吧,明后两天完成。刚刚在路上,我看到有些士兵脸色有些苍白。身体是本钱,一定把战士们的身体健康放在首位。这几天的伙食也改善一下。"

营长记下了这些,他才开始查看军营的报告。

两天后,一份体检报告放到了李国厚的临时办公桌上。在体检结论上,他看到了35位士兵的名字后写上了"确诊为结石病"。李国厚立即放下报告,拿起电话,召开了紧急会议。

经过一番深入的调查,原来"罪魁祸首"就是山下那口军营取水的老井。井水里钙、铝、铁等多种微量元素严重超标,根本不能饮用。

李国厚组织人打一口好水井,解决了士兵饮水问题。接着,该部又着手铺设管道,重新改架供电线路并扩容,修建供水泵房等。经过半年多的艰苦努力,井水送到了营区内,流进了二师官兵的心田。

为了改善官兵们的生活条件,李国厚还帮助改造营房设施,指导官兵种植花草、蔬菜,养猪羊,还开挖了一个小型养鱼场。为纪念将军的业绩,二师的官兵在井旁竖立了一块一米高的纪念碑,上书"饮水思源"四个大字。

044 李家益将军

> 孟良崮上显威风,抗美援朝立大功。
> 金寨走出红小鬼,投身装甲固长城。

——河北　王耀华

俘敌小喇叭

◎李宇航

初入红军的李家益的年纪不大,胆子却不小。他天不怕地不怕,一个人就俘虏敌军一个连。

1932年2月,红四方面军发起了苏家埠战役,年仅14岁的李家益担任红12师宣传员。

这天,李家益和往常一样带上宣传喇叭,独自一人来到镇上为群众做抗敌宣传。就在他完成任务返回驻地时,发现远处树林中的一片空地上横七竖八躺着很多敌人。李家益毫不害怕,他小心翼翼地摸上前去一看,足有百十号人,他们东倒西歪,看样子都已经饿得不行了。

李家益心想,再走三里地就到我军驻地了,可不能让敌人跑了。可是,自己只有一个人,身上又没带武器,该怎么对付他们呢?

李家益看看手里的喇叭,灵机一动。他拿起喇叭,借助周围树木作为掩护,向着敌人的方向高喊:"你们听着,你们已经被包围了!不要反抗了,排好四列队伍,向前走,不要回头!红军在前面的村子给你们做了饭,反抗者死路一条,老实者有饭吃,管饱!"

敌人一片惊慌,纷纷从地上爬起来,却只听见声音,不见人影。他们以为自己真的被红军包围了,只好举起了手,排队向前走。

就这样,机智勇敢的少年英雄李家益不费一枪一弹便俘虏了敌人一个连,受到了军长邝继勋的高度赞扬,被提拔为连指导员。

045 李克农将军

开国上将笑无兵,情报和谈数克农。
革命生涯经烈焰,敌工战线立奇功。

——河北　王耀华

二嫂的生活费

◎ 高纪铭

1956年,一位身着笔挺中山装,头发梳得一丝不苟,戴着一副黑框眼镜,步态稳重的老者出现在烔炀乡村。他便是离别家乡30多年的李克农。

回到家乡后,李将军并没有立刻回家,而是径直前往当地政府,向当地干部详细询问烔炀人民的生产、生活情况和村里老人的健康情况,还特意赶到巢湖城里看望了曾救过他的二嫂胡月英。

来到二嫂居住的小房子里,李克农单膝跪在二嫂面前,激动地说道:"二嫂,这么多年了,一直没有时间来看看你,不知道你一切可好?"胡月英又惊又喜,一边扶着李克农一边回道:"好,好,公家一直给补助呢。"此时,胡月英年老多病,已无劳动能力,生活十分困难。陪同李克农的当地干部当即就提出:"李将军,我们会继续给胡月英同志发补助,您不用担心,这事就交给我们吧!"

李克农摇了摇头,说道:"现在政府也很困难,以后二嫂的生活费还是由我来负责吧。"李克农随即拿出200元钱交给民政部门,交代他们每月给二嫂5元钱,钱用完了,他再寄。此后,李克农一直每月寄钱给民政部门帮扶二嫂,直到二嫂病故。

一个"党外人士"

◎ 司佳伟

李伦出生的时候,父亲李克农正被国民党重金通缉。有人说,李伦是"在娘肚子里就参加了革命"。这些"红色记忆"虽然不多,但与父亲的一次对话,却让他一生都铭记在心。

在延安,一次家庭聚会时,李伦为了一个党内政治问题和兄弟姐妹争论不休。双方僵持不下,便请来当时的中央党校校长邓发同志评判是非。

邓发同志认为,李伦是对的。姐姐很不服气,她噘着嘴说:"他(李伦)还不是党员呢!"邓发同志幽默地回应道:"那就让党外人士发言嘛!"无意中的一句话,把李伦给封了个"党外人士"的绰号。

这话不知怎么传到毛泽东耳朵里了。有一次,毛主席见到李伦的二姐李冰,就笑着问她:"你家那个'党外人士'现在哪里?"此事传开,便成了许多人说笑的谈资:李克农同志家里出了个"党外人士"。

听到这些传闻,李克农郑重地对李伦说:"你可不是什么党外人士,你是共产党员的儿子,就是共产党的儿子。是党把你养大的,你不仅要听党的话,你走到哪里,哪里的党组织就是你的父母。我和你既是父子关系,又是同志关系。你有什么事要去找党的组织,你要靠党,靠组织,靠自己,不要靠我。"

李克农语重心长的一席话对李伦教育极深,使李伦一生铭记在心。

046 李世安将军

> 襟怀苦难向军营,饮露餐风万里程。
> 唤醒工农开泰运,从兹华夏见天明。

——湖北　程菊仙

第一支航空兵部队

◎倪陈彦

1951年1月,时任空军第二航空学校政委的李世安,突然接到空军司令员刘亚楼的电话,要他马上到北京来谈话。

见面后,刘司令员对李世安说:"军委决定调你去华东地区组建第一支航空兵部队,你当政治委员。"李世安当即表示坚决服从组织决定。

刘司令员紧接着问他:"新组建的空军第一支航空兵部队,你看是叫第一旅好呢,还是叫第四旅好?"

李世安说:"数一个数,编一个序列,都是从一开始的,新组建的人民解放军空军第一支航空兵部队,当然是叫第一旅好。"

刘司令员笑了笑说:"我已考虑了很久,还是叫四旅好。叫'第一'容易产生'老子天下第一'的骄傲自满情绪。毛主席在井冈山创建第一支中国工农红军部队时,开始就叫红四军,没有叫红一军嘛!我看应叫空军第四旅,这里有一个继承和发扬红军光荣传统的问题,有利于这支部队的建设。我还想,应该把空军部队的前几个番号,例如第一师第一团等,作为荣誉番号留给在今后作战中战功卓著的部队使用。"

李世安听了刘司令员的一席话,深受启发,回答说:"司令员讲得好,这样叫意义就更大了。"

李世安很快走马上任。这支部队虽然叫"第四旅",但是在李世安等人的精心打造下,成为中国空军的"第一"劲旅。

传家训

◎ 胡杰鑫

1949年春节前夕,李世安因患盲肠炎住进医院接受手术治疗。

在病房里,儿子终于见到了日思夜想的父亲,他趴在李世安的床头问他:"爸爸你每天都在哪里呀?我已经好久没看见过你了。"

李世安摸了摸儿子的头,说:"爸爸在自己的岗位上为群众工作呢。"

"能不能带我一起去玩啊。"

李世安的声音变得严肃起来:"工作可不是玩儿,任何时候工作都要认真对待,才能对得起党和群众的嘱托。"

看着儿子皱起来的小脸,妻子对他说:"他现在还小,你跟他说这些干嘛。"

李世安反驳道:"孩子已经不小了,我在他这么大的时候都已经参加战斗了,你看看他,竟然还想着玩,该收收性子了。"儿子听后,委屈地跑出了房间。

一年后,朝鲜战争爆发,李世安收拾行装,准备回归部队。临行前,他把儿子叫到了一旁。

李世安凝重地对儿子说:"我要去的地方是前线,是战场,那不是一个供你玩耍的地方,那是随时可能牺牲的地方,也是一个为人民、为国家出力的地方。我在你这个年龄的时候,已经成为了一名红军战士。现在,新中国刚刚建立,所以我特别希望你也能为国家出点力,你明白吗?"

孩子眼眶微红,点了点头:"爸爸,我明白了。"

李世安摸了摸孩子的头,背着行李,踏上了保家卫国的道路。

047 李书全将军

> 年少从戎别故园,披荆露宿抗倭顽。
> 继承马列跟随党,利禄功名只等闲。
>
> ——湖北　程菊仙

少年英雄

◎吴筱宇

1930年3月,在西两河口,红军33师正在这里设伏。年仅14岁的李书全和村里的儿童团帮红军站岗放哨、传递消息。

很快,敌人出现了。"冲啊",红军战士冲了出来。敌人顿时吓得慌了神,四处逃窜。

李书全看到这番场景,顿时起劲了,他也冲向敌人。来到战场,李书全环顾四周,看到了五十米开外一个白匪兵正在逃跑,他大喊一声:"哪里跑?缴枪不杀!"

白匪兵听到喝声,顿时吓破了胆,跑得比之前更快了。李书全看到边上有一匹敌人丢弃的战马,于是小跑过去,蹿上马背,向白匪兵追去。听见马蹄声越来越近,那个白匪兵吓得连滚带爬,很快被李书全追上。敌人精疲力尽,只得乖乖地举枪投降。

拿着缴来的钢枪,李书全心里想:"这支枪我必须上交给红军,让他们打死更多敌人。"

当他把枪和俘虏交给红军战士时,那名战士一惊,心想,这孩子竟有如此能耐。

他问孩子:"你叫什么名字啊?"

"李书全!"

"我记住你的名字了!你很勇敢!"

李书全兴奋地说出想加入红军的愿望。不久,他成了一名真正的红军战士。

知恩图报传佳话

◎ 李 珍

战场上,李书全是一位能征善战的虎将;生活中,他是一位知恩图报的人。

一次战斗中,李书全不幸中弹,当场昏了过去。战士们打扫战场时,发现了躺在血泊中奄奄一息的李书全,赶紧将他抬回抢救。两天后,李书全才逐渐苏醒。因伤情严重,李书全被安置到张大妈家里养伤。

张大妈家是一个革命家庭,她的老伴被反动派杀害,大儿子参加了红军,小儿子还小。大妈把李书全看作自己的孩子,想方设法为李书全增加营养。伤稍微好一些后,李书全想为大妈家做点事情。张大妈坚决不让,说:"孩子,打水扫地,不是你的事。你好好养伤,早点归队,多多消灭敌人,为穷人出气,大妈就高兴。"张大妈冒着生命危险,精心照顾李书全。很快,李书全伤愈归队。

1955年李书全被授予少将军衔后,带全家专程前往张大妈家探望,又把老人接到济南自己的家里过了很长时间。老人返回老家后,李书全把她视如己母,按月给老人家寄去衣物、食品和医疗费用等,直到老人病逝。

李书全对子女们说:"张大妈帮助过我们,我们无论何时何地也不能忘记她的恩德。"

048 李铁砧将军

国起狼烟民不宁,毅然投笔志从戎。

纵横黑水白山地,万弹齐发倭寇惩。(新韵)

——山东　宋秀兰

向老百姓学习

◎吴筱宇

1963年,军区需要在沿海围垦发展军垦农场。面对这个新任务,李铁砧决定先了解情况并向当地百姓取经。

"李将军啊,让我细说一下吧。从海堤构筑中的堤基勘探、潮汐冲击力、抛石工具、合笼方式、土石方量来看……"一位老伯详细介绍着当地试验田的情况。李铁砧认真地听着记着。在听取了农场工作同志的意见后,李铁砧表示:"我们要把有建议的乡亲们都召集起来,明天开个座谈会,学习一下他们的经验吧!"

会上,一位当地领导开玩笑地说:"李将军,刚才听你的问话,很专业呀。不过,你好像没有上过水利学院和农学院呀,什么时候从什么地方学了这么多我们没听说过、也没见过的东西?"

李铁砧听后大笑,说:"哎,我当年可是在金陵大学学习过农学的。只不过我没有讲过罢了。我怕我讲后,乡亲们就不敢提意见了。我就是要虚心地向老百姓学习,群众是真正的老师嘛!""在场的老石匠、农场工、工程师、林场的技术员等,都是我的老师。学的时候,不能哼呀哈呀地打官腔,要虚心学、专心听,有用数据要用心记,不懂的问题要问清楚。我还是个土包子,没有多少专业知识,只是现学现用罢了!"

周围响起了一片掌声。

049 李耀将军

> 几经反剿强敌挫,吐血曾为穷寇捉。
> 转战东西多故事,襄樊淮海战功卓。(新韵)
>
> ——山东 宋秀兰

一身是胆

1934年11月16日,红25军从河南罗山县何家冲出发,进行伟大的长征。为了加快行军速度,部队实行轻装,每人只带少许干粮和两双草鞋。

11月26日,红军进入伏牛山时,不幸遇上寒流,气温骤降,北风刺骨,雨雪交加。战士们衣服单薄,又被雨雪淋湿结了冰,许多同志的草鞋被烂泥粘掉,只能赤脚行军。在这极其恶劣的条件下,李耀忍饥冒寒,不怕艰苦,奋勇前进。他心中想的是:"我是共产党员,决不能怯弱,决不能退缩。"

次年8月21日,部队因山洪暴发,河水突涨,被阻于沌河北岸的四坡村一带。就在这时,敌军一个团突然袭来。李耀所在的3营首先与敌人交火,李耀端着轻机枪,猛烈扫射敌人,压住了敌人的进攻势头。

情况万分危急,军首长亲自率队向敌人发起攻击。战斗中,政委吴焕先不幸中弹牺牲。红军战士们怀着极度的悲愤和复仇心情,奋勇冲杀。敌人非死即伤,惊慌失措,丢盔弃甲,四散奔逃。

很快,逃敌被压制到一条几丈深的河沟上。李耀顾不得收缴敌人丢下的武器和马匹,带着几个人绕过深沟,继续追击,将残敌赶入 座小庙。李耀冲着里面大声高喊:"快出来缴枪投降,我们不杀,如不出来,我们就用机枪扫射!"敌团长企图夺路而逃,李耀一扣扳机,轻机枪吐出复仇的火焰,将其击毙。最终,溃军全部投降。

050 李忠信将军

抗日从军意志坚,松辽鲁豫有奇篇。
保家卫国三千里,革命终身永向前。

——北京 杨玉琳

身先士卒

◎李鑫焱

1948年2月下旬,东北野战军决定以十个师组成攻城集团,再次进攻四平。李忠信随一纵从沈阳以北的石佛寺出发,经昌图进至四平附近。在肃清外围守军据点后,四团再次担任主攻任务,由城北三道林子沿铁路向南攻击。为完成攻坚任务,团长李忠信和团部干部仔细研究了战斗方案,分配各营任务,并且决定亲自检查战前准备情况。

但二月的东北,大地被白雪覆盖,恶劣的天气给交通带来了不便。

"团长,你和政委不要亲自去了,还是让我们代为传达吧!"

"这场战斗,至关重要。我风风雨雨十多年,这点雪花片子还能难住我?"

他和团政治委员于敬山一起连夜踏着没膝的积雪,到各营、连检查战前准备情况,并指挥部队把交通壕挖到最接近敌人阵地的地方。

"排雷组的同志每人背一袋草木灰或细煤,把进攻路线标识清楚。"

"爆破组做好连续爆破的准备。"

"同志们,这四平城,我们志在必得!"

第二天上午8时攻击开始,尖兵连迅速冲到城墙下,实施连续爆破,用极短的时间就打开了突破口。团突击班乘势而上,把红旗插上了四平城头。

051 梁从学将军

> 献身革命举刀枪,驰骋江淮斗日汪。
> 推倒三山功劳大,千秋历史谱华章。
>
> ——北京　杨玉琳

瓜瓢治伤

◎李媛媛

1936年8月14日,梁从学率红245团进至马曹庙时,突遇国民党军一个警备团,双方随即展开激战。由于敌众我寡,硬拼肯定吃亏,梁从学指挥部队撤退。突然,一颗流弹从他前胸穿透后背,顿时血流如注,他摇晃几下,跌倒在地,昏迷过去。

一会儿,梁从学苏醒过来。他强忍疼痛,爬到附近茅草丛中隐藏起来,躲过了国民党军的搜索。正当他思忖如何回到部队时,一位老奶奶出现在面前。老奶奶估计战后山上可能有红军伤员,特意来寻找。老奶奶背不动梁从学,回村叫来乡邻,一起将他背回家里。

村子附近没有医生,老奶奶只好为他擦洗伤口,找来草药敷上包扎,为他烧水做饭,村里乡亲也赶来帮忙照料。过了几天,梁从学的伤情有一些好转。他想,长期住在村里,肯定要给乡亲惹麻烦,必须尽快离开去找部队。有村民告诉他:"贾庙有红军,你去那里找便衣队吧。"梁从学告别乡亲,带上老奶奶准备的干粮,拄着一根树枝,依依不舍地离开了村子。

从马曹庙到贾庙是40公里崎岖山路,若在平时,梁从学一天便能赶到,这一次却艰难地走了整整4天。他既要强忍巨大伤痛,又要时刻提防遇到国民党军,晚上只能找户贫苦人家借宿。第四天一早,他走进离贾庙还有5公里的大崎山,两名国民党军士兵拦住了他。

"什么人?"一人大喝。"我是挑夫。"梁从学早想好应对之策。另一人打量着他,狡猾地问:"看你样子,是受伤掉队的'红匪'吧?""老总别吓我,我确实是挑夫。前几天'红匪'拉我挑担子,国军把'红匪'打跑了,我受了伤,在山上躲了几天,现在才逃回来。"两名国民党军士兵又仔细审视一番,没发现什么破绽,一个挥挥手说:"叫花子似的,放你一马,下次不要再给'红匪'挑担子了。"梁从学赶紧拄拐离去。这天下午,他终于在贾庙找到红军便衣队。

便衣队长听说梁从学来了,立即赶来看望,将他安排到一位游击队员家里食宿,派卫生员为他疗伤。当时,国民党军对红军游击区封锁极为严密,红军药品和医疗器械极度缺乏。由于无药可医加上天气酷热,梁从学的伤口感染化脓,还长出白花花的蠕动的蛆虫。怎么办?有个老乡推荐了一个用丝瓜瓤治疗的民间偏方。卫生员和梁从学商量后,决定试试。卫生员找来新鲜晒干的丝瓜瓤,塞进梁从学伤口里,丝瓜瓤像海绵一样,很快便吸满脓血,蛆虫也钻了进去,然后拽出丝瓜瓤,将脓血和蛆虫带出来,再塞一根新的进去,如此反复数次。经受这样的"治疗",梁从学疼痛得撕心裂肺。为了不叫出声来,梁从学咬住一双竹筷,痛得直冒冷汗,几近昏厥。他就这样凭着超强毅力,一次又一次挺了下来。说来也怪,经过如此治疗,他竟从死神手中抢回一命,伤势逐渐好转起来。

战争年代,梁从学先后9次负伤,这是最凶险和最痛苦的一次。

052 廖运周将军

君曾抗战撼旌旗,蛰伏周旋隐敌营。
辗转寻机时正好,终成义举慰苍生。

——浙江　包连续

巧设伏击

◎余承璋

1938年6月,武汉会战开始。

国军656团奉命参加瑞武公路保卫战。团长廖运周其实是潜伏多年的中共地下党员,是一位"白皮红心"的爱国军人。他刚率部与日军打了两仗,就接到后撤的命令。廖运周心中是一万个不情愿的,但他毕竟只是一个团长,必须无条件服从上级的命令。

656团撤至小坳。在小坳,廖运周遇到了旅长辛少亭。

两人寒暄之后,辛少亭微笑着打量他,问道:"廖团长,想不想在这儿打一仗?"

小坳地处湖北、江西两省交界处,是两山之间的一个拗口。公路在这里拐了个S型急弯,中间是一座十几米高的小高地。廖运周一眼就看出这儿是一块绝佳的埋伏阵地,只可惜原有的守军早已逃得无影无踪。当廖运周得知小高地后面有一座弹药库,欣喜万分,他果断地说:"干!这么多炮弹留给日本人岂不是太可惜了,只要把路堵死,迫击炮照样打坦克。"

"好样的,那就看你的了。"旅长下令给656团调来了4门迫击炮,才带着旅部人员向西撤走。

士兵们听说要在这里伏击日本鬼子,一下把疲劳抛在了脑后,情绪也都高涨起来。

夜幕降临,从远方传来了沉闷的轰鸣声,几辆日军坦克气势汹汹地出现在小坳的第一个转弯处,后面是连绵不断的车队。

"给我打!"廖运周打响了第一枪。在震耳欲聋的炮火声中,走在最前面的几辆日军坦克很快冒出了黑烟,瘫在那里,把路给彻底堵死了。后面的日军顿时乱成了一锅粥。

这场战斗,656团拖住日军一个完整师团一天多,为中国军队在武汉调兵遣将争取了时间。这场漂亮的伏击战很快在武汉外围各战场引起了轰动。

053 林彬将军

> 红色征途砥砺行,几经浴火复纵横。
> 将军无敌惊风雨,建业西昌又一程。

——浙江　包连续

怒斗土匪

◎黄雅丽

林彬原名熊宗存,他早年丧父,家境贫寒。幼年的苦难经历锻造了林彬坚忍不拔、关心疾苦的品格。年纪稍大一点,小林彬跟随族兄熊宗仁走街串巷,目睹了更多妻离子散、家破人亡的人间惨剧。

当时大革命处于低潮时期,国民党反动势力十分猖狂,皖鄂交界地带的土匪势力与之沆瀣一气,残酷迫害人民群众。小林彬捏紧拳头,恨恨说道:"这帮土匪真不是人,咱们老百姓的苦日子什么时候才是个头啊……"族兄对他说:"咱们出身穷苦人家,不能忘本啊,世道不太平,咱们更要打抱不平!"

11岁的林彬很快参加了熊宗仁组织的儿童团。熊宗仁教给小林彬很多道理,后来离开家乡闹革命,成了徐向前的警卫员。小林彬常常为老百姓仗义执言,引起了当地反动分子的注意。又有人告密,说他串通共产党,于是段门坳的土匪头子李少清便派人把林彬抓了起来。

土匪性情残暴,他们穷凶极恶地逼问林彬共产党在哪里。林彬宁死不屈,他呸了一声说道:"你们的良心是让狗吃了!人家共产党为老百姓做好事,你们呢?!要我供出共产党,你们休想!"讯问无果,李少清便把林彬关了起来,还不给吃喝。林彬一连七天不吃不喝,奄奄一息。生死攸关之际,族叔熊世觉冒着生命危险,硬是把小林彬抢救了出来。

不久,著名的立夏节起义爆发,革命的曙光让小林彬看到了新的希望。第二年春天,他悄悄离开家乡,来到当时革命活动秘密据点吴家店镇穿石庙,投奔族兄熊宗仁。不久,林彬参加了红军。

新中国成立以后,林彬知恩图报,每年定期给营救过他的族叔熊世觉寄生活费,直到老人离世。

父老乡亲

◎ 黄雅丽　许正东

林彬在家里排行第五,在他上面有四位姐姐。四姐生下来后,父亲熊世银很是焦虑,哀叹道:"我怎么只生女孩子不生男孩呀?我的命为什么这样苦啊!"之后,才生下林彬这个男孩。父亲大喜,遂取乳名宽祖,后取大名为宗存,大抵有"宗室存续"的意思。

然而父亲很快就去世了,生活的重担压在母亲林氏和四个姐姐身上。林彬8岁的时候,就给大户人家做长工放牛,贴补家用。一家人辛辛苦苦,到头来仍然吃不饱穿不暖。

几年后,小林彬就离开家乡闹革命,再也没回来。在十多年的革命生涯中,为了家里人免受国民党反动派的迫害,他没有用原名熊宗存,而是用了林彬这个名字。

林彬的离开,家里少了顶梁柱。四位姐姐陆续远嫁他乡,只留下老母亲独守家中,生活更加困苦。多亏熊氏族人接济,林氏才撑了下来。后来林氏亡故,按照当地农村风俗,有长辈去世,必须有晚辈为其守灵发丧。但是当时林彬音信全无,村里人并不知道他是死是活。为了让林氏入土为安,家族长辈便做主,将族人熊宗义过继到林氏名下,以"存续宗室",还写下让熊宗义继承林氏名下田产的契约。这之后,在族人的帮助下,办理了丧葬事宜,林氏才得以顺利安葬。

1952年,已是部队军首长的林彬第一次回到宋冲。得知母亲的死讯,他在母亲坟前叩头大拜,长跪不起,失声痛哭。后来,他知道族人的决定,二话不说,就把递给自己的田契亲手转交给熊宗义。

林彬虽然没有像父亲希望的那样,能够"存续宗室",但他却为千千万万个家庭"存续"了"宗室"。

054 林乃清将军

筹粮开道率精骑,击毙林津见早曦。

崇武爱兵勤授课,赣闽两地尽雄师。

——河北　田昌荣

板桥集战斗

◎刘太冰

1940年初,游击支队改编为新四军第六支队,林乃清调任支队特务营教导员。

11月16日,日伪军派出大量部队,在飞机掩护下,悄然向蒙城、涡阳进犯。17日晨,我军与进犯的日伪军在板桥东北乌集接触,战斗打响。敌人兵分两路,以伪军打头阵,在猛烈的炮火掩护下,从东南角和南面发起进攻。

面对气势汹汹、不可一世的敌军,林乃清和战士们毫无惧色。

"一排长！二排长！当敌先头部队一进入我军火力圈时,机枪、步枪一齐开火！"林乃清喊道。

"是,一排二排准备战斗！"

敌人连续发起冲击,我军沉着应战,一次又一次地击退敌军。见没有得逞,几百名日伪军在猛烈炮火的掩护下,对板桥集再次发起了疯狂进攻。敌人的炮弹、子弹如雨点般向我军阵地倾泻。在火力压制下,有少数敌人乘机越过围堰爬上围墙。

战况十分紧张,林乃清带着战士,手握大刀和长枪,与爬上围墙的敌人展开肉搏战。

"一定不能让鬼子越过我们的防线！"

"狭路相逢,勇者胜！"林乃清高声呐喊着。

经过整整一天的激战,特务营最终完成了上级的任务。

"我运气好,在这么多次战斗中还留了一条命,可我的这条命是多少战友的命换来的,没有战友们的牺牲就没有现在的我。"林乃清总是这么对自己说。

水中战斗

◎李佳穗

夜里,敌人在河边点燃了照明柴火,并用火力封锁河岸。

为了让主力部队尽快过河,林乃清命令战士火速架设浮桥。班长立即带领战士把2个木梯连接起来,并在上面绑扎些木板,架起了一座很不稳固的浮桥。

这时,对岸国民党部队的火力不时地朝河面扫射,没有桥墩的浮桥在水面上晃晃悠悠,主力部队很难顺利通过。紧要关头,林乃清大喊一声:"没有桥腿,我们当桥腿!"战士们听到命令,争先恐后地跳入河中,用自己的血肉之躯架起了一座"人桥"。由于河床深浅不一,林乃清用肩膀抬太高了,便一条腿跪在水里,一条腿支撑着桥。战士和副排长站在河水的最深处扛桥。就这样,以10位勇士为桥墩的"十人桥"终于架成了。

他们朝岸边的突击队员高喊:"大胆地过吧,同志们!过吧!我们保险!"这喊声像一道命令,我军将士迅速跑过"十人桥"冲向对岸。

初冬之夜,寒风四起,河水冰冷刺骨。10位勇士浸泡在水中,他们冻得嘴唇发紫,上下牙齿相互打架,体力渐渐不支,浮桥开始颤抖,桥面也比先前低了许多。

这时,只听林乃清大声喊道:"同志们,闭住嘴,咬紧牙,挺起腰来完成任务!"他还响亮地唱起了动员歌:"野战军什么也不怕,艰苦的困难吓不倒咱……不怕水深到腰,再深再大,扛得了……"就这样,一个营的兵力安全通过"十人桥",迅速投入了战斗。

围歼战从午夜开始,激战至翌日拂晓,歼灭国民党军2000余人,缴获了大量枪支弹药。

月亮还在

◎陈惠琪

1960年的一个晚上,导弹试验基地指挥部的灯还亮着,副参谋长林乃清扶了扶额头,放下了手中的笔,望了望月亮,决定出去走走。

"唉!"一声沉重的叹息声从背后传来。林乃清回过身,只见不远处站着一个人,耷拉着肩,低头看着地上的泥土。那人似乎感觉到后面来人,回头一看是林乃清,连忙敬了个军礼:"参谋长好!"

林乃清摆了摆手,轻轻将手放到他的肩上,问道:"工作一天了,还没休息呢,你在愁什么呢?"

那人长长叹了一口气,郁闷地说:"参谋长,您看,现在基建的工作在紧张进行中,但是我们各方面都紧缺,我不知道这样下去,我们是否还能完成基建任务……"

林乃清微微点了点头,望着月亮说:"是啊,现在基建工作遇到很多困难,但是我觉得人就要有一股勇拼硬拼的精神。你看,天上的月亮多圆多亮,但是月亮不总是亮的圆的,总有被乌云笼罩的时候,但这并不代表月亮没有了,它只不过等待一个时机而已。我们的基建工作也是,现在只不过遇到些困难,但是希望还在,只要我们不放弃,成功终有一天拨开乌云出现。"

那人望向月亮,猛地回头看向林乃清说:"副参谋长,我明白了,您说得对,只要大家众志成城,就没有过不去的关!"

林乃清笑着点头:"只要你相信,月亮还在。天色已晚,明天还要工作,你赶紧回去好好休息吧。"

那人点了点头:"好的,参谋长您也早点休息!"他向林乃清敬礼,转身向宿舍走去。月光洒在他身上,林乃清看着他挺拔的背影笑了,喃喃说道:"是啊,月亮还在。"

055 林维先将军

别离金寨近连峰，八次荣伤战意浓。
来去无踪歼日寇，游击骁将伟人封。

——河北　田昌荣

扁担杀敌

◎朱久旭

1934年11月，由于国民党军队以及保安团、反动民团的反复"清剿"和严密封锁，红军粮食奇缺。无奈之下，政委高敬亭命令苦工队下山打粮。林维先跟随苦工队一起行动。林维先曾是红82师师长，却在肃反运动中被逮捕，多亏全师官兵一致担保，他才逃过一死，被撤销师长职务，罚做"苦工"。

苦工队到霍邱一带的产粮区打粮，安徽省保安团闻讯赶来。面对全副武装、气势汹汹的敌人，苦工队们手上无枪，只有几十根扁担，一时不知如何是好。

就在这时，林维先站了出来。他对大家说："拼是死，不拼，回去没有粮食吃，也是死，那不如拼了，还可能死中求活！"苦工队队长听了，就说："林师长，您就指挥我们打吧！"于是，林维先让队长带一部分苦工队员迂回到敌人后方，切断敌人退路。自己则带一部分人躲藏进树林，准备伏击敌人。

不久，敌人出现了。等敌人接近树林，林维先大吼一声："兄弟们，冲啊！"率先冲了出去。说时迟那时快，苦工队员握着几十条扁担冲进敌群，他们左劈右砍，与敌人厮打在一起。林维先就地一个翻滚，起身一扁担将敌人扫下马来，紧接着又是一扁担，打得那家伙脑袋开花。撕下肩章一看，原来是敌人的一个少校军官。这时候，苦工队长带人从敌人背后杀了过来，敌人晕头转向，四散逃窜。

后来回忆这段经历时，林维先发自肺腑地说："我原来当过师长，肃反时曾被打入苦工队,枪被没收了,就发一根扁担,当挑夫、抬担架。部队多次经过我的家门口,家乡的亲人们都知道我曾当过师长,现在却当了挑夫,纷纷为我抱不平。我对他们说,当挑夫也是革命,我从没想过离开革命队伍,只要仍然能留在部队,什么活都能干,什么困难都能熬过来!"

严字当头树家风

◎ 刘旭昊

林维先的三儿子林军曾经在坦克 11 师通信营任技师。

1975 年 8 月 7 日,林军开始休探亲假,他晚上从部队驻地出发,辗转一夜,第二天早上才走进家门。时任武汉军区副司令员的林维先见到儿子有些诧异,问道:"你怎么回来啦?"儿子告诉父亲,是休假探亲回来的。林维先这才关心地问了下儿子归途的具体情况。

而后,林维先话锋一转,说:"算你小子命大。你刚走四个多小时,你们驻地附近的水库就溃坝了,现在是一片汪洋。"在介绍了灾区的基本情况后,林维先就给儿子下了命令,让林军吃了早饭赶紧回部队去参加救灾。

林军从父亲口中得知京广线已经被大水冲断了,这样回部队就有些困难,他说:"京广线都被大水冲断了,我怎么走啊?"

林维先一听立刻火了,大声说:"虽然你在休假,部队也没要求你归队,但是,灾情就是命令,你要牢记军人的职责,赶快回部队去参加抗洪救灾。灾区人民需要子弟兵!养兵千日、用兵一时,现在你的战友都奋战在抗洪第一线,你是我的儿子,就更应该做表率。"说完,林维先就到救灾指挥部值班去了。

父亲的话深深地触动了林军。吃完早饭,他匆匆踏上了归程。在路上颠簸了两天多,林军终于返回驻地,参加了灾民安置和疏散工作。

在林军后来的人生道路上,这段只在家待了两个小时的休假成了他难以忘怀的珍贵记忆,父亲那一心为公、心系人民的高度责任感让他一生受益,终生难忘。

056 刘健挺将军

抗日英雄刘健挺,投身革命更情浓。
连连剿匪堪说勇,百度突防屡建功。

——河北　吕海鹰

韭菜将军

◎ 冯圣杰

1934年3月,红25军打下了兰里城。身为炊事班长的刘健挺带领炊事员们杀了头猪,准备好好犒劳一下连里的战士们。

恰在这时,司务长带了位老乡走进伙房,那老乡挑着两担韭菜。司务长满脸笑容地大声喊道:"刘班长,猪肉宰下了,韭菜也有了,连队的伙食,就看你露一手了!嘿嘿,我去找指导员记个账。"

那时候红军战士的文化水平很低,大都认不了几个字。司务长就是这样,买了韭菜却记不了账目。因此,连队的伙食账目,都得找指导员帮助登记结算。

司务长把指导员请到伙房,当面清点过两担韭菜,给老乡付了菜钱,这才把记账的小本本递给了指导员。指导员从衣兜里掏出半截铅笔,歪歪扭扭地写下这一笔账项:"×年×月×日,在兰里城买芫蔡两担,付洋……"

一旁的刘健挺凑过来,看见"芫蔡"二字,不由得嘿嘿一笑,说道:"指导员同志,这'芫蔡'俩字,你都写得不对。"

"怎么不对?"指导员不禁一愣。

于是,刘健挺接过铅笔,在小本本上端端正正写下"韭菜"二字。

这一手露出来后,指导员好像发现了什么宝贝似的,惊异地望着刘健挺,喜出望外地大声笑道:"哈哈,我们的伙夫班长,会写韭菜两字,了不起,真了不起!"

当晚,指导员就把这事向营领导作了汇报,说他们连里有个知识分子人才，可以担任文书工作。营领导听了也很高兴，问是大知识分子还是小知识分子，指导员因为还不完全摸底，只说会写韭菜二字，而且写得挺好。

其实，刘健挺也算不上什么知识分子，只是念过两三年书，会写得几个大字而已。谁知这偶尔的一"露"，竟成为一次转机，营领导提拔他当上了文书。因为起因与"韭菜"二字大有关系，有人就喊刘健挺"韭菜文书"。

"少取外号！我还没有当够伙夫呢！"每当有人喊他"韭菜文书"时，刘健挺虽然很不好意思地顶上两句，但他心里还是乐呵呵的。

军长吴焕先得知此事以后，曾对他说："刘健挺同志，你埋伏得好深哟！你把'韭菜'二字活活憋在肚子里面，那不白白糟蹋了么？从今往后，把你肚子里那些字儿词儿，都一个不剩地开发出来，做好革命工作。日后，还可以担任领导嘛！"

此后，刘健挺一步步走向领导岗位，跨入指挥员的行列，后来成为开国少将。

057 刘善福将军

> 英雄少将显神通,革命生涯屡建功。
> 弹雨枪林身外事,征衣血染战旗红。
>
> ——河北　吕海鹰

"拐子"英雄

◎王艺融

1939年4月,在山东林马庄突围中,刘善福左腿中弹。他先被送往后方医院,后又转送老乡家养伤。由于条件差,缺医少药,他的腿没有得到很好的医治,以至于腿骨错位,左腿短了3公分。在养伤期间,刘善福协助地方党组织,发动和组织群众,建立了一支60多人的游击队,坚持与敌伪、顽固分子作斗争。

刘善福虽然伤残,但打起仗来依然勇猛、顽强。在这一年8月的鲁西梁山战斗中,我伏击部队一阵扫射后,刘善福率先冲入敌阵,与日伪军拼起刺刀。战友们在他的带动、鼓舞下奋勇杀敌,将从汶上出动"扫荡"的日军消灭了300多人。

后来在抱犊根据地、沂蒙山根据地和滨海根据地的创建和反"扫荡"斗争中,刘善福一直英勇作战,勇挑重担,身先士卒,带头冲锋。因为他左腿短,走路一瘸一瘸的,战友们和群众都亲昵地称呼他"刘拐子",而日伪军、汉奸和顽固派听到"刘拐子"之名,则既恨又怕,甚至不敢与他交锋。

058 吕仁礼将军

铁骑兵团大道行,寄身革命走长征。
纵横西北三军壮,向党初心不变更。

——河北 李显贵

难忘四泉恩

◎马思宇

"同志们,加油,快点挖!党和人民需要我们挖出的石膏去建设国家!"

1958年的一天,吕仁礼正在皋兰一带,带领部队挖石膏。这时,一位战士前来报告:"师长,前面不远有一个叫四泉村的村庄,我们要不要去看看?"

吕仁礼心中突然泛起了波澜。四泉村?这不是二十一年前西路军失败时,收留过我的那个村庄吗?真是巧了,我今天一定得去看望我的两个老哥哥!

乘车一路颠簸。很快,他就找到了当年帮助过他的张明公老哥俩,三人相逢,欣喜若狂。四泉村的百姓仍然如当初一般热情,为吕仁礼奉上了当地的特色手抓羊肉。师长与村民们唠起了家常:"老哥哥,大家的生活还好吗?现在正是新中国的建设时期,大家都要铆足干劲,建设我们的祖国啊!"

"托共产党的福,现在我们村生活虽不富裕,但也不缺衣少粮。今后我们一定会大力支持队伍的建设!"老哥俩答道。

吕仁礼心中感到一丝欣慰,却也有一丝内疚。新中国成立以来,他还未曾看望过这里的乡亲们,实在不妥。于是他向老哥俩承诺:只要我还活着一天,我就一定常来看望你们,尽力支持四泉村的发展。

时光如歌,岁月如梭,他们都遵守了彼此的约定。四泉村党支部、村委会每逢过节之时,都会杀猪宰羊慰问部队,一直到吕仁礼离任。而吕仁礼也命令士兵多次到山村为群众放映电影,丰富文化生活,还想方设法为村民们解决各种生产和生活上的困难。

059 马文波将军

苦恨铁蹄乱雨昏,一怀壮志别家门。
干戈声鉴青春梦,老尽丹心铸国魂。

——安徽 李伟

胭脂河畔托子

◎ 刘 萍

1947年早春的一个深夜,胭脂河畔的风仍然寒冷透骨,然而紧握的双手却又是那么温暖。马文波握着老魏的手,眼里含着热泪:"前线战火纷飞,孩子就托付给老乡了。"

老魏用力地点了点头,看着襁褓中的婴儿,暗下决心,他要好好地把她抚养长大。

那时,晋察冀军区机关正驻扎在太行山深处胭脂河畔的城南庄。为了清除解放石家庄的障碍,我军发起了正太战役。晋察冀军区机关跟随聂荣臻司令员开赴前线,但是这时候马文波的女儿降生了。

看着襁褓中的孩子,马文波夫妇犯了愁,怎么带这个孩子啊?带上个刚出生的婴儿行军作战,那是不可想象的,孩子很难成活。

为了能让孩子活下来,为了尽快追赶部队,马文波决定把孩子交给当地的老乡抚养。孩子出生才四五天,马文波就抱着孩子,由村干部领着,四处打听有没有人家能收养这个孩子。

当地曾是日本鬼子扫荡的重灾区,老百姓的生活十分困苦,大多数人家无力抚养别人的孩子。经过一番周折,终于找到了一户愿意收养孩子的人家。

这户人家住在城南庄后街,男人姓魏,人称老魏,是个铁匠。魏家刚刚夭折了一个婴儿,全家人正在悲痛之中。当得知解放军遇到了困难,需要帮助,老魏一口答应了马文波的请求,双手接过了小小的婴儿。

舍小家为大家,军民鱼水一家亲。正因为千百万人民群众的齐心协力支援,解放战争最终取得了胜利!

奋战在第二战场

◎张仕斌

离休后,马文波在疗养院休养。

有一次,收到下属送来的一包人参。"快拿回去!"他将送礼者拒之门外,"我是苦日子过惯了的,享受不了这个东西!"

孩子们看见后,私下嘀咕,"有的干部子女有车接送,我们没有。部队给配了小灶,他也不要。不考虑自己,也不考虑我们!"

时间一长,这些话传到了马文波的耳朵里。他将子女们召集到一起,想和他们讲讲红军时期的艰苦。"又来上政治课了!"子女们面带不悦。

"你们不要觉得自己是老干部的子女,就可以搞特殊化!"马文波提高音量,说:"我是从死人堆里爬出来的,我永远不会对不起那些死去的战友!初心易得,始终难守!现在虽然日子好了,我们还要安不忘危,存不忘亡,乐不忘忧,要艰苦朴素,不能忘本!这是我们的家训啊。"

多年来,他在各种场合演讲了无数场。只要老将军应允了的,他总是风雨无阻前往演讲。他还自立规矩,每次演讲不要酬金,不接受吃请,只收聘书、红领巾,最多还有一束鲜花。其实,在年轻人眼中,马老的一言一行都为他们作出了表率!不开"小灶"、不坐公车的故事,同样镌刻在身边人的记忆中。

060 马琮璜将军

赤胆推翻道会门,出生入死赖红根。
大刀灭寇功勋在,抗美援朝浩气存。

——河北　李显贵

养马证决心

◎ 刘　萍

"给俺滚回去种田,傻孩子,晓得什么是革命哦。"瘦黑的继父找到了队伍,对少年人说道,语气强硬却逐渐哽咽。

"回去吧,家里需要你啊。"团长苦口婆心地说道。是呀,战争是无情的,是流血的,不像游戏那么简单。

"不,俺是一定要参加革命的!等到那一天,等革命成功了,等乡亲们不再被压迫,俺就回去!"二十岁的青年紧抿着唇,挺直了脊梁。

"你,你滚去放马,好好想想!"团长一拍桌子,怒吼道。

马琮璜就这样被罚去养马了。青年心里憋着一股气,他怎么不懂革命,他其实心里明白得很。在佃农家庭长大的马琮璜,明白底层农民被地主奴役的悲惨,他想知道该怎么救助这些农民。

马琮璜陷入了深深的困惑。直到接触了中国共产党和马克思主义的思想,他终于明白了要拯救中国农民,就必须将这吃人的社会掀个底朝天的道理。

一个半月后,膘肥体壮的战马让团长明白了这个青年的信念。于是,他把马琮璜调到三中队担任掌旗兵。自此,马琮璜波澜壮阔的革命生涯拉开序幕!

061 闵鸿友将军

> 热血男儿家国情,青葱岁月赋长征。
> 半生戎马硝烟色,梦里依稀淮水声。
>
> ——安徽 李伟

为人民而战

◎吴俊骁

1929年初春的商南县,午后阳光柔和。徐其虚扛着锄头正准备下地。这时一个孩子在身后叫住了他。

徐其虚回过头,看见了身后消瘦的少年。

"哥儿,这些天你家米够吃了吗?"

"够吃的,其虚哥分的粮食还有很多。"孩子露出了憨厚的笑容,顿了顿又道:"我知道其虚哥是什么样的人,我也想加入你们队伍。我想为大家作斗争,把属于咱老百姓的夺回来!"孩子的眼神坚定而炽热。

徐其虚被他眼中的坚定打动了。

想了很久,徐其虚缓缓说道:"现在你加入共产党还为时过早。这样吧,你先跟着我们一起干。"

1929年5月,一个夜晚,徐其虚率领农民武装,一举消灭了白沙河民团,起义成功了。商南的民众取得了胜利!然而过了不久,噩耗传来,徐其虚在简家畈牺牲。

县城虽大,徐其虚却是无人不知,谁都知道他为大家着想,谁都明白他是一个怎样的好人。

闵鸿友站在不远处,他喃喃自语道:"我一定要成为一个像其虚哥那样的人!"

男儿志

◎ 王　菲

战斗进行到白热化阶段。

闵鸿友担心许光达的安全,劝说他离开团部,但许光达都拒绝了,还说:"打个仗还婆婆妈妈的!"

闵鸿友的火气也上来了,说:"我记得,高家堡战斗,那颗流弹差点要了您的命!"

此前不久,在高家堡战斗中,许光达也来到闵鸿友的团指挥所,在一堵高墙的豁口用望远镜观察敌情。许光达刚放下望远镜离开,警卫员站了过去,一颗流弹击中了警卫员,警卫员当场牺牲。每每想到这里,闵鸿友都心有余悸。

许光达眼神不由黯淡了不少,语气显得有些委屈,"我碍你什么事了!你指挥你的,我看看热闹还不行吗!"

"您别忘了,有您这个司令在,哪有我这个团长说话的份。要么您亲自指挥,要么请您离开,您看着办吧!"话一说完,将手枪放在了许光达面前,许光达见闵鸿友犟脾气上来了,也拿他没辙。

许光达离开后,闵鸿友率领17团的战士们,配合兄弟部队,向清涧城发起了一轮又一轮猛攻,最终拿下清涧,活捉了敌师长。

062 倪南山将军

袭击忽来血染装，农家小院暂身藏。

临行不忘酬乡意，三块银元信念长。

——北京　杨金香

三枚银元

◎余晨月

1937年秋，倪南山带着战士们，隐蔽在皖赣边界大鄣山北麓的红军秘密营帐中。因敌人疯狂清剿，他们与上级失去了联系，只得独自战斗。封锁线绵亘百里，山区不见人烟，碉堡举步可见。就连群众在山里种的菜也被敌人糟蹋完了。

倪南山一行人不久就弹尽粮绝，陷于绝境。倪南山想到：上窟村有一户人家种了不少玉米，敌人就算强迫他搬了家，他也决不会把苞米全部搬走。

倪南山决定带战士小余冒险闯封锁线，寻找粮食。途中，他们中了埋伏。倪南山急忙掩护小余冲出去，自己则从石崖滚了下去。他忍痛冲进密林，摆脱了敌人。

黎明前，倪南山拖着摔伤的腿，等来了满脸血污的小余。俩人相互搀扶着，来到了上窟村。他们在废墟里寻了半天，也未发现一点能填饱肚子的食物。失望与连日的饥饿伤痛，使他们在树林中昏睡过去，一直到第二天太阳高照才醒过来。他们再次来到上窟村，几乎把瓦砾都翻了个遍。真是工夫不负有心人，傍晚时，他们终于在村子附近的石岩下发现一堆乱石，搬开乱石，果然发现一个隐藏的瓦缸，缸内藏有三四百斤苞米粒。"这下大家的命有救了！"

倪南山和小余忙打开随身带着的被单，每人包了百把斤玉米，并将三块染着鲜血的银元放入缸内作为报酬，仍按原样隐藏了瓦缸。

这些玉米粒帮倪南山带领的红军游击队，度过了游击战争中最艰难、最残酷的时期。

老郭山

◎余晨月

党的十一届三中全会后,在倪南山将军的提议下,政府拨款,把长达16.8公里的郭山公路通到了郭山岭。郭山人捎信给将军,请他无论如何也要赶来参加通车典礼。

通车那天,倪南山坐的车发动机还没熄火,村民们就迎至车旁,手中还捻着刚采下来的茶尖。排列在公路两边的郭山人不断向他挥手,欢迎他为公路剪彩。

倪南山微笑着说道:"怎么叫我剪彩呢?该是当地政府领导剪彩的。"

"您是首长。"好几个"老郭山"诙谐地说。

倪南山把头摇了摇:"错啦,错啦。我不是首长,我是老百姓。我在这里打了那么长时间的仗,这里的山山水水都跑遍了,早就成为一个地地道道的郭山人了。你们认不认我是'老郭山',认不认我是郭山人呵?"

这一问,倒把大家问住了。我们的将军当然是郭山人,是"老郭山",是郭山之子。1949年后,倪南山虽然成了将军,担负着军区领导职务,军务繁忙,但他从来没有忘记郭山人。倪南山的心和郭山人民永远在一起。

现在郭山公路通了,电灯亮了,荒山绿了,机器响了,郭山人民更是永远不会忘记自己的将军。

063 聂鹤亭将军

> 投笔从戎救国殇,南昌起义创辉煌。
> 身经百战冒生死,铁血忠怀报国常。
>
> ——北京　杨金香

救国之道

◎余晨月

1921年5月,安徽省议会以扩充军费为由,削减原本应该增加的教育经费。消息传来,6月2日省会安庆的各校师生组织了示威游行,上街高喊:"打倒军阀,还我经费。"并勇敢地与全副武装前来镇压的警察搏斗。学生伤亡惨重,造成了轰动全国的"六二惨案"。

在这之后,安庆所有学校都停课以支援斗争,皖江师范专科学校的学生聂鹤亭组织同学们制作了一幅白布,上面用血红的大字写道:"议员军阀,残杀学生,全体罢课,誓与偕亡。"斗争的结果,虽然最终教育经费得到了提升,但是残害学生的元凶仍旧逍遥法外。

残酷的现实让聂鹤亭清楚地认识了这个中国,这个民不聊生、黑暗的中国,体育无法救国,读书教书也无法救国,要想真正地救国救民,就必须同当局政府作斗争,对黑暗的社会进行彻底的改造。从此,聂鹤亭不再安于课堂,而是更为积极地投入到斗争中去,逐步成为学生中的骨干。他相继参加了抵制日货、反对曹锟贿选、五卅运动等爱国运动,遭到当局的通缉。

1926年,聂鹤亭参加了国民革命军,到叶挺独立团任排长,同年秋加入中国共产党。他从此走上了革命道路。

临危受命

◎ 王祥祥

入党后,按照上级指示,聂鹤亭回到安徽,协助蔡晓舟,在合肥北乡的吴山庙一带发动武装暴动,以策应国民革命军即将开始的北伐。

蔡晓舟有意培养聂鹤亭,让他以参谋长的身份组织讨贼军,抗击敌军。对于这个安排,一些年长的战士感到很惊讶,不禁用怀疑的目光看着初出茅庐的聂鹤亭。蔡晓舟不容置疑地说:"同志们千万不要以貌取人,他虽然年纪不大,但是很有想法。在这个特殊时刻,大家更要团结一致,抓紧时间对付敌军!一旦他有什么失误的安排,我会立即出面纠正的!"

这是聂鹤亭第一次上战场。起初,他听见震耳欲聋的枪炮声也有些慌张,但很快就镇定下来。山下敌军的人数要比讨贼军多出十倍以上,并且敌军手中的武器装备更是占了绝对的优势。聂鹤亭想:自己的战士每人只有几发子弹,在人数和枪支上都处于劣势,唯一的优势是高昂的士气和精准的射击。于是,他下达命令,让战士们一颗子弹都不要浪费,一定要瞄准后再开枪。就这样,讨贼军将士们掩藏在山坡后,瞅准机会射击。战斗一直坚持到黄昏,敌人始终没能前进一步。

当夜,司令部召开紧急会议,认为目前敌我力量过于悬殊,暂时无望取胜。决定将部队化整为零,等待有利时机,再图大业。

吴山庙暴动虽然失败了,但这次暴动策应了国民革命军北伐,震慑了安徽的反动军阀,鼓舞了安徽人民的斗志。

"坏脾气"将军

◎余晨月

聂鹤亭的"坏脾气"很多人都知道。据女儿聂秋莎回忆,老家的两个表姐曾提出想到北京上学,希望父亲帮忙安排一下。聂鹤亭却拒绝了。他说,就让她们在本地考学,考上什么学校就上什么学校,如果没有钱,自己可以资助,但是托关系、走后门是不行的。据聂秋莎介绍,聂鹤亭没有给家里的任何一个亲戚安排工作,就连她自己都是在父亲去世后,组织上安排她参加的工程兵。

1961年4月,聂鹤亭到厦门开工程兵技术革新经验交流会,回来的时候路过老家安徽阜南,于是提出回老家看看。但是前几年家里有人饿死了,当地县长知道他的脾气,担心他生气,就请聂鹤亭的秘书帮忙劝阻。秘书跟聂鹤亭说,老家是山区,路上很难走,您已经心肌梗塞过两次,身体不好,如果路上出了什么事,附近也没有什么好医院,谁也担待不起。经过县长和秘书的劝说,聂鹤亭终于放弃了回老家的想法,他留了一点钱托县长带给老家的人。直到1965年,阜南的棉花大丰收,亲戚从老家给聂鹤亭送棉被时,他才知道这些事情。

聂鹤亭平时话也不多,对女儿也是如此。1967年,受社会风潮影响,聂秋莎也不能去学校上课了。看到她这个样子,聂鹤亭只跟她没好气地说了一句话:"现在不好好学习,将来看你拿什么建设祖国!"聂鹤亭那时候每天都会读书看报,《人民日报》《解放军报》《参考消息》是他每天上午必看的。他以自己的实际行动,影响着聂秋莎也养成了爱读书的习惯。

这就是"坏脾气"的聂鹤亭。

064 潘峰将军

> 战场杀敌染征袍,赤胆无私为国劳。
> 坦直阳刚人品正,守持本色见风操。

——北京 崔惠斌

回延安

◎余晨月

西路军失败后,部队分成小支队各自寻找出路。作为营长的潘峰为了掩护大部队,留下断后。很快,敌人就把潘峰等人包围在祁连山,此时他们又和大部队失去了联系。

为了保存剩下的兵力,潘峰急中生智,带着手下的人转移到一个小山洞里。这个小山洞刚好坐落在一个隐蔽处,外面杂草丛生。敌人搜索了几次,都没有察觉到他们的藏身之处,索性就在下山的道路上设下重重障碍。这相当于把潘峰一行人困在山上,要活活熬死他们。

当时,祁连山上又冷又冻。潘峰和他的战友们吃不上饭,整天饥肠辘辘。就在大家心急如焚的时候,山下忽然响起了红军的集合号声,几个同志十分兴奋,还以为是大部队回来了。正当他们想出去迎接的时候,潘峰拦住了他们,潘峰说大部队刚刚才遭遇敌人,怎么可能如此快就休养好呢?因此潘峰判断,这肯定是敌人耍的新招数,想要引出他们主动出现,好把他们一网打尽。

果然,没过多久,就听到司号员吹响集合号,并且喊着潘峰等人的名字。原来,以前的司号员被俘后,受不住诱惑叛变,想借机抓到潘峰等人邀功。发现敌人的阴谋后,潘峰继续带着队伍在祁连山中迂回穿行,最终走出了祁连山。

走出祁连山后,潘峰几乎一路"乞讨",不过还是被马家军俘虏,好在他没有暴露身份,被重新编入了国民党部队,成为一名普通士兵。之后,潘峰寻找机会,逃出国民党部队,终于返回延安。

065 皮定均将军

> 立志乡关出少童,南征北战建奇功。
> 伟人力挺提中将,为国捐躯尽孝忠。
>
> ——北京 崔惠斌

爱兵如子

◎ 包 闵

1964年8月,皮定均冒着炎炎烈日,坐着卡车到一个连队视察。中午11点多钟,当他转到了这个连队的猪圈时,看到一个饲养员正冒着酷暑在外面剁猪草。皮定均停住了,大声喊道:"宋清渭!"

宋清渭立即答道:"到!"

皮定均笑眯眯地看着他,说道:"你过来,给我站在这里,站一个小时!"

宋清渭深知老首长批评人的习惯,马上意识到了首长的用意,他立即说道:"首长,您是不是批评我们让战士在太阳底下剁猪草,连个棚子也不搭?"

皮定均笑道:"你小子挺聪明嘛!脑袋来得快,转得也快,你说得差不多,就是这个事!"并接着说道,"我们当干部的,要处处关心战士,心中时刻装着官兵的疾苦。天这么热,太阳这么毒,让战士长时间在没有遮挡的地方劳动,不近人情嘛!我们常说要关心战士,关心战士不是空口白话的,是要实打实的。爱护战士,不是光讲讲就行的,要体现在解决具体的实际问题上。"

宋清渭当即表示:"我们立即搭个棚子,先用树枝、凉席搭个简易的,然后再搭好些的。请首长放心,今天晚饭前就落实。"

吃过晚饭后,皮定均又悄悄地派秘书肖有明检查搭棚子的落实情况。

肖有明回来向他报告说:"棚子已经搭好。"皮定均满意地说道:"那就好,布置的事办了就好,就应该这样,要有雷厉风行的作风。"

红色家风

◎ 周桢垚

皮效农这样描述他眼中的父亲：在战场上，父亲是一名英勇机智的战将；在部队里，他是治军严谨、身体力行的指挥员；在生活中，他更像一位老农，对劳动人民有一种本能的亲切感、归属感，始终充满了尊重与关爱。

有一次，皮效农随父亲种树劳动，靠在树干上休息时，随手摘下了几片树叶。皮定均见到了，也不说话，轻轻扯了扯皮效农的头发，问道："痛不痛？"皮效农说："痛！"皮定均说："你把树叶摘了，树也会痛，只是它不会说话。"这件事让皮效农印象极深，让他懂得了尊重自然、爱护生命，实质上就是保护人类自己的这一深刻道理。

一天，皮定均带着他的孩子一起去种树苗。他先带头挖树坑，然后再来检查孩子挖的树坑。一般来说，种树苗，坑底大些，有利于生长发育。皮定均拿着一根小竹竿，上面量量，下面比比，凡是不合格的，就让他们重新挖，直到符合标准为止。平常不论做什么事，皮中将都要求他的子女注重细节、一丝不苟，不要放过一点小错误、小毛病。这种细致的作风，至今仍深深烙印在皮效农的脑海里。

皮定均的家风非常朴实——"老老实实做人、认认真真做事"。这也是他的初心，是终其一生一以贯之的行事准则。他的言传身教给后代留下了宝贵的财富，正直、认真、亲和、担当等等，时时刻刻影响着他的子女和身边的人，成为他们成长路上的精神动力。

066 戚先初将军

自入安徽独立团,常把顽敌一窝端。
赤忠方敢枪林越,只为黎元穿与餐。

——广东 古源信

革命一定会成功

◎陈含勋

"啊!终于回到根据地了!"戚先初兴奋地擦了擦脸,转头看向和他一起出征的战友,"终于可以休息几天了。"

"各班班长集合!"突然外面传来一声呼号,接着便是战友一阵阵窸窸窣窣穿衣服的声音和外面咚咚咚的脚步声。不一会儿,临时军营的广场聚集了一群人。

"什么情况?""怎么突然要集合了?"所有人都很疑惑,长征刚刚结束,好不容易有时间休息一下。

"根据前线的报告,敌人准备对鄂豫陕根据地进行围剿。我们接到的任务是进攻柞水、宁陕、佛坪、华阳、洛南等城镇。全军听令,准备前进。"

命令一下,各班长就回到自己的营地去准备干粮和生活物品。戚先初是223团的,他接到命令后回到营地,战友们就围了上来,询问刚刚的情况。"我们快点做好准备,接下来又要真枪实弹地上去干了,这一次敌人对我们进行'围剿',又将是一场恶战。"戚先初对自己身边的战友说道。

第二天一早,戚先初就带着自己的班上了战场。在枪林弹雨中,一个个战友倒下,戚先初没有时间也没有机会去抬起他战友的尸体,唯一能做的就是拿着枪,对着城墙上的敌人进行射击,用火力压制着敌人,让战友们有机会攻下这座城池。

一天的战斗过去了,戚先初望着战友那死去后却仍然无法闭上眼睛的样子,心中想到:我们一定会取得胜利,革命一定会成功,中国最终将会解放,而你们也一定会被历史铭记!

苦苦菜不"苦"

◎ 苏 童

1961年的春天,戚先初与家人散步,前往沈阳郊区农田看看那里的小麦长势。

那时国家处在困难时期,老百姓吃不饱饭,戚先初日夜着急,唯有看着这田间茁壮成长的小麦,紧皱的眉头才有些舒展。

小儿子在一旁采了一把野菜,戚先初好奇地问他:"你采的是什么东西?"

小儿子说:"奶奶告诉过我这是苦苦菜呀!"戚先初站住了,看着这嫩绿的苦苦菜,叶子长长的,纹理清晰,边缘有着小小的锯齿。他怎会忘记这种菜呢?当初饥饿席卷着战争时期的村庄,苦苦菜帮助乡亲和战士们熬过最难的岁月。

戚先初说:"野菜可救过我们不少人哩!不能忘记它,不能忘本。"他转过头来对小儿子说:"再多采一些,拿回去给我吃!"

厨师看着这苦苦菜有点棘手,不想将军再吃这么苦的野菜了,仔细用开水烫过之后,又加了不少调料后送到了戚先初的餐桌上。

第二天一早,警卫员来找厨师,对他说昨天苦苦菜的做法不对,不能用开水烫,也不能加调味料,只能用盐拌。警卫员又去采了一些苦苦菜回来。厨师按照戚先初的指示做了一碗简单的盐拌苦苦菜。

戚先初让家人都来尝尝这苦苦菜的味道,他说:"过去我们吃野菜,打败了国民党反动派,打败了帝国主义侵略者。当时我们条件艰苦,现在条件优越了,但还是有很多老百姓没过上好日子,我们不能忘本啊!"说罢,他又夹了一大口苦苦菜送进嘴里。

067 漆远渥将军

> 清风店破又平津,弹雨穿梭不死身。
> 五圣山红粮草路,换来鸭绿一江春。
>
> ——广东　古源信

太行英雄

◎余翔天

1942年5月25日拂晓,八路军总部被日军合围于山西辽县(今左权县)太行山南艾铺一带,负责掩护总部转移的是129师385旅769团。

在十字岭山腰腹地附近,漆远渥看到了本应已经转移的彭德怀副总司令、左权副参谋长、罗瑞卿主任等总部首长。罗瑞卿看到漆远渥便叫道:"漆政委,你来得正好,总部交给你了,掩护我们!"漆远渥赶紧率人与敌人交火,进行掩护。

漆远渥一面指挥作战,一面多次派人去看总部走了没有,催总部赶快撤离。当回来的人一再说总部还没动时,漆远渥急了,手提驳壳枪一路奔回总部。只见总部报务员还在和全国各个战场、延安、党中央紧张联络。漆远渥带着一身硝烟,一声比一声急、一嗓比一嗓高地喊着:"彭总,你走!走!快走!"彭总始终坚持要发完最后一封电报才会撤退,漆远渥只好返回阵地继续坚守。

回到前线,漆远渥接到报告:因敌人炮火凶猛,伤亡太大,把守最前面那个哨位的排长,擅自放弃阵地,带着仅存的三个战士撤回来了。漆远渥一听火冒三丈,疾声命令道:"集合!那个排长在哪里?带到队前。"见到排长,漆远渥怒不可遏,铁青着脸:"你好大的胆子!没有命令你敢后撤?你知道谁在后边?总部在后边!总部首长在后边!彭总在后边!我都不敢后撤一步。我参加革命十几年了,我这支枪从来都是杀敌人,你今天贪生怕死,我非杀了你不可,不杀你,这个仗就打不下来。纪律是铁必须严明,罪过是恶,必须严惩。枪毙!"一声枪响之后,队伍情绪激昂,有位连长脱下外衣,光着膀子激动地说:"政委,你不要再说了!今天我们的命也不要了,拼死也要掩护彭总突围!"

在769团部队的掩护下,总部和北方局、党校以及后勤人员都是通过这条杀开的血路冲了出去。而那位连长,再也没能回来……回忆起这场战斗,漆远渥说:"为掩护总部,全团几乎全部打光——值!"

"怒"与"恕"

◎ 包　闵

漆远渥常说:"我本来就是沧海一粟嘛!功、名、利、禄只不过是过眼云烟,只有人民这个大海才是不枯的。"好的家风,在漆远渥的实际行动中形成,并影响着子女。例如漆远渥用简单的两个字"怒"与"恕"化解了两个人的争斗。漆远渥之子漆海涛写道:"父亲家门前,常年是求助的比送礼的多,自行车比汽车多,老百姓比官员多。"

1972年春,漆远渥在散步的路上,遇到了一个小伙子与修车师傅因为修车费的问题争吵了起来。为了解决这个问题,漆远渥在地上写了"怒"与"恕"两个字,两个人都能够认出来"怒"字,却在"恕"字上卡壳了。

漆远渥对他们说道:"这是'饶恕'的'恕',你们只认得'怒'字却不认得'恕'字,说明你们都没有讲道理!说你们没有理,是因为你们做人不够厚道,没有胸怀!不懂得尊重、体谅别人!你们只知道'愤怒',不知道'饶恕'。你们看看我是干什么的?我是个解放军,是个老军人。我们在战争年代打仗,和敌人真刀真枪地打仗,打个你死我活,即使是这样,我们还要执行'交枪不杀,优待俘虏'政策,你们两个是敌人吗?到底有多少仇恨啊?"两人沉默了。

"既然你们都不是敌人,那就是人民内部矛盾,就是自家人。有矛盾,就要好好解决,应该可'恕'不可'怒'。"一个自家人内部的矛盾就这样解决了。

朴实、宽厚的初心也像种子一样在这一片黄土大地上茁壮生长。

068 齐勇将军

> 烽火连年早入军,突围战术立殊勋。
> 海洋兴业凭君手,热血忠魂举世闻。

——甘肃　刘晖

帮人要真心

◎苏琳娜

1915年的安徽六安,出生了个小男孩,他的名字叫齐勇。

母亲的教导对他的成长起着至关重要的作用。清正廉洁,品行高尚是他最为显著的特征,他真正做到了"清正廉洁"。

不知不觉,艰苦卓绝,遍地鲜血的时代过去了。齐勇也不再是当年的黄毛孩子,1955年被授勋为中华人民共和国开国少将。而两代人对品行的重视仍如出一辙。

齐勇膝下有两个儿子。一天早上,大儿子手中拿着一个漂亮的风车跑回了家。齐勇刚走出院子就被那风车吸引了注意力。

"这风车真是好看,你在哪拿到的?"齐勇问道。

大儿子连忙道:"是别人送给我的。今天在晓芳家,她在做家务,我帮忙擦了地。我说风车好看,他们就给我了,您别生气呀,这是没花钱的。"

听了大儿子的话,齐勇二话不说,抓着他的胳膊就往晓芳家赶去。他取下儿子手上的风车,还给了晓芳家。回到家中,大儿子战战兢兢,不知道做错了什么。

齐勇摸着他的头,道:"你要知道,当我们去帮助别人时,不应该带有目的。不然就不是出于你的真心,让人觉得你乘人之危。这可是你奶奶从小就教导我的。"

069 宋承志将军

一代炮兵骁勇将,功垂华夏誉盈身。
云烟烈火常回首,爱国忠诚情最真。

——甘肃　刘晖

多亏你这个"亡命徒"

◎黄曙晗

红四方面军反"围剿"失利,被迫向西转战。行军途中,红11师政委李先念找来第31团团政委叶成焕,对他说:"你给我找个通讯员,要勇敢的。"叶成焕想了想,说:"我给你推荐宋承志,他打起仗来跟亡命徒一样,你要找勇敢的人要他就行了。"就这样,宋承志被调到师通信队当班长,在李先念身边当通信员。

1933年2月下旬,敌人三路围攻。在长池反击战中,敌人以3倍于我的兵力轮番进攻。李先念率两个团阻击,师部直属队都拉上去了,仅有师通信队为最后的预备队。

李先念沉着指挥部队战斗。突然,一颗子弹飞来,击中了李先念举着驳壳枪的右臂,顿时鲜血直流,枪一下掉在地上。宋承志立即给李先念简单地包扎止血,指挥两个战士扶着李先念,迅速撤到山后的一个寨子里,让马夫带李先念转移。

接着,宋承志埋伏在稻田里,准备拼死掩护李先念安全撤离。敌人端着上了刺刀的枪冲上来了,而宋承志只身一人,只有一把驳壳枪,情况十分危急。宋承志来不及多想,只有一个念头,拼了。

敌人很快冲到离他只有二三十米的地方,宋承志突然从稻田中跃起,举枪就打,而且弹无虚发,冲在前面的几个敌人应声倒下。敌人遭到突然袭击,以为中了埋伏,掉头就跑。宋承志换上弹夹追着打,又撂倒了七八个敌人。

敌人退了下去,危机解除,宋承志掩护李先念顺利脱险。事后,李先念对宋承志说:"看来我这个通信员没选错,要不是你这个'亡命徒',这回我可下不来了。"

070 宋维栻将军

> 铁轨衔联网洛情,休闲握笔撰余生。
> 云涯戎马回思远,化育忠贞骋世程。(通韵)
>
> ——北京 范嘉桓

木船击舰创奇迹

◎ 韩洋悦

1949年12月,新中国刚刚成立,举国同庆,然而我国海南岛仍处于水深火热之中。

参与解放海南岛的战士大多都来自北方,很多甚至连海都没见过,晕船更是家常便饭。军令如山,宋维栻率127师日夜兼程,进至雷州半岛的海安至外罗埠一线展开训练,积极投入海上大练兵。

在宋维栻将军的鼓舞下,战士们迅速掌握了海上作战的战术与技能。

1950年3月31日夜,宋维栻和师长王保东亲率一个加强团,从徐闻以东的博赊港起航,开始强渡。

88只木船载着3750名勇士,分成三路向琼崖进发。中路任务登陆,左右路任务护航。

船队出海约半小时,即船过琼州海峡中线后,与敌人较少火力遭遇。为掩护主力部队继续航行,宋维栻主动吸引敌军火力。

"冲啊!向敌舰全速进攻!"

左路护航船急起迎击,以猛烈的火力将其击退。这时,敌十余只兵舰一边开炮,一边向解放军船队直冲过来,三条小木船冒着敌舰的炮火前进,当距敌舰不足100米时,宋维栻一声令下。海面上水柱冲天,弹如飞雨,一场木船对兵舰的战斗打得异常激烈。那艘大舰见势不妙拖着浓烟逃走了,两艘炮艇也急忙掉头远遁。

交战中,解放军数只战船被敌炮火击伤,但宋维栻临危不惧,沉着冷静。解放军因此创造了世界海军史上"用木船打败军舰"的奇迹!

071 宋文将军

横刀立马步铿锵,血染尧天举帜昂。
灭寇援朝功显赫,声名笃亮彻遐疆。(通韵)

——北京 范嘉桓

青春许国

◎张 雯

宋文将军出生在金寨县古碑镇南畈村柳树湾的一个贫农家庭,经常吃了上顿没下顿,衣服破破烂烂,私塾先生和同学经常瞧不起他。

这天,私塾先生又挖苦他:"宋文啊,你的学费又没交。你一个贫农家的孩子,就算读书又有什么用呢?最后还不是去种田。"一旁的富家子弟也跟着帮腔,把宋文推倒在地,恶狠狠地说:"对!你还真以为自己能够翻身啊,真是异想天开。"少年宋文咬了咬牙,把拳头捏紧,说道:"三十年河东,三十年河西,你们不要太过分,农民迟早有一天会翻身的!"

不久,宋文二哥参加了红军,大哥也参加了赤卫队,他们对宋文说:"我们打土豪,斗地主,分到了田地,闹了革命。现在我们穷人都有饭吃,有衣穿,有自己的田地了!"

那时的宋文听到这些,开始感到共产党好。于是就对父母说:"我也要参加少年先锋队,加入共青团!"

"儿啊,你不要走啊,你大哥和二哥都已经参了红军,你就不要再去了,我和你的父亲在家需要你们啊。"母亲拉着宋文不让他走。

"母亲,红军是为了咱老百姓的,所以我一定要参加红军!"宋文坚定地说道。

"孩子大了,你就让他自己决定自己的未来吧。"老父亲坐在板凳上,突然开口道。父亲说完,宋文拿起包袱,毅然决然地踏出了家门,母亲哭着追了三里路,但宋文含着眼泪决然地踏上了征程。

逆境中的坚守

◎ 张　雯

宋文先后任南京军区副参谋长、安徽省军区第二政治委员。"文化大革命"期间,下放到农场劳动。

1966年某农场中,宋文将军穿着破旧的棉衫,步履蹒跚地挥动着手中的扫帚。

"爷爷,您累不累啊!"老人看着小孩纯真的问题,充满回忆地说:"爷爷不累,你不知道爷爷有多幸福。"

"我从一个穷小子蜕变成一个意气风发的军人,被授予少将军衔,国家还发给我好多勋章呢!身为军人,我倍感荣幸!"

小孩子继续追问:"军人为什么这么好呀?"

"你小孩子不知道啊,往前推十年,那时的中国被帝国主义的铁骑践踏得千疮百孔,满目疮痍。成百上千的军人,用自己的血肉之躯,奋斗出中国美好的明天。我们军人都有着峥嵘半生的岁月啊。"

小孩子刨根问底:"那爷爷你这么厉害,怎么还会在这里扫地呢?我们这里什么时候也能过上更好的生活呢?"

黄昏的余晖洒在老人布满沧桑的脸上,宋文将军缓缓地说:"会好的,会好的,一切都会过去的!"

072 苏焕清将军

出生入死斗敌顽,拯救黎民水火间。

剿匪歼贼精猎手,后勤工作绩非凡。(新韵)

——北京 赵晓然

赴长征

◎张 雯

1934年7月,由于红25军攻打罗田伤亡过多,苏焕清带领一个连的兵力负责护送伤员,送往赤城医院。途中,反动民团多次阻挠,苏焕清与之全力抵抗,最终安全送达,完成任务。由于路途耽误,大部队已经撤离了前线,国民党的军队也切断了仅有的交通线,苏焕清只好留下。

没过多久,这个一心想为党为军上阵杀敌的战士就不想再等了,于是带领部队跋山涉水,终于在燕子河与大部队汇合。由于长期脱离队伍,便有人污蔑苏焕清"不愿跟随部队""工作不负责""消极怠工"等,被列为"第三党"。苏焕清虽然非常愤怒,但百口莫辩,只能被人用绳索关入了禁闭室,白天当个伙夫。

11月8日,光山县扶山寨战斗打响,由于情况紧急,人力缺乏,部队当晚便紧急撤离,被绑在禁闭室的苏焕清无人问津。宁可死在战场上,也不苟活当俘虏!苏焕清急中生智,趁着门口没有守卫,他便艰难地爬向隔壁的炊事房里,把绳索靠近案台上的菜刀,一点点地磨断。终于,他挣脱了!顺着部队的撤离路线追了几十公里,只为有机会向组织证明自己,重回党组织。

不久,苏焕清随着红军开始了长征之旅。虽然路途遥远艰难,苏焕清所在的"苦工队"挑着重担行走,但这并没有消磨苏焕清的意志。即使被队伍冲散,他依然坚持找到队伍继续前行。历经了艰辛磨难,终于到达了陕北根据地。

吃馒头

◎ 张　雯

一天,苏焕清的女儿苏秋滨跟几个同学在一起吃中饭时,苏秋滨为了显示自己的"本领",一口气买了十个大馒头。由于实在吃不下,又担心父亲知道了会责怪她买多了。于是,她随手把馒头扔到了泔水桶里。恰巧被到学校办事的苏焕清看见了。苏将军火冒三丈,立即冲了上去,给了苏秋滨一巴掌,并让苏秋滨跪在地上。

苏秋滨觉得父亲让她没有面子,当即跟父亲顶撞了起来:"不就是几个破馒头,至于吗?"苏秋滨不服气地说。没料到,苏焕清又重重地打了苏秋滨一巴掌,并训斥着:"你是我苏焕清的女儿就不行!"然后伸手就把泔水桶里的馒头给捞了出来,用水简单地洗去表面的脏东西之后,当着苏秋滨的面吃了下去。

看见这一幕,苏秋滨愣住了。

放学回到家,苏焕清让苏秋滨继续跪在门口,语重心长地对她说:"秋滨,你知道我今天为什么会打你吗?因为你是我苏焕清的孩子,如果我的孩子都带头去浪费。那别人就会说,将军的孩子都浪费粮食,我们也可以。这样会给国家带来多大的损失啊!"

"爸爸,我知道错了……"苏秋滨眼眶红了。也许年轻的她无法对爸爸的心情感同身受,但爸爸从泔水桶里捞出馒头的那一幕,注定会永远留在她的记忆中。

"我是人民的儿子,是人民给了我今天的一切,我不能对不起人民。不光我不能对不起人民,我的家人也不能对不起人民。"苏焕清将军含着眼泪,对自己的女儿说道。

这一字一句,就好像一把铁锹,敲打在苏秋滨那颗年轻的心上。

073 孙超群将军

> 摧枯拉朽势超群,横扫千军败叶纷。
> 主政工程神旅后,发扬传统著奇勋。

——北京 赵晓然

走向抗争

◎ 张　雯

那是一个交租日,因为家里人生了病,孙超群实在没有交租的粮食。

地主见他不交,便狠狠地打了他一顿。打完以后,又在他家搜刮一番,将仅有的稻种抢走了。

那时的孙超群刚刚年满二十,正是血气方刚的年纪,这份不公点燃了孙超群心中的积压已久的怒火,一怒之下他便离家出走,从了军。

起先,孙超群参加了国民革命军,但他很快就发现,这里并不是他实现理想的地方。打骂士兵,虐杀逃兵,私吞军粮,抢劫百姓,时有发生。在农村长大、未被恶风所染、为人正直刚正的孙超群,在这样的环境下备受煎熬。他想:"过去的自己被人欺压,所求不过公道,但好不容易从了军,现状并未改变,甚至自己还可能成为不公的执行者,这般转变真的好吗?更进一步来说,自己从军为何?"

1929 年,在闽西他遇到了陪伴他后半生的中国共产党。

那年 8 月,孙超群听到了共产党的宣传。那时的他,就好像哥伦布发现了新大陆一般。他觉得,共产党宣传的革命理想,才正是他一直以来追求的。

于是他毅然投奔了工农红军。

接受了党的教育以后,他逐渐明白了,只有让万千的"自己"站起来,才能实现人民当家作主的美好愿望,才能让所有的贫苦百姓不再受压迫。而共产党正是这个愿望的发源地,是这愿望实现的土壤。

智歼敌

◎ 张 雯

孙超群率部队于 7 月 1 日转到袁家沟。这里是一个两面高山、中间一条小路的大山沟。孙超群认为这是个歼敌的好地方,便和队友商量在这里设伏,歼灭国民党军警一旅。他率领 223 团隐蔽在北面山坡丛林里,伺机而动。

7 月 2 日拂晓,部队进入指定位置。上午 10 点钟,追寻红军作战的警一旅先头团进入沟口,向两面山上打了一阵空炮后,未发现动静,便继续前进,其后续两个团分三路纵队跟进。当敌人全部进入沟里后,孙超群一声令下:"打!"在 3 颗红色信号弹飞上天的同时,各种火器一齐射杀,敌人遭此突然袭击,被打得人仰马翻。由于人马拥挤,敌人火力一时难以施展,自相践踏、狼狈不堪。红军战士乘势猛冲下山,机关枪、步枪、手榴弹,打得敌人血肉横飞、溃不成军。向北口突围时,又遭 225 团第 3 营阻击,其警卫营被歼近半。战斗近两个小时,警一旅大部被歼,余部弃枪逃入山林。

敌方残部 50 多人,占据一农家大院,做垂死挣扎。由于这个农家院是建在一座 5 米高的石岸上,后面是几十米高的悬崖,敌人 4 挺机枪向外射击,红军难以接近,而且又没有远射程武器,223 团攻击半小时也未奏效。孙超群命令全团机枪集中掩护,特务营带炸药包向院墙底部运动,后爆破成功,战士们顺着被炸塌的石岸,爬上院墙,连续扔下 10 多捆手榴弹,压住敌人火力,冲进院内。

在一片"缴枪不杀"的呼喊声中,敌人被迫放下武器投降。

激荡克难力量

◎ 张　雯

1952年,46岁的孙超群走出沙场,来到了他人生中的又一片耕耘地——上海五角场营地。迎接他的是建立不久的防空高射炮兵学校。他作为校长,一踏入校园,就面临着办学计划和防空部署的双重困境。

防空兵是解放军新建的兵种,基础薄弱,任务艰巨。孙超群不仅要安排防空兵培养教学工作,还要亲自用双脚丈量祖国的大地,翻山越岭,只为我国能有自己的一套防空体系。于是,他带着寥寥几个随行工兵和三天的干粮,前往了华北的某处深山。这一次的任务是对该山脉进行探索,寻找可以发展成防空力量布置位点的地区。漫漫山路,纵横交错,又适逢连日霏霏阴雨,纵有向导的指引,也奈何茫茫山际不知归途。

此般情形下,孙超群陷入了两难:倘若现在调转方向摸索着回退,尚有找到出路的可能,更何况干粮见底,身心俱疲。可是此行任务已经完成近半,若要日后推翻重来,众人的心血成果将付之一炬。曾被朱德褒为"两脚骑兵"的孙超群历来波澜不惊,雷厉风行。心中的纠结短暂地萦绕之后便风消云散,他毅然决定:披风戴雨,继续行军!

有人问他:"和平年代里,老兵的初心又该安放何处?"孙超群的回答是:"鞠躬尽瘁强国砺军,乃此身所奉之圭臬。"

以身作则

◎ 张 雯

有一次,孙超群的儿子没有告知警卫员,便私自使用了队伍里的水壶。孙超群得知后非常生气。警卫员见状,认为只是一点小事,便劝孙超群说说算了,但孙超群执意要让儿子把水壶赶快归还,绝对不能占公家一点便宜。

事后,他将儿子叫到房中,语重心长地对他说:"你如今已是一个成年人,应该对自己的事情负起责任,你是我的儿子,是军人的后代,保护公家的财产尚且来不及,又怎么能私自使用呢!"儿子回想起父亲吃的是粗茶淡饭,穿的是缝补多次的旧衣裳,从不奢侈浪费。还总是把掉在桌上的饭粒捡起来吃掉,珍惜每一粒粮食。不由得热泪盈眶,自此之后,儿子便努力工作,决心成为和父亲一样伟大的人。

他曾对手下军人说道:"我等身为军人,要有军人的姿态,以军人的身份严格要求自己。"1949年后,孙超群任防空高射炮兵学校校长,华北防空军事司令员。1960年于中国人民解放军高等军事学院毕业,任工程兵副司令员兼工程兵学院院长,为我国解放军建设长时间忘我地工作。

部下看不下去,劝其爱惜身体。但他对部下说:"只要我还有一口气,就要为共产主义事业奋斗到底。"为了革命的成功,他积劳成疾,躺在床上,儿子来看他,他却说:"你不要因为来照顾我而影响工作,我已经不能为党工作了,不能再耽误你们了。你早点回去上班吧!"

074 孙仪之将军

> 阵地后方使命坚,枪林弹雨救伤员。
> 仁医妙术除疾患,史册功勋世代传。

——北京 马立

淬炼为民"红心"

◎李书晴

孙仪之的父亲是开小炭铺的,因破产出走,再无下落。孙仪之靠兄嫂资助,读完中学,在一家中药店当学徒。之后,他参加了国民革命军,成为一名军医。那时的他,心中怀抱着最简单而又最朴素的念头:希望能尽最大的努力,帮助尽可能多的士兵减轻痛苦。

在红军第四次反"围剿"时,孙仪之被俘。那时的他,心里十分紧张、害怕。因为在那个年代,虐待战俘从来不是什么新鲜事。他听说死在国军手里的共产党战俘,也不是一个两个。以国共两党之间的深仇大恨,他们会放过自己这个国军的军医吗?就在他忐忑万分时,却听到红军战士诚恳地对大家说:"各位医生,即使两军交战,也无法改变我们是同胞的事实,我们都流着中华民族的血液,在同一片土地成长,在这里,我们非常希望得到你们的支持,和我们一起救助人民战士!"

听到这话,孙仪之犹豫起来,他问当时同样被俘的第52师5团卫生队的队长俞翰西:"你认为我们是否应该去帮助红军呢?"俞翰西答道:"我对红军略有耳闻,乡亲们对他们大加赞赏,说他们纪律严明,以民为天,咱们可以试试。"孙仪之不自主地点点头。

于是,孙仪之到了红军卫生学院任职。在与红军密切相处的过程中,他明白了什么是军民鱼水情,什么是人民的军队。又逐渐了解了共产主义、革命目标……

他越发清晰地认识到:只有共产党才是中华民族未来的希望。

1933年2月,孙仪之正式加入红军!

医者仁心

◎李书晴

1946年春天,东北民主联军在吉林四平与国民党军队展开鏖战,时任东北民主联军卫生部长的孙仪之建起了战地中心医院,但面临着缺医少药的紧要问题。

想起自己的经历,孙仪之决定从被俘的国民党或日籍医务人员中抽调医生,医院领导对此表示反对:"孙部长,你怎么能放心把我们的战士交给敌人呢?"孙仪之瞪大眼睛,声音坚定地说:"救死扶伤是医生的初心,更何况,难道就眼睁睁地看着我们的战士白白死去吗?"在孙仪之的坚持下,又想到许多因得不到及时救治而牺牲的伤员,他们让步了。

就这样,一批新医生进入了医院,挽救了大批伤员。可是,有一次,由于止血不当,一名被抢救的战士当场死亡。负责的医生心里害怕,连夜逃跑,而孙仪之冒着巨大的战场危险,连夜追上他,用温暖的手掌拍着他的肩,说:"我相信你不是故意的,我们非常需要你,我愿意用生命担保你的安全!"这名医生深受感动,跟随孙仪之回到医院。

在残酷的战争中,为了给伤员补充营养,孙仪之带着人硬抢了一车物资;为了及时抬下伤员,孙仪之组织人一起冲上炮火纷飞、枪林弹雨的前线。

抗战结束的东北,内战阴云笼罩。孙仪之做到了"病伤千起精心理",始终践行着他一心为民的医者仁心,为人民军队的建设默默奉献。

改革卫生建设

◎ 李书晴

1949年之后,孙仪之马不停蹄地投入卫生建设事业。

这日,孙仪之在临床巡察,一名病人小声地喊住了他,鼓起勇气说:"医生,你们什么时候才能来给我治病呀?"孙仪之疑惑地问:"没有人负责照顾你吗?"病人说:"好几个小时了,都没有人理我。"孙仪之听到这话,心觉不对,便叫来一名医生询问,那医生支支吾吾地说:"应该是登记的同志疏忽了。"孙仪之怒目而视,生气地说:"什么应该!什么疏忽!医院有这样工作的吗?"

在连续追问下,孙仪之这才知道,医院没有系统的管理制度,医务人员责任不清,经常做到一半去别处帮忙,医务和行政衔接薄弱,偶尔遇上耍官僚主义威风的领导,还得放下病人去招呼,医院工作非常混乱。

回到办公室后,孙仪之气得直拍桌子,内心十分悲愤:"这样下去,我国的医院可怎么得了!"冷静下来后,孙仪之对身边的人说:"看来,要真正做好医务工作的改革,我必须去亲自了解实际情况!"

于是,他开始了在各大医院的奔波,从理论、管理层到临床,他全都亲身投入。

20世纪50年代后期,孙仪之提出了"三个制度"的改革:科主任责任制、保护性医疗制、计划医疗制,用以保证提高治愈率、杜绝医疗事故和全心全意为伤病员服务。他的这些见解和主张,对军队和全国医院建设起到了非常重要的作用。

075 唐哲明将军

御敌有术赞工兵,拓路铺桥方向明。

爆破攻坚夺胜利,协同作战显神通。(新韵)

——北京 马立

一心向党

◎李书晴

生于乱世,唐哲明将军深怀赤子之心,有着传奇的一生。

二十岁时,唐哲明从日本陆军士官学校工兵科毕业,同年加入中国共产党。

毕业回国后,蒋介石向唐哲明发出邀请:"唐先生,像你这样优秀的人才,理应进入南京国民政府工作,我非常期待和你共事!"然而,面对蒋介石的盛情邀约,唐哲明委婉地拒绝了:"我刚回国,还没想好要做什么,请允许我再四处看看,思考一段时间。"尽管唐哲明已经加入共产党,但他不能暴露自己共产党的身份,只能秘密行事。接下来的几年,唐哲明先后到北平、天津等地从事党的秘密工作。

1932年前后,唐哲明受党组织派遣转战西安,到国民革命军西北军杨虎城部做兵运工作。见到唐哲明时,杨虎城兴奋地握住他的手:"唐先生,你还记得我吗?"唐哲明也激动地回答:"对咱们在日本留学时的情谊,我念念不忘,今日能与杨先生再会,在您手下工作,是我的幸运!"原来,二人早就彼此欣赏,此次再会,两人更是惺惺相惜。

很快,唐哲明很快被杨虎城委以重任,担任军械处处长兼兵工厂厂长,并于1936年初被国民政府授予陆军少将。其时,西安是各方势力相互明争暗斗的练兵场,但在西北军中,因为有着杨虎城的照顾,唐明哲很少被波及。

唐哲明在年轻时就形成了入党为国的初心,并把这份热烈的爱国之心坚持了一生。

办学校

◎ 冀小华

新中国成立前后,唐哲明担任中南军区工兵学校校长和南京工兵学校校长,党中央认为,他不仅能叱咤战场,也能带领好学生,为党培养更多优秀人才。

在学校,唐哲明常穿着一身简朴整洁的衣服,连领子都理得服服帖帖。他清清嗓子,庄重地对所有师生说:"我们建立这所学校,是专门培训工兵骨干,为部队发展工兵培训人才。"

看着肃立的师生,唐哲明扬声鼓劲:"学校刚成立,各方面条件很差,我们要发扬延安抗大艰苦办校的精神和团结、紧张、严肃、活泼的作风。全体人员要团结一致,艰苦奋斗,办好学校。学员同志们应该安下心来,刻苦学习,掌握好工兵知识,为我军发展30万工兵做贡献。"

学校的物资和教材十分缺乏,但要开设架桥、筑城、爆破三个科目,老师反映供给困难。很快,唐哲明召集学校老师开会。有人问他:"唐校长,我们没有教材,可怎么教呢?"唐哲明急得搓手,细细思索一会,大声说:"没有教材,我们就自己编教材!我们就边编写边讲课!"又有人问:"那器材又怎么办呢?学生们学实用技能,必须要有实验器材啊!"唐哲明愣了一会,内心沉重,却积极地说:"那就先用土办法简单地自制吧,以实用为主。"

就这样,唐哲明咬牙带领着几所学校在困难中努力前行。

一定不要做对不起国家和民族的事

◎李书晴

唐哲明的大儿子因为特殊原因加入了国民党军队，1949年去往台湾，官至中将，担任过中华民国驻联合国代表和驻新加坡大使，卸任大使后定居新加坡。1975年，他在周总理接见时提出希望见父亲一面，总理当即同意。

唐哲明得知父子即将见面的消息，很是吃惊，多年的思念和怨愤涌上心头，百感交集。

见到大儿子后，两人默默地对视很久，他生气地质问儿子："你为什么要去台湾？"大儿子羞愧地低下头，沉默无言，不知如何回答。唐哲明先是指着儿子教训一通，冷静后，看着五十年未见的儿子，泪水渐渐模糊了眼眶。

唐哲明细细地端详着大儿子，想用昏花的眼睛记下儿子的模样，他用苍老的手去触摸儿子，骨肉分离的心酸，与对儿子追随国民党的气愤，在他心中交融，一时五味杂陈。

临别前，唐哲明语重心长地告诫儿子："儿子，你答应我，一定不要做对不起国家和民族的事。"儿子颔首应允。

1978年3月，唐哲明在北京病逝。有人写了一首诗来评价他的一生："少年知辱志报国，不忘初心苦钻学。青年践行舍身死，入敌巢穴不悔改。中年教子为人理，家风相传永不息。老年执政重国情，一生清廉未有变。"

076 陶国清将军

善目慈眉行似虎,长征克艰醒世人。

打蒋驱倭一战将,国旗闪耀四荣勋。(通韵)

——北京 张连祥

少年立大志

◎ 邢东杨 雷 蕾

深夜里,一个破败的小屋中传出断断续续的咳嗽声,陶国清的老父亲躺在烂了边的土炕上,陶国清连忙上前,扶着父亲坐起来,给他拍后背。

"国清,咱家还有多少粮啊?"半晌,父亲稍微缓过气来,捂着胸口艰难地喘气问。

年少的陶国清跪坐在父亲身边,含泪哭诉道:"爹,今年本来收成就不好,前段日子地主又收了大半。"

父亲听了叹着气,边咳嗽边哀叹:"这日子该怎么过啊……"这样的生活,似乎看不到任何光明与希望。

然而,过了几日,陶国清出门时,发现村子里的人都聚在一起热烈地说话,有的满脸惊愕,有的哈哈大笑,陶国清立刻问道:"哎,王叔,发生什么了?""你还不知道啊,昨天夜里村里来了一支部队,把地主抓走啦!咱们的好日子要来喽!"王叔在地上磕了磕烟斗,笑得嘴都合不拢。"真的有这种事?"陶国清激动得不得了,赶紧往家的方向跑,想把这个消息赶紧告诉父亲。

回到家,陶国清意外地见到了许多陌生人,他吓了一跳:"你们是谁?""我们是红军,是来帮助你们的!"其中一个同志笑呵呵地回答,"这不,听说老人家的身体不太好,我们来看看。"扑通一声,陶国清跪在了地上,热泪盈眶地说:"长官,爹,让我加入红军吧,我也要帮助老百姓过上好日子!"

父亲激动地点着头,连声说好。穿着破旧军装的"长官"立马扶起陶国清,说:"好!快起来,以后就都是同志了!"从此,陶国清就立下了帮助人民、专心革命的志向!

人民的军队

◎李书晴

1947年秋,小岗村来了一支共产党的队伍,由陶国清司令员、甘渭汉政委率领。部队驻下的第二天早上,两位首长正在商议军情,忽然听到门外传来声音:"都说你们是俺老百姓的队伍,快救救俺的孩子吧!"

陶国清闻声走出房门,请她进到屋里,这妇女就是王本章的妻子林玉花。林玉花大着胆子说道:"俺一胎生了三个小子,没啥吃就够难了,谁知城里那群遭五雷轰的东西又抢走了借来的小米,气死了俺婆婆,还捆走了俺男人。听说你们是解放军,俺就找来了。"

林玉花说到这里,扑通一声跪到地上:"救救俺的孩子吧!"陶国清连忙将她扶起,一边倒水一边安慰她:"你放心,我们一定帮你。我们是人民的军队,是专门解救穷苦百姓的。"

两位首长吩咐警卫员从自己的口粮中匀出一袋小米,递到林玉花手里,关切地说:"这点小米你先带回去救急。"林玉花流着眼泪,蠕动着嘴唇,一句话也说不出来。她再次跪倒在地,连连磕了几个响头,口中喃喃着:"恩人哪,恩人……"

12月21日,队伍准备奔赴新的战场,陶国清仍惦念着他们,让政治部从缴获的粮食中取出300斤小麦,送到林玉花家里。县城解放后,王本章安全回到家中。当夫妻俩同乡亲们一起欢庆胜利的时候,两位首长带着队伍已经奔赴新的战场。

077 陶勇将军

青松翠柏寒谁惧,草野柔情映彩虹。

拼命三郎神鬼远,陶魂勇魄为福同。(通韵)

——北京 张连祥

无忧无畏

◎付 爽

1938年,皖南新四军军部迎来了一位名叫张道庸的指挥员。当时,新四军已在江南敌后建立起了抗日根据地,并开始向江北发展。来到敌后战场的张道庸,充分发挥了其足智多谋、能征善战的本领,逐渐得到将领陈毅的赏识。

1939年11月7日,新四军准备向东、北方向发展。陈毅、粟裕反复商讨,一致决定把秘密北上,建立革命根据地的任务交给张道庸。

为了不让敌人掌握张道庸的指挥特点,临行前,陈毅将军建议为他改去原名,以出其不意,迷惑敌军。

陈毅亲切地向张道庸提道:"此次任务关系重大。你需要改一个新的名字,而且道庸? 有点封建色彩,不好。"

张道庸听后动情地答道:"原本爹娘希望我奉行'中庸之道',安稳地过日子。可是,这世道偏不给我们穷人'中庸'的机会,不造旧社会的反,等于死路一条啊! 这也是我加入咱部队的原因,我要为乡亲们赶走日本侵略者,建立一个人人都能吃饱穿暖,不受地主豪强欺负的新社会。"

将军粟裕听后热情地提议:"好啊! 咱就是要为我们的老百姓建立一个共产主义社会。你这样有勇有谋的军人正是我们打敌人的'好武器'。你的名字里干脆就把姓去掉,一语双关,就叫陶勇吧。"

陈毅听后拍板说道:"就用陶勇这个名字。陶者,无忧也;勇者,无畏也!"

从此以后,将军陶勇便率领人民军队驰骋于大江南北,在一次次血与火的洗礼中,迎来了新中国的成立。

下连当兵

◎ 付　爽

1958年的北戴河中央政治局扩大会议上,毛主席提出了"军队干部下连当兵"的号召。这个具有重大意义的革命措施,有效纠正了部队实行军衔制和正规化以后出现的军官脱离部队、脱离士兵的现象,因而得到了广大官兵的热烈拥护。

海军领导积极响应毛泽东的指示,到最艰苦的舰上当兵。东海舰队司令员陶勇第一个响应,当他登上"井冈山"号军舰时,迎接陶勇的基层连队生活就这样开始了。

舰上的生活是繁忙的,经常从早忙到晚。清洁保养、战斗操练、政治学习,夜间还要进行全舰性战斗演习,陶勇依照基础士兵的模式在舰上生活。士兵舱人多,夜间不是这个人起来上厕所,就是那个人起来值更执勤,夜晚宿舍内的噪声也就难以平息。

担心司令员睡不好,许多战士都想提议给陶司令换个地方。战士们向航海长们反映道:"陶司令毕竟上了年纪,不像我们舰上年轻的士兵可以忍受宿舍里的噪声,如果司令的睡眠得不到照顾,恐怕会影响身体健康。"这些反映着实让担心照顾不好陶司令的舰队领导们感到压力巨大。

边照玉副政委和白贵元副舰长向陶勇汇报了大家的心愿,陶勇却说:"不和士兵同吃、同住、同学习、同劳动、同娱乐,那我还来当什么兵?你们舰领导看我说得对不对呀?"

边照玉和白贵元面面相觑,真说不出什么来劝谏这位说一不二的司令员,只好让陶勇司令继续住士兵舱。

078 滕海清将军

海望江淮金寨人,清平天下为安民。
将心初上华灯亮,军地花开大众亲。

——北京　吴进会

要为革命者

◎付　爽

1929年11月,六霍起义爆发。打土豪,分田地,革命烈火点亮了人民对于新生活的希望。

冬日炭窑门前的土地上,年轻的滕海清挑着刚刚出窑的一筐黑炭。他抬头望了望天,眼前忽然感到一阵眩晕,多日来的食不果腹终究还是表现在身体上,他只能麻木地忍受着。

转身间,他忽然看见林子里走过来一群身着粗布衣裳背着大小刀枪的人。他们走路的神态是如此意气风发,神情中充满着坚韧与喜悦。

夜里,滕海清既紧张又兴奋地对工友们说道:"我今天看到了共产党打土豪分田地的队伍,弟兄们,咱们离开这个鬼地方吧!也跟着共产党闹革命去吧!"

"说啥胡话呢?这里虽然饭不管饱,工钱还时不时被扣,但至少也是个过日子的营生。离了这里咱吃啥啊?"话音一落,便有人回应道。

"那咱就一辈子待在这里受别人的气?我们这么活着图个啥?咱们如果去闹革命,可以打倒那些恶霸们,再也不用受别人的打骂。你们想过没有,革命了,我们穷苦人也能分到自己的地,到时都能过上好日子,不为自己,也得为子孙们考量!跟共产党人干革命有奔头,我是铁了心要去的!你们谁跟我去?"

工友们受到他的鼓舞,也纷纷表示要加入游击队。这日半夜,一队人便悄悄地离开了炭窑,去追随那支带给人民希望的队伍。

于是,一位开国将军的戎马生涯就此开始了。

舍命追赶红星

◎ 付　爽

因第四次反"围剿"的失利,红军与国民党军成了胶着的态势。在阻击战斗中,滕海清被敌军投来的手榴弹炸成了重伤:喷燃的火药烧肿了滕海清的眼睛,左眼几近失明;破碎的弹片崩掉了滕海清的两颗门牙,还击穿了他的右臂。伤痛的折磨下,滕海清一时只能由师医院的担架抬着行军。

为加快行军速度,师领导忍痛决定:营以上干部伤员抬着随军行动,连以下的伤员每人发10块银元,就地隐蔽养伤。野战医院随即宣读了上级的决定,滕海清手里攥着银元,怅然若失地望着身旁一位负伤的营长随军转移。等野战医院人去屋空时,滕海清心中的酸楚不可言状。他心中明白,自己被"遗弃"了。

"我还要革命!我还要革命!"滕海清撕心裂肺地哭喊,"不,我不能就这样离开革命队伍!"

滕海清不甘心离开部队,怀着对革命的忠诚,拖着伤残的病躯,以常人难以想象的毅力,追着部队行进。他用左手拄着竹竿,披着破军毯,眯着肿胀的双眼,借助微弱的视力,形单影只、跌跌撞撞地追赶远去的部队。最终,滕海清克服了常人难以承受的困难,在一个雪天找到了部队。

倪志亮师长看到仍穿着血衣、光着脚站在雪地里的滕海清,大为感动,由衷地说:"想不到你还能活着赶过来,真是一名好样的军人!"

就这样,他跟着队伍走,没有离开革命,这一跟,直至生命的尽头。

办军校

◎ 程　诺

　　1955年9月,滕海清调任中国人民解放军石家庄高级步兵学校校长。此时,石家庄高级步兵学校正处于贯彻正规办校思想时期,教学主要借鉴苏军经验。而适合中国本国的军事教育,少之又少。

　　一位教师向正在沉思的滕海清说道:"从咱们学校现在的情况来看,学生们已经形成了对苏联军事的依赖,教师们的教学体系也已相对完备,所以我认为'不走样地教,不走样地学'就是最好的方法。"

　　滕海清听完,眉头紧皱,说道:"照搬照套固然省事,但是如果不制定结合中国国情与人民利益的军事方案,那么对中国的军事事业将毫无用处。"

　　见这位教师欲言又止,滕海清随后说道:"我理解你们对于苏军的尊重,可苏联的规律和条件包含着苏军内战和苏联红军的特殊性,学习苏军先进经验,决不能机械套用,必须有分析,这才是正确的马克思主义学风。在总结经验教训上,要以毛泽东军事思想为指导思想,以中国人民解放军的经验为主、有选择地学习苏军的先进经验,才可能取得真正意义上的突破。"

　　"如果连作为教师的你们都忘记应该从哪里出发,我们的学生又怎么会善于开创属于我们军队的作战方法呢?"滕海清严肃地说。

　　随后,滕海清向全校党员干部作了《关于学习苏联先进经验,必须以我军经验为主》的报告,石家庄高级步兵学校的成绩也因此有了显著的提升。

不爱红装爱军装

◎ 付　爽

提及老红军后代们在谈及父辈的习惯和教育方式时,"爱穿军装""雷厉风行""严厉"便是最多的词汇。对那些出身贫寒、戎马一生的老红军们来说,"军人作风"已经融入生活中的每个部分。滕海清对子女要求十分严格,二女儿滕爱华记忆最深刻的,就是那句话:"你是军人的孩子,要有军人的样子"。

滕海清对军队的感情,甚至体现在对子女着装的要求上。

有一次,将要从部队休假回家的滕爱华站在镜子前打量着,对舍友说道:"在部队每天都要穿军装,太单调了,现在穿上这一身裙子,还真让人眼前一亮呢!"舍友过来一瞧,夸赞道:"真是呢,你穿上这裙子还真好看!"

听到舍友的鼓励,滕爱华也自信满满地拎包回家,期待着让父母们看到一个不一样的自己。

砰!砰!砰!"我回来啦!",听到女儿欢快的声音,滕海清乐呵呵地过去开门。开门后,滕海清的神情却不似先前般的欢乐。滕爱华也疑惑道:"咦,爸爸的表情怎么这么难捉摸,对我怎么这样冷淡?"面对父亲严肃的表情,不解的爱华只能偷偷地向母亲请求帮助。妈妈叹气地说道:"肯定是因为你没穿军装,惹你爸爸不高兴了。"滕爱华想起父亲平日的作风,也只能无奈地转身换回军装。

看到身着军装后的女儿,滕海清点头说道:"你是军人的孩子,要有军人的样子,这身军装才是你们年轻人最好的装扮,看这多有精气神儿!"。

079 涂学忠将军

> 学忠鄂豫皖情深,淮海百团战役真。
> 解放中华多奉献,功劳永记六安人。

——北京　吴进会

少年参军

◎ 付　爽

涂学忠出生于穷苦人家。生活的艰难不易,让年仅 8 岁的他要给地主放牛,以换来一日三餐。贫苦的日子就这样一点一点地堆砌成了小学忠对于生活的全部印象。

1930 年,中国工农红军来到了涂学忠的家乡六安。这年,14 岁的涂学忠知道机会来了,他听闻这支队伍是穷人们的"活菩萨",他们打土豪,分田地,要让所有的人都过上好日子。于是,他放下牛鞭,告别家人,立志去加入这支队伍。

经多方询问,涂学忠终于站到了一位红军将领的面前,他激动地说道:"大伯好!我要参加革命。真的!你就收下我吧!"

这位红军将领好奇地打量着面前这位小小少年,感受到少年的真诚,便亲切地说:"你这娃娃勇敢啊!但你要知道,加入我们,就要天南海北地打仗,遭到敌人的枪炮会流血,会死。你还小,还是回家吧,可以长大后再加入我们嘛!"

涂学忠听完,急切地说道:"我是穷苦人家的娃,早就不怕苦了。再说,只过两三年我就会更高更壮。与其在家苦熬这日子,不如跟着你们,为老百姓打下更多的田地,让咱早日过上好日子!"

红军将领听完后感慨地说道:"好哇!我们欢迎你这样有志气的人!你的觉悟很好,要在我们这里更多地学习红军的思想!"

就这样,放牛娃加入了红军队伍。

不惧危险

◎何锦程

新中国成立后,涂学忠积极投身成渝铁路的建设。1950年炎热的夏季,成渝铁路的建设开始如火如荼地进行。

一天清晨,涂学忠像往常一样早早地前往施工现场。4点钟时,天已经亮了起来,今天的天气比往常又多了一份闷热,让他感到些许不适。

"小王啊,今天来这么早哇。"涂学忠关切地问道。

"是啊,这天气越来越热,得早点来快点干啊。"小王抬头一笑,又继续忙着。

"同志们,今天大家加把劲,争取中午前完成这100米。"涂学忠下达了任务。

"好的,加油干嘞。"大家纷纷响应起来。

但天公不作美,闷热的天气果然带来了雨水。雨中的天色十分昏暗,涂学忠只能让工人们放下工作,唯有小王还在忙着。"小王啊,别弄了,你也抓紧回去吧,别着凉了。"涂将军关心地说道。"没事的,还有一点,我弄完这部分就走。""年轻人,就是固执啊,想想当初的我也是这样啊,只想保卫祖国,保护身边的人,想想这岁月也是快啊。"

突然,平地一声闷雷震耳欲聋。涂学忠惊疑地四下张望。奇怪,小王的斜上空怎么似有黑块在山坡间跳动。坏了!那是石头滑下来了!小王有危险!争分夺秒间,只见涂学忠踉跄地紧跑到小王的身边,一把拉着他就跑。所幸,危险解除。

看着尚处于震惊中的后生,涂学忠不禁想起那烽火年代中的自己。待兵如手足,不惧危险,沉稳坚毅,这是他对自己的评价。

080 汪家道将军

名列红军正少年,勋濡冀鲁豫中天。

悦民权握龙江责,功德政声盈史编。

——广东　张马保

翻山越岭传命令

◎朱雨萌

1932年6月起,十余万敌军大举进攻皖西革命根据地,汪家道时任红25军第75师通讯排长,奉命传令分散在英山、浠水等地打游击的部队迅速集结,赶往霍邱。

当时正值雨季,阴雨连绵,下过雨的山路又陡又滑又泥泞。由于着急赶路,战士们很容易在滑溜溜的山路上摔倒,整个身上都糊满了烂泥;山路不平,有些低洼的地方饱吸了雨水,就成了一个天然的沼泽,一旦陷进去,就很难再起来。

汪家道带领着大家,维持着队伍的整齐。有同志陷进泥潭,他让其他人照常行进,自己跟另外一两个战士去拉陷在烂泥里的同志。

"咱们的任务耽搁不得,你们按原计划继续前进,我去救困难的同志,然后过去找你们!"战士们遇到困难他总是笑着这样说。

一路上有战士身上的干粮被泥水泡烂了,汪家道就把自己身上没有被泡过的干粮分给他们,再捡那些被水泡过的干粮吃起来。其他的战士们看见了,内心不忍,执意不肯接受他的干粮。

"俺小时候没粮吃,都把胃饿坏了,吃不惯这硬干粮。"

听了他的话,大家纷纷红了眼眶,在他善意的谎言下,所有人都被感动了:有这样的排长,自己还有什么理由不拼尽全力呢?于是战士们互相扶持,深一脚浅一脚地在大雨中跋涉,不避艰险。

两天多的时间,汪家道带领通讯排的战士们走了两百多公里,顺利完成了传令任务。

没什么好怕的

◎凌倩倩

汪家道将军上了年纪后,时时刻刻记得当年马背上打仗的情形。他闲来无事就喜欢去看新兵们训练。

有一天,太阳快要下山了,汪家道将军在训练场旁边看着孩子们训练。

"敬礼!"教导员一声令下,孩子们齐刷刷地朝汪家道行了一个标准的军礼。

汪将军站得笔直,回了一个礼。

"好啊,好!"将军看着这一群朝气蓬勃的孩子们,心里很是欣慰。他看着他们亮晶晶的眼睛,通红的脸蛋,就不由得想到了自己刚刚参军那会儿的时光。

"我跟你们差不多大的时候啊,也是像你们这个样子。"

"我十四岁的时候就参军了,当时条件艰苦,战争又凶险,过得了今天,不知道明天还能不能看到太阳。"

孩子们的眸中映着夕阳的余晖,眼神清亮亮的。

汪将军长长地出了一口气,笑道:"看着你们,我这脑子里啊,就又出现了我们那时候在草地里,在泥泞的山路上前行的场面。跟敌人打仗啊,我们的战士吃不饱,枪支炸药不充足,只能尽着前线的战士们用。"

"虽说很苦,却也一步步地挨过来了。"

"将军,"一个孩子鼓起勇气问道,"您害怕吗?"

"怕,怎么不怕。可一想到国家和人民都处在深水烈火当中,就没有什么好怕的了。"

"如果现在国家还有需要,哪怕拼了我这把老骨头,也要上战场去杀敌。"

夕阳渐渐地沉下去了,余光映红了半片天空,给天边的几朵云镶上了一层金边。

莫道桑榆晚,为霞尚满天。

"敬礼!"

父亲讲的故事

◎朱雨萌

一天,汪家道问儿子知不知道新中国是怎么成立的。

"知道,枪杆子里面出政权嘛!"汪惠奇自信满满地答道。

汪家道沉吟片刻,说:"爸爸给你们讲一个发生在自己身上的故事吧。"

"我还在红二十五军的时候,有一次跟敌人打仗,一颗流弹击中了吴焕先政委,当时我是红军手枪队队长,负责保护吴政委。"汪家道的语气开始缓慢了下来,气氛也渐渐凝重。

说着说着,汪家道的眼角充满了泪水:"吴政委被击中之后一直在流血,我死死捂着他的伤口,可哪里能止得住血!吴政委被打中了要害部位,他只来得及跟我说了一句'快带部队赶到集结地'就没气了。"

"还有一次在反围剿作战中,我们部队到了弹尽粮绝的地步,大家都不肯投降,就走到悬崖边跳下去了。我很幸运,没有摔死。我拼命地摇着战友们的身体,但是他们再也不能站起来,跟我说话了。最后仅剩一名战友还活着,我们两个靠着吃野果填肚子,用了十天才追上红军的大部队。"说完,汪家道悲伤地仰头望向天空,仿佛回到了那个时候。

两个孩子听得热泪盈眶,他们想象不到父亲和战友们这么艰苦。

"你们记住,新中国的胜利来之不易,美好富足的生活更来之不易,你们长大了一定要做一个对国家、对社会有用的人!"汪家道严肃地叮嘱两个孩子。

"嗯,我们会记住的。"孩子们齐声回答道。

几年后,汪惠奇选择了去参军,走上了他父亲曾经走过的路,决定为国家献出自己的青春与力量。

081 汪乃贵将军

才华惊现鼎山场,袭匪夜收堆满枪。

淮海敌机连港倒,宰倭游刃栋梁郎。

——广东　张马保

小铁匠投军

◎ 汪　月

和许多开国将帅一样,出生于安徽省金寨县的汪乃贵的家境十分贫穷,父亲以给地主家当佃农为生,辛苦一年下来,勉强能维持温饱。如果遇上旱灾或涝灾,一家人就要饿肚子。

由于家境贫寒,汪乃贵只读了很短一段时间的私塾,就被迫辍学了。为了谋生,他给地主家放牛、割草,尽管每天早出晚归,仍经常被地主婆无端责骂,吃了不少苦。年长后,汪乃贵又跟着一个铁匠学打铁,虽学得了一门手艺,但是在那个乱世,人们的生活都很苦,一年到头也打不了几件农具。因此尽管汪乃贵的打铁手艺很好,却依然没有什么生意。

1929年,金寨出现了红军队伍。他们打土豪,分田地,一家人的生活有了很大改善。汪乃贵家里也幸运地分到了土地,给地主当了半辈子佃农的父亲激动得一夜都没合眼。可是,谁又能保证到手的田地有一天会不会又被重新夺走呢?

为了保卫胜利果实,村里不少青壮年纷纷参军,汪乃贵也毫不犹豫地报了名。

"田地有了,打铁的手艺也有了,现在俺要参军,拿着打铁的手艺去战场上打敌人!"他激动地告诉父亲自己也要报名参军。

就这样,小铁匠加入了红军。

"傻子"连长

◎朱雨萌

1932年3月,汪乃贵所在的第218团参加了苏家埠战役。

5月1日拂晓,汪乃贵带领三连向敌人发起猛攻,第二天上午十点左右,天上下着大雨,敌人冒雨渡过陡拔河向红军阵地疯狂进攻,红军战士英勇迎击。战斗非常激烈,双方死伤无数,血流成河。

眼看着失去了优势,敌军慌忙抢占高地,妄图借此稳住阵脚,将我军一网打尽。

汪乃贵奉命带领三连过河歼敌,然而此时的河水已经涨到齐人胸口那么高,没多久就会将下河的人彻底淹没。这种情况下想要渡河,是十分困难的,更别提歼敌了。彼时,敌人的飞机就在我军的上方盘旋,许多战士牺牲在敌人的轰炸下,情况十分危急。

汪乃贵看到这样的状况,知道再也不能等下去了,否则将会全军覆没。

"所有人,跟着我迅速渡河,快!"

话音刚落,汪乃贵便第一个跳下河去。下去之后,他尽量让自己的头露出水面,指挥三连的弟兄们一个个有序地渡河。他率先在河面上开辟出一条"敢死路",给所有人做了一个表率。最终所有人全部渡河。上岸后,战士们拼死战斗,打败了敌人,获得了胜利。

因为在战斗中的无畏表现,汪乃贵被称为不怕死的"傻子"连长。他知道了这个称呼之后笑着说:"咱的命就是留着为国家战斗的,只要是人,谁不怕死呢?只不过一想到敌人还在我们面前耀武扬威,即便前方是刀山火海,我也没有什么害怕的了。"

农民的儿子

◎ 张烘川

1957年8月,汪乃贵将军不愿享受战后的富足生活,便辞去新疆军区后勤部部长的职位,带领全家人回到家乡金寨,甘做一位"农民将军"。

"将军,现在好不容易天下太平,不用打仗了,为什么您还要回农村过苦日子呢?"身边的人纷纷问道。

"那是生我养我的地方,有我的家乡,有我的同胞在啊!我是农民的儿子!"就这样,汪乃贵踏上了回家的路。

汪乃贵教育儿子汪光林为人要乐善好施,先人后己,礼貌待人。任何时候都以他人的利益为先。

一次,汪乃贵跟儿子走在路上,看到了一个蓬头垢面的乞丐在乞讨,但是没有一个人愿意理他,汪乃贵立即走上去询问他的状况。儿子汪光林觉得这个人可能是个骗子,连连催促父亲离开。汪乃贵没有理他,将身上所有的钱都给了那个乞丐,让他先买点东西填饱肚子,还给他指了一条活下去的路。

那人走了之后,汪乃贵说:"无论如何,他都是我们的同胞,同胞有难,我们不能坐视不理。并且,要不是日子实在过不下去了,谁会出来乞讨呢?"

汪光林回忆,父亲经历了太多的战争,身上早已伤痕累累。喉结被打坏了,说话吃饭都要注意;耳朵里一直到去世都留有一个微小的弹片,这些伤无时无刻不在作痛,阴雨天尤甚,但是汪乃贵从来没有喊过一声疼,每次都是默默承受着。他说:"我这些伤不算什么,只要能对国家和人民有所贡献,即便是死了也是值得的。你要记住,任何时候不能太计较自己的个人得失,要把精力放在帮助更多人上面。"

082 汪少川将军

早岁投军意志坚,便衣声震大崎山。

侠肝孤胆降敌伪,一世英名万世传。

——山东　张云星

革命理想在心间

◎朱雨萌

汪少川的父亲汪永熙是一名革命者,汪少川也是跟着父亲参加革命的。在一次农民运动组织的会议中,农会主席汪永熙说:"要保住农会和穷人的利益,就必须跟着共产党走,拿起枪杆子跟敌人斗!"一旁的汪少川听在耳朵里,记在了心里,从此在年少的心里种下了革命报国理想的种子。

后来,汪永熙根据周维炯的指示组织红色赤卫军,任指挥一职,汪少川任勤务兵,从此走上了革命的道路。

有一次,国民党部队和地主民团趁红军主力不在,伺机对赤卫军进行疯狂打压。由于寡不敌众,弹药有限,汪少川突围失败,叔父和哥哥全部壮烈牺牲。

眼看着战友们一个接一个地倒下,敌军气焰嚣张,对着人数所剩无几的赤卫军残忍地开枪开炮,汪少川心一横:与其这样被打死,倒不如放手一搏!于是他慢慢退至山崖边,纵身跳了下去。幸运的是,他被树枝挂住了衣服,保住了一条命。

回到家后,他发现房子被烧了,嫂子被逼改嫁,母亲带着年幼的弟弟妹妹无家可归,只能到处逃跑,像乞丐一样讨饭吃。汪少川看到了自己身边的人被反动势力迫害至此,心里暗暗发誓:一定要报这个仇,消灭反动派。

他在村民的帮助下躲进深山,不断打听党组织和红军的消息。红军主力回来之后消灭了反动民团。汪少川得到消息后立即从山中跑出来,告别了母亲之后,追上了红军,从此便又踏上了征战的道路。

"区别对待"

◎朱雨萌

据万海峰撰写的回忆文章里讲,汪少川在革命中十分重视斗争的政策和策略,善于区别对象,分别对待。

团山便衣队在与民团作战中,俘虏了6个团丁,大家都主张把他们就地处决。汪少川看他们黑瘦黑瘦的,手上脚上长满了茧子,知道他们都是穷苦人家出身的人,肯定是被民团里面的人抓去充数的。

"你们跟着民团后面与我们作对,知不知道这是不对的?"汪少川问他们。

俘虏们都不说话,沉默了一会之后,一个看上去比较稚气的年轻人抬起头说道:"我们也没有办法啊,要是抵死不从,就会被打,一直打到你服为止。况且现在这个世道日子也难过,跟着他们后面还能吃上点饭。"

汪少川心里了然:"你们都是被逼无奈,才帮着民团办事的?"

俘虏们一听,连连点头:"长官,我们绝对不是故意跟您作对的!"

汪少川给他们松了绑,教育他们说:"我知道你们也是没有办法,但是如果每个人都为了自己的利益而投向反动派,我们的斗争会越来越难做,也很难将大家从压迫当中解救出来。这里是一些粮食和钱,你们拿着,回家吧,以后别再干这些事了。回去之后,别忘了跟父老乡亲们说一声:共产党和红军就是为了解放人民和服务人民,我们随时欢迎愿意加入、为国效力的人!"

6个人听了这一番话,感动得热泪盈眶,当场就要跪下来感谢汪少川。汪少川拉住了他们,好生安抚之后让几个人回了家。他们回去之后,在村里宣传了我党的政策,还成了义务情报员,经常为红军提供敌人的行动讯息,作出了不少的贡献。

梅山大桥

◎朱雨萌

20世纪70年代,汪少川任交通部副部长。虽然那时候他已经不在家乡,但是他时时刻刻关注家乡的发展,总想要为家乡人民做一些什么。

有一次,汪少川回到老家安徽金寨县,发现金寨老城区的交通极其落后。史河上只有两座桥,两岸居民时常需要绕路而行,生活十分不便。

汪少川见状,说:"这样绕路行走不是个办法,老百姓每天要浪费多少时间!"

回去后,他立即将金寨县的情况整理出来,请求立项拨款,计划对金寨县的交通进行改造。

建筑工程本来不需要汪少川亲自监督的,可他坚持要亲临现场。

1979年12月6日,汪少川一行四人,来到金寨县勘定地址,进行规划设计。1983年3月11日梅山镇新大桥开工。

施工过程中,汪少川时不时就去工地上检查一番,督促施工人员在保证质量和自身安全的同时尽量加快速度,在没有其他事情的时候还会亲自上手干活。

大家都劝他:"您负责指挥就好,工地这边有我们呢!"

汪少川说:"你们不知道,我这心里啊,可激动了。一想到家乡的人民以后能方便很多,我就巴不得这桥早点造好,你们说,我怎么会坐得住呢!"

大家听了这一席话,都被汪少川的热情感染了,纷纷加快了速度,不知疲倦地工作。

经过所有人的不懈努力,1984年10月1日,梅山大桥正式通车。有了这座桥,附近的老百姓再也不需要为交通不便苦恼了。

送子上战场

◎ 汪　月

新中国成立之初,国防形势紧张。为了增加第31军力量,中央军委、总部和福州军区给31军紧急增调兵源,各地动员青年参军,投身国防,保家卫国。

此时的汪少川坐不住了,他想:现在国防形势紧张,为了保家卫国,别人的孩子都当兵,我怎能让自己的儿子考大学?

"常言道,国家兴亡、匹夫有责。毛主席都把儿子送到了朝鲜战场,现在正是报国用人之时,我们的孩子不上前线谁上啊?"汪少川语重心长地跟夫人说道。

就这样,汪江淮凭着汪少川的一纸手令,连入伍手续都没办,就到了离敌占岛很近的大嶝岛前线的步兵第277团1连当了兵。

临行前,夫妻俩一再嘱咐儿子,要记着自己家的家风家训,自己只是一名普通的战士,千万不要有优越感、搞特殊化。汪江淮牢记父母的教诲,怀着一腔报国之情,开始了子承父业的军旅生涯。

在连队,只有连长和指导员知道他是军政委的儿子,因为汪少川早有嘱咐,不许对别人说。汪江淮也谨记着父亲的叮嘱,很快,汪江淮就成为团、师级的训练尖子、"标兵班长"和"模范共青团员",年年被评为"五好战士"。

此后,无论在汪江淮入党还是提干问题上,汪少川都提前打招呼,把机会让给别人。年轻的汪江淮不理解父亲的用意,后来他终于明白:我只有干得比别人更好,才能得到父亲的肯定。

083 王德贵将军

> 万里长征百炼身,蹈锋饮血为初心。
> 徐东一战声名远,抗美援朝有策勋。(新韵)
>
> ——山东 张云星

成为一束光

◎ 王祥祥

1914年,王德贵出生在一个雇农家庭。他从小便放牛、砍柴、帮工,饱受生活的磨难。当时,军阀混战愈演愈烈,王德贵的家乡也愈发动荡不安。年幼的王德贵立志要打破黑暗的世道,造福一方百姓!

1929年11月,当地的党组织准备发动六霍起义。叔父带着村里的几个年轻人,告别乡亲们,准备去参加起义。王德贵上前揪住叔父的衣角,问道:"叔叔,拿起枪杆子,是不是就能赶走土豪劣绅,让爹娘不再受欺负了?那我也要去!"

叔父伸手摸了摸他的头,慈爱地看着他,语重心长地说道:"起义成功了才能像你说的那样,要是失败又是另一种结局了。这可是掉脑袋的事,你还这么小,我怎么忍心让你跟我一起去?"

"我一定要去,我可以的!"王德贵不服输地嚷道。

其实那时候的王德贵并不太明白什么是起义,更不明白起义的意义,他只知道自己要是参加了,就能打倒那些欺负穷人的恶人。于是,他死缠烂打,一定要叔父带他一起走。叔父实在没法子,只好带上了他。

就这样,15岁的王德贵成为了一名娃娃兵,从此便踏上革命的道路。

死守寺山口

◎ 汪　月

1948年11月,淮海战役打响。在徐东阻击战中,王德贵将军时任10纵第28师师长,奉命阻击国民党军邱清泉、李弥兵团。

11月11日深夜,敌军前进至我方阵地前沿的形如马鞍的寺山口,并占领了重要制高点。此地乃东援之敌的必经之地,我军决不能失掉这一据点。

危急关头,王德贵将军在与政委王若杰商议后决定转守为攻,主动出击。

"84团所有人听着,趁敌人立足未稳之际,将敌军赶出寺山口!"王德贵严肃地发出命令,此战没有失败的余地,他必须做冲锋在前线的第一人。

12日凌晨,84团2营摸进寺山口,杀入敌群,在"把敌人赶出去!"的口号声和冲杀声中,与敌军展开殊死搏斗。蒋军不善夜战,在激战几个回合之后,便纷纷逃至寺山口外。

不料,天明之后,敌军又出动2个团的兵力,以6辆坦克开道,向寺山口发动猛烈攻击。

王德贵将军怒了,他眉头紧皱,神情严肃,眼里充满了对敌人的杀气。他指挥有限的火力与敌军反复冲杀,在建制被打乱的情况下,84团2营自动组成新的战斗小组,奋勇向敌,誓死反击。

12日黄昏,虽然84团2营遭受了重大伤亡,却牢牢守住了寺山口,为兄弟部队修筑防御阵地赢得了时间。

084 王凤梧将军

文人报国勇从戎,操炮抡刀气贯虹。

鏖战尘头豪立马,民航创建立新功。

——山东 李云付

接待印尼总统

◎夏天阳

1949 年后,王凤梧秉持初心,在民航事务方面继续为人民服务。

1955 年,印尼总统苏加诺准备来华,王凤梧接到命令,要拿出万无一失的接待方案。为完善接待方案,确保外交工作顺利进行,王凤梧把自己关在办公室写计划方案,三天三夜都没有合眼休息。

王凤梧的秘书十分心疼,劝其休息一会,而王凤梧摇了摇头:"印尼总统马上就要到了,我们必须尽快做出完整的方案来。"秘书不解地说:"我们只是接他下飞机而已。"

听到此话,王凤梧马上严厉地说道:"这种想法可不对,他可是代表了印尼国家来的,而空降接待服务是他到我们国家的第一感受,对于后来的洽谈和合作都起着至关重要的作用。我们是全中国人民的排面,就是再微小的事情我们也要认真完成,绝不能掉了链子,明白了吗。"秘书点了点头:"嗯,我知道了。"

王凤梧在工作中以身作则,循循善诱带领出了一大批优秀能干的青年。因为他提前完成了计划书,为其他部门的后续工作争取了更多的时间。在印尼总统访华前,王凤梧便已组织了多次彩排,确保接见环节万无一失。

终于,印尼总统苏加诺来访的日子到了。这一天王凤梧一身干练的制服,陪同周恩来总理等人一同接见印尼总统。因其干练的作风和高效的工作,给印尼总统留下了热情真诚的深刻印象。

铁面将军

◎ 刘一铎

作为开国少将,王凤梧不仅治军有方,治家也是堂堂正正。

新中国成立后,王凤梧时常会遇到身边亲人求其为子女寻得"便利"。每逢这种情况,王凤梧都会气愤地说:"现在看来,这种干部最坏,他们不仅败坏了社会风气,还损害了党和人民的关系。我不能成为这样的干部!"为此,王凤梧也得罪了不少亲友,附近乡邻也都知道他是一位铁面将军。

"孩子的路由孩子自己走。"不让孩子依赖父母,是王凤梧将军家的一条不成文"家规"。王德宁兄妹从小深受父亲严格家风的熏陶,慢慢养成了节俭、勤奋、独立的好作风。在升学、就业、入党、提干等人生重要关头,王凤梧从不违反组织原则为子女谋私利。

当年,王凤梧的七个子女除王德宁在北京工作外,其余的都按规定插队下乡、参军入伍,有的到北大荒落户。但不论去哪里工作,王凤梧坚决不搞特殊,不走关系,坚持要让子女从基层做起,在普通工作中历练自己。

对此,王凤梧将军说:"我历来主张,孩子的路由孩子自己走。只要孩子们不搞歪门邪道,就比什么都好。"

王凤梧将军把自己爱党爱国、忠于人民的初心,以另一种形式,贯彻到了自己的"家规家法"中。这种看似无情却有情的教育,却是将王凤梧将军的初心,一代一代地传承下去。

085 王海清将军

草地行军举帜红,百团大战抖威风。

宣传声响冲锋号,铁骨柔情老政工。

——山东　李云付

参加游击队

◎沈小萌

家境的清寒,和皖西地区风起云涌的革命形势,对少年时代的王海清产生了深刻的影响,王海清先后参加了儿童团和少先队。

那是1930年的冬天,红一军第二次东征皖西,王海清的大哥王毕海,和四哥王毕如准备参军,到霍山参加当地的红军游击队。但是哥哥们并不准备带上这个年幼的弟弟,在临行之前,王海清对他的哥哥们说:"大哥,四哥,我想像你们一样,去参加红军游击队。咱家本就贫寒,爸妈和哥哥举全家之力,含辛茹苦,供我念了四年私塾,现在红军正缺人手,我更想出一份力,你们不能抛下我。"

大哥王毕海被弟弟的这一番话深深感动,目光坚毅地看着眼前的弟弟,末了,大手一下按住弟弟的肩膀,说:"好样的,既然你已经下定决心了,那我和你四哥就把你带着,但是你从小身体就不好,路上千难万险,哥哥们不能随时在你身边保护你,你一定要照顾好你自己啊!"

王海清就这样跟随着哥哥们参加了游击队。

086 王奎先将军

浴血鹞山拼敌前,英雄冻馁志弥坚。
舍生百战荡凶寇,投笔奎星士卒先。

——北京 程旭

鹞山血战

◎张洪浩

1940年,抗日战争进入了艰苦的相持阶段,日军加紧对胶东根据地的疯狂"扫荡"。此时,王奎先被任命为八路军5旅15团代理团长。

1940年11月底,15团突然接到侦察员报告:西海军分区驻地被敌人包围,情况危急! 王奎先立即率领部队紧急增援,为西海军分区和地委机关解围。战场局面瞬息万变,但没人能想象到,王奎先及其率领部队会面临这样一个十分复杂困难的局面。据侦察,我军此时此地兵力只有敌人的六分之一,力量对比极为悬殊。另外受地形影响,鹞山山高林密,地势险要,易守难攻。而时间正是白天,我军无法转移。天时地利人和,王奎先均未拥有。但他无所畏惧,他说:"为了老百姓,为了胜利,我愿意奉献自己的一切!"

王奎先怒视着惨烈的战场,向全团下达命令:"一定要打垮鬼子!"战士们在王奎先的率领下抱着拼死的决心,以排山倒海之势,从山头冲下,向日军发起了反击。

敌军猝不及防,最终一击而溃,狼狈而逃。看到日军队伍散乱、四处奔逃,王奎先鼓舞士气,说道:"我们要一鼓作气,乘胜追击,胜利即将来临,兄弟们,冲!"他指挥3营和1营,奋勇杀敌。爆炸声、怒吼声响成一片,敌军被打得张皇失措。日伪军军心大乱,无心再战,丢下数百具尸体,急匆匆逃离鹞山。

至此,鹞山血战以我方的全面胜利结束。王奎先将军冷静思考,英勇战斗,成功指挥部队打碎了日军妄图歼灭八路军的梦想。

剿匪战斗

◎ 李文韬

新中国刚刚成立不久，立下赫赫战功的王奎先敏锐地说道："扫清反动武装势力，肯定是国家当下的重中之重。"果然，不久后，毛主席发来电令："限于明年五月一日前彻底消灭广西股匪。"

柳州自古以来匪患严重，再加上国民党政权残余的反动武装，王奎先感叹："按时完成剿匪任务不是一件容易的事情啊。我们要全力地去做，因为只有将这些匪寇消灭干净，我们国家才能快速发展起来。让国家发展，百姓安居乐业，正是我入党的初心与抱负啊！"为此，王奎先日日夜夜地冥思苦想，最后，制定出了一个总战略：围剿追灭。

"土匪仗着对地形的熟悉，往往打不过就跑，等过了一阵子就又东山再起，继续为非作歹，这一点对我们很不利。"王奎先说道，"所以，我们这次剿匪行动，最重要的是要有耐心，有毅力，敌人逃到哪儿，我们就追到哪儿，就是逐村逐户、逐山逐洞，也要把匪寇消灭干净。"随后，王奎先身先士卒，亲自带军千里奔袭，爬上大山、穿过密林，常常是风餐露宿，忍饥挨饿，不分昼夜。最后，王奎先成功地如期完成了剿匪任务！

不久，王奎先先后升任广西公安总队司令员，中国人民解放军炮兵41军副军长，广西军区副司令。

王奎先一生南征北战，为新中国的成立和建设作出了卓越贡献。

087 王远芬将军

虎贲扼敌勇擒王，奇袭歼击日寇遑。
破竹麾兵传捷报，清芬播远美名扬。

——北京 程旭

抗洪前线

◎张磊鑫

1958年7月中旬，黄河河南郑州段洪水滔天，险情严重，河岸大段决堤，几丁村庄被淹，人民深处水深火热之中。

作为将军的王远芬不能看到百姓生命财产遭受损失，他火速驱车赶往黄河岸边参加指挥抢险。他的亲人朋友纷纷劝阻他，让他在医院安心养病。而将军十分执拗，在他心中，什么也比不上人民的利益重要。他毅然去了黄河岸边，迅速投入到工作中，与人民群众一道奋战在抗洪抢险一线。

看着滔滔不绝的河水，看着一座座被冲毁的房屋，王远芬将军焦急万分。他不分昼夜地奔走在抗洪堤坝上，累得哮喘病愈发严重。他几次累到晕倒，被人搀扶起来，稍作休整便又投入到工作中。百姓含着泪劝他回医院休养，他却始终倔强地回答："我不累，我还扛得住！"坚决不肯下抗洪第一线。"这是我应尽的责任和义务。你们放心，我能挺得住！"这是那段时间，王远芬说过最多的话。

最终，王远芬硬是以带病之身，与群众一起战胜了洪峰，将洪水驯服，保护了黄河大堤，保住了人民的生命财产安全。然而因旧病复发，劳累过度，病情严重恶化，长久地躺在病榻之上，忍受着病痛之苦。

后来，王远芬将军的事迹被广为流传，郑州当地的百姓时常感叹："王将军真是人民的好将军啊，虽然官大，却没啥架子，总是惦记着咱老百姓。发大水的时候，他可是一边咳着血，一边上前线的呢！"

为国家帮点忙儿

◎叶小丫

王远芬将军一生简朴,即使身居高位,也一直保持着劳动人民的本色,从不奢侈浪费,一心只为国家。

1960年前后,国家号召党政机关干部利用房前屋后路边种菜,以解决暂时的生活困难。在王远芬家住的省军区大院东平房后,空地被平分为七份,由七位首长家分种。王远芬不顾战争残疾带来的哮喘病折磨,以身作则,每天早上和晚饭后,带领全家人和警卫员一起浇水、施肥、锄草。

在王远芬一家人的悉心照料下,地里的各种蔬菜越长越好,玉米棒子越长越大。一天,王远芬大女儿打算掰几穗嫩玉米,和年幼的妹妹们煮着吃。王远芬看到后,立马赶去阻止。他轻轻地抚摸着女儿的头,语重心长地说道,"孩子,咱们还是等它们长熟了,给国家帮点儿忙吧!好多人都饿着肚子呢!"女儿虽然有点不大情愿,但瞧着爸爸亲切而严肃的表情,似懂非懂地忍住了。

后来,当玉米收获后,王远芬带着大女儿连同他们种的西红柿、豆角、茄子、冬瓜等蔬菜,一起送到了军区食堂,用于补充和改善机关伙食。他一再告诉自己的孩子不能忘记艰苦奋斗的优良传统,心里始终要想着人民、想着国家。他是这样说的,也用行动一直向他的孩子们证明着。

在孩子们的心中,王远芬永远是大英雄。

088 邬兰亭将军

少将兰亭勇可歌,几番围剿被消磨。
入朝抗美维邦国,荣耀勋章您最多。

——广东 冯兆烈

为劳苦大众打天下

◎叶小丫

邬兰亭出生在一个贫农家庭。小时候为生活所迫,9岁起就不得不给富人家放牛,以此获得粮食,为家里减轻负担。

1927年,红军在六安地区建立革命根据地,不久,红军又来到邬兰亭的家乡,并在这里盖起了一所列宁小学。邬兰亭对父亲说:"爹,我看到红军叔叔给我们村盖了一所列宁小学!列宁是谁啊?我没怎么读过书,想去这个学校学习呢!"父亲说:"你想学习,这是好事啊!爹去问问,让你有学上。"在父亲的努力下,1930年3月,邬兰亭进入当地列宁小学读书。

在列宁小学,邬兰亭接触到了从未听说过的新鲜事物,学习到了从未想到过的知识观念。"地主阶级与农民阶级是对立的阶级,一定要铲除阶级压迫",这是邬兰亭在小学学到的一个让他感受最深的知识。他明白了穷人为什么受苦受难的道理,满腔愤慨,他想着:"什么时候我也能为穷苦人奉献出自己的一份力量呢?父亲和哥哥都加入了红军,我却因为年龄的问题而不能参加,太遗憾了!"虽然他知道,加入红军意味着危险,他若参军母亲必会愈发担心,但是"跟着共产党为劳苦大众打天下"的想法太强烈了,让他无法抗拒。于是8个月后,在邬兰亭13岁那年,他瞒着孤苦的母亲,毅然参加了中国工农红军。

虽然在1933年到1934年间,邬兰亭两次被打入"苦工队",当挑夫、做苦活、干重活。但他丝毫不畏惧,因为他始终坚定中国共产党的正确性,相信党组织,听党的话、跟党走。因为他参军的初心就是跟着共产党,为劳苦大众打天下。

089 吴诚忠将军

> 参军入陕反围攻,报国安民献赤忠。
> 百团大战声威壮,淮海沙场立伟功。
>
> ——广东 冯兆烈

爆破对抗坦克

◎ 马 骛

1948年11月,淮海战役爆发。吴诚忠率中原军区2纵4旅参与围歼黄维兵团的战斗。

敌我力量悬殊,吴诚忠将军没有因此退缩,他说:"这一战,我们装备武器较为落后,兵力也不很充足,如果正面迎击黄维兵团的话,我估摸着胜算不是很大,我们要巧计迎击。我们没有任何反坦克武器,但我想到了一个法子,我们可以采用爆破来对抗坦克!"他的计划得到了大家的一致认同。

当时吴诚忠将军所守之处位于宿县的双堆集地区,一阵密集的子弹从不远处的暗堡中扫射过来。这座暗堡与其附近的炮楼形成交叉火力,4旅前锋被两个暗堡压制在交通壕里。吴诚忠将军亲临前线,他对战士们说:"这样下去不是办法,不炸毁暗堡,就不能压制住敌军密集的火力。僵持下去,我们的弹药军需都会被消耗干净。我们还有一包炸药,一定要毁了这个暗堡!"战士们说:"旅长,这里太危险了。您的胳膊刚才被子弹擦伤了,您还是到后面去吧!"但吴诚忠坚定地说道:"我就在这里看着!"

一名战士抱起了身边的炸药,趁着敌人机枪哑火的间隙,往暗堡要害处放上炸药包桶,拉燃了导火索,瞬间暗堡裂开了一个大窟窿。炸毁了暗堡,为全歼黄维兵团扫除了障碍。战士们也都纷纷冲往前线,半个多小时后,中野部队突击胜利。但遗憾的是,吴诚忠将军的大脑和双耳都在爆破中震伤了。

4旅与兄弟部队密切配合,激战两月余,为全歼黄维兵团扫清障碍,最终圆满完成作战任务。

090 吴瑞山将军

> 兄牵弟手举钢枪,奋勇争先斗志扬。
> 占领平津功赫赫,援朝抗美获勋章。

——河南　常树荣

神出鬼没

◎ 马　骜

1949年10月2日,吴瑞山率部队从湖南湘潭市出发,昼夜不停地穿行在往南延伸的崎岖山路上,准备剿灭国民党反动派的残余部队。

不料,一路急行军后,电台故障,吴瑞山部队与上级失去了联系。一名战士急切地询问:"吴部长,现在我们应该怎么办?与上级失去了联系,我们就麻烦了!"

只见吴瑞山缓缓抬起了头,他擦了擦脸上的汗珠,镇定地说道:"继续走,不要停,按我们原来的计划行军。另外,告诉同志们,现在是非常时期,我们要打起十二分精神,要坚定信念,不要忘了党中央毛主席的指示,我们要取得全面彻底胜利。"

这一席话,让战士们重新鼓起了斗志,打起精神继续赶路。一路上,部队遇敌就打,即使没有指导和支援,吴瑞山仍然冷静沉着地指挥作战,他相信,只要有革命意志在,无论战斗到何时,总会迎来胜利的那天!

1949年10月5日拂晓,仅仅三天时间,吴瑞山部队就到达了灵官地区,他们的锐利进攻让有着"小诸葛"之称的白崇禧为之震撼,连连感叹,激动得大喊:"一定要把他们剿灭掉!"在吴瑞山英勇指挥下,将国民党残杀部队彻底击败,获得了辉煌胜利。

091 吴宗先将军

长征路上快如风,保卫延安立大功。

水利兴修滋哈密,空投氢弹傲苍穹。

——河南　常树荣

浴血剿叛匪

◎ 马　骜

1950年3月5日下午,新疆剿匪指挥部成立了,新疆剿匪行动正式开始。时任16师师长的吴宗先和政委关盛志率领本部指战员和5军40团骑兵第3营,负责清剿哈密地区叛匪。

叛匪在新疆地区到处烧杀抢掠、残害各族乡民众,老百姓们苦不堪言。吴宗先接到剿匪任务作战命令后,立即进行政治动员,部署剿匪作战任务,决定以46团为主力,清剿镇西地区叛匪。

作为东线指挥的吴宗先,凭借着丰富的作战经验,很快对部队作出了部署,对叛匪实行了分割包围的战略。经过长达数个月的围追堵截,终于到了与叛匪决一胜负的时刻。

指挥室里,吴宗先激动地指着地图说:"终于等到这一刻了,这一战过后,新疆再无叛匪,美好生活就在眼前!"他急忙转过身,"来人,把……算了,这次我要亲自上战场!"

战场上炮火连天,叛匪们被打得溃散,却仍在负隅顽抗。吴宗先本就是一个身经百战的骁勇战将,这次更是带领着战士们冲杀在第一线。他拿起机枪便对着敌人疯狂扫射,机枪欢快地吐着火舌,土匪一个接一个地倒下。手中的枪没了子弹,身上的衣服也已被鲜血浸透,分不清是敌人的还是自己的。但吴宗先可管不了那么多,他抹了一把脸上的血污,笑着看了一眼身边的战友,捡起地上的机枪愈战愈勇。

在我军猛烈的攻势下,叛匪最终被消灭。吴宪先浴血剿叛匪的威名也流传开来。

废寝忘食

◎ 马 骜

1972年，由吴宗先指挥的第二次空投小型原子弹试验成功，这是一个重大的里程碑。

如往常一样，吴宗先将军在自己的办公室工作，此刻已是傍晚，微弱的阳光正逐渐地被皎洁的月光取代。楼里静悄悄，吴宗先将军很享受这样的片刻，因为这样的氛围让他能更好地投入到工作中。正当他忘我地工作时，同事轻声地咳嗽了一下——那是在提醒他，我们该休息了。吴宗先将军为这个时刻被打乱而感到遗憾，但他不会生气。

同事忍不住建议："司令员，时间已经很晚了，要不我们明天再继续研究吧？"吴宗先听了并没有放下手中的工作，说："你们先走吧，我把这工作处理完再走。""可是，您已经连续工作了许久，给自己放松一下吧！"

吴宗先一听，语重心长地讲："越王勾践，为了夺回国家卧薪尝胆数年。带领着我们前行的共产党，更是一路不畏艰难，不忘初心，砥砺前行，才有了今天的新中国。从古至今，没有艰苦的付出就没有收获。是匹骏马，就不要惧怕泥泞的小道，只有通过这崎岖的道路，才能到达大到足够驰骋的大草原，不要忘记自己所向往的，那是自己的初心，牢记最初的梦想。"

同事被吴宗先将军的工作态度由衷折服。

言传身教

◎ 马 骜

一日清晨,一行前来收割小麦的农民来到了麦田边,看见田中一道黑影,不禁大惊:"吴司令员,你怎么在这儿呀!"听到声音,黑影转过身来,露出了他那略显黝黑但又坚毅的脸,汗珠顺着他的脸流下,他说:"今儿部队里没啥事,闲不住,这不,就来帮着收收麦子吗。"说话间,他将手中的麦子放下。

农民们连忙迈步走进麦田,夺走吴宗先手中的镰刀,说:"吴司令员呀,您平时一直都非常忙,经常在工作之余,还总是抽时间来关心我们的生活,常常几天几夜不睡觉,今儿你就好好休息会吧。"

这时远处传来一声声呼喊声,只见一个小小的身影跑来。"爸爸,爸爸,妈妈叫你回去吃饭了。"吴健喊完后,看了看前方泥泞的土地,停下了脚步,只大声喊着吴宗先,"爸爸,爸爸,快过来呀,这儿好脏,我不想过去了",说话间,嘟起了小嘴巴。

吴宗先看到儿子停在麦田前,顿时脸色一变,语重心长地说:"健儿呀,一个大男孩可不能怕一点点脏,不能只贪图自己的干净,要了解各位农民伯伯的工作,知道吗。"吴健听完一脸迷惑。

吴宗先叹了口气,招呼吴健下到麦田里。一下来,吴宗先就拿了镰刀,把着吴健的手割起了麦子。不一会,吴健就开始喘着气,流着汗,于是吴宗先便停了下来,低头对吴健说:"健儿,现在知道农民伯伯的辛苦了吗。"吴健喘了会气,认真地说:"健儿知道了,健儿以后一定会尊重农民伯伯的。"

说罢,吴宗先的脸上才露出欣慰的笑容,扛起孩子回家吃饭了。

092 肖全夫将军

虎将开国炼忠臣,五岭峰横无敌神。
智勇双全珍宝岛,雄师亲率战天津。

——北京 陈立明

把菩萨砸了

◎范琪琪

肖全夫生在安徽省金寨县南溪镇的一个贫苦农家,从小过着衣不蔽体、食不果腹的生活。

1928年初,12岁的肖全夫进入了张家祠堂小学读书,在共产党员张瑞文、共青团员张瑞义二位老师的影响下,他接受进步思想,积极参加各种活动,进行反帝反封建宣传。因为表现突出,肖全夫被选为学生会委员。

这年持续春旱,天干无雨,无法插秧,眼看要错过季节,农户心急如焚,纷纷涌入寺庙,拜菩萨求雨。肖夫全见状对大家说:"求菩萨不管用,它不过是一摊烂泥!我们得要自己救自己!"有些人觉得肖夫全讲得有道理,但大部分人都难以接受,也不敢相信。肖夫全看着大家疑惑的眼神,明白要使大家相信自己的话,只有自己把泥菩萨砸了,才能破除大家的封建迷信。于是,他带领同学接连砸碎了两尊泥菩萨。

1929年5月6日,肖全夫的家乡爆发了著名的立夏节起义,在声势浩大的革命洪流中,肖全夫的思想受到革命的洗礼,迅速成长。肖全夫在张瑞义的领导下,负责组织童子团。为了让童子团拥有统一标识,他带领童子团到地主家里,勒令其为每位童子团员做一条红领带,一根红木棍。地主无奈,只得照办。

肖全夫还带领童子团打土豪,开粮仓,分田地,受到了大家的夸奖。

智擒"铁老虎"

◎ 范玉宏

1947年秋,国共两军战事正酣,肖全夫率部破袭北宁铁路。这条从北平通往沈阳的重要铁路干线,是国民党军连接东北和关内的重要交通生命线。

当肖全夫的人马追击狗河桥逃敌至网户屯车站时,突然遭到敌人护路铁甲车的阻击。这种铁甲车是在铁路上行驶的装甲车,共载兵员200余人,装备有固定的山炮、野炮和重机枪等火力。装甲车钢板有两寸厚,机枪和小炮都打不穿,就像一座移动的碉堡,国民党军称之为"铁老虎"。

当部队展开攻击时,"铁老虎"出动了,猛烈的火力打得人抬不起头来。负责爆破的战士不得不付出重大牺牲,刚刚靠近车身准备实施爆破,谁知"铁老虎"轮子一转就跑得没影了。战士们气得破口大骂,而又一筹莫展。

此时,肖全夫带着各团团长趴在山梁上眺望半天,别人都在看车上的枪和炮,唯独他死盯着铁甲车的轮子。最后他眼前一亮,命令各团的工兵:"铁老虎"向东,就把西进的路基拆除,"铁老虎"向西,就把东边的铁轨锨翻。

很快,它的活动范围只剩下不足千米了,"铁老虎"成了"铁棺材",敌人仓促地打出了白旗。不费一枪一弹,肖全夫生俘了这个铁轨上的巨无霸,解决了这个"大铁疙瘩"。

当地的老百姓把这件事传得神乎其神,说肖师长会法术,一念咒,天上飞下千万把镐头,愣是把铁甲车掀翻了。对于这些说法,肖全夫置之一笑,说道:"世界上没有无敌的武器,只有无敌的人,智者无敌。"

珍宝岛之战

◎ 王志冉

1969年3月,苏军的三辆坦克进入珍宝岛。肖全夫立即向北京陈锡联和温玉成汇报。陈锡联下了打的命令,肖全夫却判断苏军坦克后面没有步兵跟进,是火力侦察,因此认为不能打。

陈锡联说:"什么? 不能打? 敌人已经侵入了我国领土,难道可以不还击吗?"温玉成也赞成打。

肖全夫说:"不能打! 一打,我们的作战部署就暴露了!"

陈锡联气愤地说道:"我的话难道你也听不进去了?"

肖全夫斩钉截铁地说道:"将在外,君命有所不受。'前指'成立时,已经授权给我,对前方的一切战事我可以见机行事。"

陈锡联说:"你这样做,要犯'右倾'错误的!"

肖全夫继续说道:"右倾我也不打!"

陈锡联气得没法:"你是不是军人,懂不懂得服从命令!"

就在这紧要关头,聪明的肖全夫想到一个万全之策。他命令部队用迫击炮轰上几炮,将苏军坦克赶走了事。这样使我军的火力配置和战斗意图不至于暴露,又保证了在随后3月15日的几次大的战斗能达到预期效果。这次战斗,一共击毁苏军坦克4辆、装甲车7辆,击伤坦克和装甲车4辆,毙伤苏军170多人,并击毙苏军上校和中校指挥官各一名。周恩来听到战果汇报后,赞扬说:"这个肖全夫,打得不错嘛!"

肖全夫在珍宝岛之战中展现出高超的指挥才华,出色地完成了中央交给的作战任务。

093 肖选进将军

> 誉到开国已满身，一腔热血铸军魂。
> 忠诚不屑风和雨，甘捧丹心照宇辰。（通韵）
> ——北京 陈立明

唐山救灾

◎吴蒋蒙

1976年7月27日，忙碌到深夜，才在办公室躺下的肖选进突然被一阵剧烈的摇晃惊醒。他心下一惊，随即反应过来是发生了地震，迅速起身赶到作战值班室。出了这种事，同事们都焦急万分。见此情景，肖选进高声说道："同志们都不要慌，越是这种紧急的时候，我们就越要冷静。"说完，他立马指派人员到各地查看震情，找到地震所在区，尽快与国家地震局取得了联系。

天刚蒙蒙亮，肖选进就登上吉普车去丰南方向检查部队开进情况。车刚开出唐山不远，就见各种坍塌的建筑物，沿路的伤亡人员和从各个方向涌来的车辆，直接把路给堵死了。肖选进强忍住心中的悲痛，立即命令团长："全体人员下车，所有的车辆全部开到道路两边的庄稼地里去，让开道路；部队跑步进入指定地域，立即展开救援；后继部队沿着让开的道路继续摩托化开进。同时，立即通知后面的部队，开进中，再遇到此类堵塞情况，全按此方法执行。"

布置完毕，肖选进立即驱车返回机场，乘上飞机查看唐山的灾情。果然，由于地震的巨大破坏，市区和郊区的所有道路及大街小巷全被震塌的建筑物堵塞，再加上遇难群众的尸体，所有的道路都难以通行。而从四面八方连夜赶来的数万救灾部队，几千台车辆，全被堵在离唐山市区不远的四周郊区，无法动弹。为疏通道路，肖选进立即返回前线，召开紧急会议，交代各项任务。他们疏散车辆，清理障碍物，几个小时后，打开了堵塞通道，保障了救灾部队及时到达预定地域，为救援工作的开展做好了充足准备。

094 熊挺将军

初心砥砺红旗走,被肃尚思为国忧,
凭栏赤地山河破,碎身拾取安九州。

——河北　赵计良

熊罴之士

◎余　欣

1927年5月,熊挺所在的赤卫队在银山畈、椴皮岭等地抵御敌人的进犯。

这天,熊挺和战友们潜伏在迎战工事和土坡后面,等待着敌军的靠近,好打他们个措手不及。他们趴在土坡上一动不动,屏住呼吸,双眼死死地盯着前方,不敢有一丝懈怠。

随着脚步声越来越近,熊挺和战友们按捺住心中的激情,扣住扳机,等待着最佳时机的到来。就是这个时候,"打!"熊挺早已经瞄准好了,他在赤卫军中训练时,可是瞄准的好手。"砰!"双方迅速地交战开来,子弹呼啸着撕裂疾风向敌人奔去,敌人措手不及,被打得溃不成军,伤亡惨重。

这时候,差不多到了该冲锋的时候,就只差一个带头的了!熊挺的脑海里闪过他在农民协会里学习新思想的画面,自打去年加入农民协会,他就立志要为老百姓抛头颅、洒热血,此时不冲,更待何时!

想到这里,激动的熊挺抄起火枪,大喊着"冲啊!",率先冲了出去——不能怕,等不得,要迅速地消灭"统治阶级"。战友们纷纷跟上,伴随着喊杀声,向敌人冲锋。大大小小的战斗,熊挺总是身先士卒、毫无惧色,带领农友们击退了敌人多次进犯。熊挺的骁勇深深感染了战友们,他们都管熊挺叫"熊大胆"。

大公无私

◎单子宇

一天,时任江苏军区政治部副主任的熊挺正在家中办公,突然听到窗外传来了嬉笑打闹的声音,他往外一看,原来是孩子们从寄宿学校回家过周末了。一个星期没有见到孩子的他高兴地走出门,准备陪孩子们聊聊天。

可当他看着院子中停着的高级轿车后,脸上的笑容立刻消失了。他叫来警卫员,问他这是怎么回事。警卫员刚刚调到熊挺身边,有些不明白他的意思。熊挺厉声呵斥道:"是谁让你用我的车去接孩子的?"

警卫员见首长生气了,解释说:"我来之前,上一位警卫班长告诉我,您有子女都在寄宿学校上学,每周六要接他们回家过周末。我看您的车在家闲着,就让司机去接孩子们了!"听了警卫员的话,熊挺脸色稍微好了些,对警卫员说:"你刚来我不怪你,但从今外后,不能再用公车接孩子。那是国家配给干部的公车,孩子怎么有资格坐呢。这是假公济私,是违犯纪律的。"

警卫员虽然挨了批评,但他深刻意识到首长是一个公私分明的人。从那之后,他接送孩子再没用过公车,而是带着他们坐公共汽车。

由于战争时期受过重伤,熊挺的身体一天不如一天,之后就住院了。住院期间熊挺依旧不忘关心国家和人民,带病工作,警卫员为了给他补身子花钱买了一些水果,他却不接受,说要把这些钱用到国家建设和为人民谋幸福上。

095 徐光友将军

> 年少追风梦国强,离乡别母灞桥长。
> 路遥风雪关山路,旧世蒋家倭寇亡。
>
> ——河北　赵计良

死里逃生

◎余承璋

1932年,徐光友担任红25军73师通信连的排长。一次,通信连遭遇了敌军的袭击,徐光友奉命指挥全排阻击敌军,掩护整个通信连撤退,在与敌人交战时,因对方的炮火过于猛烈,他的左脚被手榴弹炸伤,死里逃生躲进了深山,被敌人围困,在荒郊野岭中断水又断粮,幸亏有当地乡民的帮助,才活了下来。

敌人搜了三天的山,搜出了红军的八名伤员,徐光友隐藏的山洞在悬崖峭壁之间,才免于被敌军发现。敌军离开大山后,当地的几名群众将他接回村子里照料,并且找医生治好了他的腿伤。敌人再次对村子进行搜查时,徐光友为了不连累老乡,不顾重伤未愈躲进了池塘,用荷叶伪装自己,只将鼻子露出水面透气。

敌人找不到目标,急了眼,便发了疯似的用乱枪扫射池塘。一枚子弹恰好掠过了徐光友头顶的荷叶,如果再偏一公分,他兴许就没命了。待敌人离去,徐光友爬出池塘,已是奄奄一息。两位老乡把他背到自己的家中养伤,救了他一命。

这段经历,使得自小离家参军又四处漂泊打仗的徐光友感受到了久违的温暖。他牢牢记着自己的这条命是老乡们从鬼门关里帮他抢回来的。受恩于老百姓的徐光友在战斗中总是冲锋在前,一心要将自己的青春和热血奉献给父老乡亲们。

保护战友

◎ 周 岳

徐光友担任保卫连连长的时候,负责保护徐海东的安全。他曾给自己立下军令状:"如果领导少了一根毫毛,那就撤我的职,军法处置。"

在一次战斗中,徐海东带领的部队不幸遭遇敌人的围攻,全军陷入危急,身为保卫连连长的徐光友掩护徐海东,让其先行离开,自己带兵阻击敌人。可不管是人数还是装备,徐光友所在的部队都不是敌军的对手,整个保卫连伤亡惨重,徐光友的头部中弹,昏死过去,被尸体压在下面。

徐海东听见徐光友受伤失踪的消息后,十分着急,下令掘地三尺也要把人找出来。彼时战事惨烈,战友们在炮火不那么猛烈时,找了三天三夜才将徐光友翻出来。徐光友的脑部受伤严重,由于天气炎热,上面爬满了蛆,一阵恶臭。看到这一惨状,战友们都以为他壮烈牺牲了,纷纷抽泣起来。突然,徐海东的夫人周东屏发现徐光友的心脏还在跳动,还有微弱的气息。战友们大喜,连忙将他抬到了战地医院救治。

徐海东在医院见到奄奄一息的徐光友,不觉落泪,但他还有军务在身,便让护士出身的夫人周东屏在医院照顾徐光友。徐光友的战友们见徐光友已是命悬一线,流着泪问周东屏:"他还能救活吗?"周东屏说:"先把虫驱了,再看看情况吧。"那时条件很差,没有消毒水和消毒药,周东屏便向乡民们讨了一些盐,用盐巴加水制成生理盐水给徐光友消毒、清洗,再仔细替他包扎好。

三个月后,徐光友才醒了过来,经历了死里逃生。

家庭建设

◎ 赵梦珂

1978年,徐光友的女婿考取了清华大学物理系,成为该系的硕士研究生,1981年毕业。当时,部队医院急需工科院校研究生,他被分配到301医院超声波室工作。到医院报到后,徐光友非常认真地找他谈了一次话,并提出三点要求:一要努力学习新业务、新技术,认真钻研、做出成绩;二要多联系群众,尤其要向老专家、老教授学习;三要少说话、多做事。他遵从老将军的教导,刻苦学习、努力钻研,在自己的领域内取得了优异的成绩。

由于科研成绩突出,经专家推荐,徐光友的女婿成为301医院副院长候选人之一,并正式上报。徐光友看到301医院上报的名单后,立即把他找来,问:"医院推荐你当副院长,你知道吗?"

女婿心下一紧,连忙说道:"一开始我不知道,后来听说了。"

徐光友看了一眼自己的女婿,正了正军帽,无奈地叹了一口气,说:"爸爸知道你工作能力强,又踏实肯干,但我是总后勤部部长,如果我同意你当301医院的副院长,我以后怎么领导301医院的工作?这个问题你想过没有?"

女婿听了他的话,抬起头笑着说:"爸,您的想法我完全理解。如果我是您,我也会这么考虑的。您放心,我还年轻,当不当副院长不重要,重要的是要把301医院的科研和训练工作抓好,落实好办成第一流总医院的要求。"

"你有这样的想法很好,你今后的路还长着呢!"徐光友听了很满意,不禁欣慰地点了点头,笑着拍了拍女婿的肩膀说。就这样,徐光友把他的名字从候选人名单中划掉了。

虽然失去了一次晋升的机会,但徐光友出于公心的举动,让女婿心服口服。他说:"爸爸始终用自己的行动为我们做着表率,我心里没有埋怨,反而更为敬重他。"

096 徐国夫将军

> 曾挫钢军伏虎师，又驱外鬼写传奇。
> 身经百战雄风振，万里征程骏誉驰。
>
> ——山东 贺宗仪

围歼"钢七军"

◎ 程玉影

1949年10月，徐国夫担任40军119师的师长。经过三个昼夜的急行军，在进入衡阳西南的杨家桥一带，我军截住了欲南逃祁阳的白崇禧的嫡系部队第7军主力，双方打了一场混战。

当时部队到杨家桥后，四处勘察后没有发现敌情，便决定暂停行军，部队停下来做饭。休息间，徐国夫正在和房东聊天，突然听到一阵机枪声。徐国夫一怔："是敌人来了吧？"作战科长说："可能是哪个连走火了吧？""不可能，机关枪哪有轻易走火的！"

徐国夫心里一紧，带着警卫员就往山上跑。跑到山顶一看，原来是部队赶到了白崇禧第7军的前面了，356团不等命令立即出击，控制了茅草岭和无名高地，徐国夫即命令357团在356团右翼展开，将355团东调集中，作为预备队。

徐国夫将情况报告了四野总部，林彪回电："119师，来电获悉。坚决堵敌南逃祁阳，就算战至一人一枪一弹，也要守住阵地，坚守到主力到达，围歼该敌！"徐国夫镇定自若，沉着应战，与敌人鏖战一天，直到兄弟部队纷纷赶到，这才结束了战斗。

战后，林彪称赞徐国夫所在部队动作神速，将桂系精锐四个师抓住，不顾疲劳，日夜战斗，进行反复堵击与包围，将敌人全部消灭，更值得表扬。

徐国夫被称为金刚将军，是因为他将白崇禧号称无坚不摧的"钢七军"砸了个粉碎。金刚将军，名副其实。

二月洪川江水寒

◎ 雷 蕾

1951年2月,凛冽的寒风席卷着洪川江的每一寸土地。距1950年10月15日中国人民志愿军第40军跨过鸭绿江,成为首批入朝参战的队伍,已经过去整整四个月了。

激烈的砥平里之战,让徐国夫心力交瘁。接连不断的空袭,被毁坏的基础设施……令在场将士们无一不感到希望渺茫。

"报告!美军继续组织全线进攻,现在已是十万火急,是立即撤退,还是继续留守?"

徐国夫望了望已经生锈了的相框,那是他和战友的照片,年轻的他们,意气风发,胸怀壮志,如同旭日方升。他又想起了建国之初那慷慨激昂的誓言。沉思良久,严冬的寒风不时从破屋的墙缝透过,从光荣的帽檐穿过,留下一道道凝血的泪痕。他从牙缝里挤出志司的命令:

"守住。"

短短两个字,却是如此深刻地镌刻于在场每位战士的心中。

二月的洪川江,江水冰骨,寒气凝血,被炮弹炸碎的江面上,徐国夫带领着将士们冒着敌军的轰炸,忍受着零下20多度的严寒,在物资极度匮乏的情况下,千方百计地找来木料、钢筋、铁柱、门板等材料。终于,提前两小时完成架桥任务,保障了洪川江的交通安全,使大量部队得以安全过江。

而后,我军多次阻止敌人的疯狂进攻,三日后,将战线稳定在三浦里以南地区。徐国夫正是在这种艰难的条件下,不忘初心,发挥了人民军队的优良传统,粉碎了敌人发动的疯狂进攻,为我军战略反击赢得了宝贵的时间,为抗美援朝战争的胜利作出了十分宝贵的贡献。

097 徐介藩将军

从戎投笔自风流,辗转苏俄定远侯。
耿介庐山排众议,只将真理论春秋。(新韵)

——北京 李灵光

服从组织

◎赵梦珂

时值朝鲜战争尾声,负责彭德怀元帅翻译工作的徐介藩接到了祖国分配给他的最新任务——返回国内,赴哈尔滨协助陈赓筹建中国人民解放军军事工程学院,即后来享誉全国的军校中国人民解放军军事工程学院(简称"哈军工")。徐介藩即刻动身奉调哈尔滨。

在一天傍晚,徐介藩、陈赓刚吃完饭,陈赓提出和徐介藩一起出门散步。一路上,平日素以幽默、健谈著称的陈赓却眉头紧锁,默不作声,二人这样一直走了很长一段时间。天色已暗,陈赓有话想说却又说不出口,生怕自己伤了不远万里回国且同为新中国做贡献的徐介藩。而徐介藩也感受到了今晚陈赓的不对劲,心想:"校长一定是遇到什么事了。"

天色渐晚,陈赓却愈加心急火燎。徐介藩也终于忍不住了。

"陈校长,您今儿是不是有什么事在瞒着我?但说无妨。"

"介藩啊,的确有一事令我难以决断啊。"

"上面此次让我找你回国,协助筹建军校,是希望你来建设我国的航空军事力量的,可你也听说了,和你一同回国的还有恩来同志特批的航天专家唐铎,上面考虑到唐铎在苏联空军服役近30年,与你一样同为航空专家,希望调整你和唐铎的工作岗位,由你来出任装甲工程系主任,他来出任空军工程系主任,这可让我一时难以决断啊。"

"这有何难?坚决服从组织安排,徐某义不容辞。"徐介藩坚定地说道。

陈赓听后,紧紧地抓住了徐介藩的手,然后抱住了徐介藩。一向冷静沉着的陈赓此时却显得十分激动,对徐介藩说道:"你可算是帮我一个大忙啊!"

上任后的徐介藩在军事工程学院创院的艰难时期,始终保持着一位共产党员艰苦奋斗、严于律己的作风。平日徐介藩住在仅有 24 平方米的两间平房里,夏热冬寒,为此后勤部深感不安,在市里为他租用一处较宽敞的住宅,但他坚决不去,一再谢绝。后勤部的同志说:"这是院部的决定,徐主任还是搬过去吧!"徐介藩笑着说:"我还懂得一点法律常识,公民有居住、迁徙的自由,你们不能强迫我迁徙吧。"几句风趣的话把大家逗笑了。他又接着说:"系主任是带兵的,住在学院里同学员接触多一些,有利于管理和教育,就让我在这儿住下吧。"从此,大家对这位俭以养德、甘居陋室的老同志又增加了几分崇敬。

098 徐立清将军

农民自卫入军营,赫赫战功轻利名。
亮节高风明大义,仁怀朴素伴平生。

——北京　杨金香

爷台山战斗

◎唐一灵

1945年8月8日凌晨3时,狂风大作,电闪雷鸣。徐立清和王近山一起指挥部队乘着墨黑的雨夜,向爷台山敌人前沿阵地发起突袭。霎时间,硝烟弥漫,枪炮声震耳欲聋,我方积极进攻,敌人疯狂抵抗。最后枪炮尽毁,徐立清看到这种情况,喊着口令,领着我军与敌军展开了肉搏战。我方喊杀声惊天动地,打得敌人鬼哭狼嚎,丢下20多具尸体逃往山上。

暂歇后,敌人又在山上对我方展开攻击。因敌人居高临下,火力很猛,我军数次进攻受挫。徐立清见状,立即下令:"暂时停止攻击,撤出战斗,避免更大的损失。"王近山后来说,徐政委的决定是果断的,不及时撤出战斗,我军就会遭受更大的伤亡。随后,就在王近山、徐立清等人研究新的作战计划时,敌人派出一个连突然向旅指挥所发起攻击。徐立清当机立断,命令道:"你们继续研究,我去退敌。"说完他拔出手枪,带领部队向这股敌人猛冲猛打,敌人死伤过半,残部抱头鼠窜。

退敌后,徐立清即刻返回参加研究作战策略,提出:"第771团暂时撤离,敌军误以为我军怯战,就会放松警惕,届时猛攻,必可取胜。"大家纷纷表示赞同,当晚开始行动。第二天8时许,由王近山、徐立清指挥的主攻部队向敌人防守最薄弱的北坡猛攻,很快攻占了爷台山山顶,歼敌1000多人,取得了战斗的胜利。

让军衔

◎ 鲁 腾

在1955年第一次授军衔时,按照授衔条件,徐立清虽符合授予上将军衔的条件,但他为组织和评级工作考虑,向组织请求不要上将军衔。当他看到授予上将军衔的人员名单中仍有自己的名字时,便毫不犹豫地把自己的名字从上将名单中划去,然后在中将名单上加添了"徐立清"三个字。

彭德怀把徐立清叫到办公室,请他当面解释不要上将军衔的原因。徐立清说:"这个问题我已经考虑很久了,按照评衔条件我该授上将,叮我是主管授衔工作的,不能在上将的名额中和别人去争,如果把别人减下去显然不合适,把自己减下去比较符合实际,这也是我的心愿,希望能得到您的支持。"之后,彭德怀又找了徐立清两次,可徐立清的态度仍然非常坚决,一再表示不要上将军衔。彭德怀始终没有答应他的请求。

一天深夜,徐立清躺在床上翻来覆去睡不着。于是,他披衣起床,伏案给中央军委和罗荣桓部长写信:"我出身于一个贫苦家庭,从小给地主家放牛,是党把我培养成一个革命军人,可我与党和人民的要求相比,所作出的成绩是微不足道的,授予我上将军衔心里很不安。论德、才、资、功授予中将我就已经感到十分荣耀了,再三恳求军委和总部领导能批准我的要求。"

此事反映到了周恩来那里,周恩来亲自找到徐立清,徐立清向总理汇报说:"授衔工作中有些人争官争位、不顾大局,只有我低授了,才能理直气壮、挺直腰板地去做他们的工作。"经过前后7次礼让上将军衔后,徐立清最终被授予中将军衔。

家徒四壁

◎ 叶勒尔斯

徐立清是出了名的"铁公鸡",他的家简直可以说是"家徒四壁"。有一次,一位老领导利用开会的间隙到徐立清家里做客。到了徐家之后,老领导不禁问秘书:"这是徐立清的家吗,没走错吧?"

得到肯定的回答后,老领导非常震惊,说:"就是个处长的家,也比这好啊!"确实,徐立清的家简直太寒酸了,沙发都是窟窿,桌子断了一条腿,茶壶掉了把儿。老领导想借徐立清家的收音机听一下开会的事情,徐立清却摇头说:"我家没有收音机,太贵了。"

总干部部的人说:"徐副部长是高级干部,他的家也代表着国家的形象,怎么能这么寒酸?换个沙发吧,这钱国家出。"徐立清回家后,发现沙发换了,大发脾气:"国家的钱是大风吹来的吗?那是劳动人民的血汗钱!我徐立清是党的干部,不是败家子!如果人人都搞特殊,那和国民党有什么两样!"在徐立清的坚持下,新沙发最终被搬走。

徐立清的夫人党秀玉也是老革命,做过不小的贡献,徐立清却不允许她当官,党秀玉的级别一直很低。有领导看不下去了,找徐立清说:"不考虑党秀玉是你的夫人,就是凭她的贡献,升职也是没人不服的。"徐立清却说:"你们提拔她,我们都知道没有私心,可社会不知道。这是我们党的形象问题!再说,还有很多贡献不比党秀玉低的人,谁来提拔她们呢?"党秀玉也没有丝毫怨言,好几次都主动放弃了升职的机会,让给别人。

099 徐其海将军

> 破围反剿志弥坚,游击长征敌寇前。
> 抗美援朝功卓著,赤心激荡遏云篇。
>
> ——山东　胡春华

梦想的队伍

◎ 唐一灵

1928年,金寨县沙河乡,黄昏。

"邻村富户干有财又涨了地租,今年收成不好,老根叔付不起地租,把他家的小林儿卖给王有财的儿子做小老婆了。"

"唉,是啊,这年头日子越来越难过了,老天爷也不赏口饭吃。"

听到村民的谈话,坐在河边放牛的徐其海紧了紧手中的竹鞭,又无奈地松开,这样的对话他不知道听多少遍了。他一直梦想着出现一支能够击碎这千百年来压迫在人们头上大山的队伍,却又为找不到这样的队伍而苦恼。

这天夜里,村里来了一些陌生的人。紧接着传来了枪响,好像是和民团打起来了。徐其海也不敢出门,以为是土匪来了。

天亮的时候,徐其海打开家门,发现许多拿着土枪和大刀的人在村子里张贴标语,却没有抢劫,也没有伤害村民。他了解到,这是共产党的军队。这支军队在昨晚打下了本村地主的家,抓住了地主,将土地分给了村民,自己家也分到了一份。

正好共产党的军队在招人,徐其海和本村的几个好友一合计,就加入了赤卫队,经过一段时间的学习,他发现这正是自己期盼已久的,可以打碎压迫在人们头上大山的力量。他坚信,只有这样的军队才能得到人民的拥护,只有这样的政党才能带领中国走出困境。徐其海决定跟着他们,和这些有志之人一同拯救这个多灾多难的国家和受苦受难的人民。

以少胜多

◎田崇烨

1933年2月中旬,天气还透着丝丝凉意,四川军阀田颂尧组织38个团的兵力,分左、中、右三个纵队,发起了对川陕边革命根据地的三路进攻。

时任73师218团一营副营长的徐其海指挥着部下建筑着防御工事,想到了敌方的兵力,心里不太安稳,叹了口气:"是场硬仗啊。"徐其海正愁容满面,却听见后方传来推车滚动的声音,原来是乡亲们送来了各种物资。"听说前线粮食吃紧,我们就送了点来,也算作点贡献……"看着乡亲们殷切的目光,徐其海心中暖意融融。

工事筑起后不久,敌人就涌了上来,炮火冲天,硝烟弥漫。

徐其海受伤了,殷红的血液汩汩地流了出来。卫生兵飞快地跑了过去,手脚麻利地处理着伤。徐其海紧咬牙关,脸有些抽搐着,却一声不吭。

处理完伤口之后,徐其海短暂地休息了一下,心中仍牵系着战情。敌人第多少次进攻了啊?徐其海一时间也没数出来。"大约有个二十次了吧。"他小声咕哝着。一连连长跑了过来:"营长!子弹要打光了!"徐其海心里咯噔一下:"通知全营,提前上刺刀!"命令下达不久之后,冲锋的号角便响了起来,徐其海带着伤和士兵们冲在了前列。"革命为民!"他脑子里忽地又蹦出这句话,神色愈发坚定了起来。战士们的怒吼声压过了枪声,响彻云霄。

徐其海率部打退了数倍于己的敌人的几十次进攻,像钉子一样牢牢地钉在了阵地上,死战不退。

扶贫路

◎虞昊天

初秋将至,平常鲜有人烟的山路上多了几道不寻常的身影。

"徐主席,前方再走几里就到壮族同胞们的村子了,我们要不先休息一下。"

"可以。"徐其海应答,众人席地而坐。清风拂过徐其海的面颊,带来丝丝凉意,但男人的心情却愈发沉重起来。面对着这广袤荒凉的土地,崎岖不平的山路,他深刻明白了党中央派他担任广西壮族自治区主席的原因:这片土地,需要他。

又经历了几个小时的跋涉,众人来到了他们的目的地。淳朴的壮族同胞邀请他们前往家中做客,徐其海接受了邀请,却在看见居民的家后愣住了。一张床,一口铁锅,两把凳子,以及几件胡乱塞在编织袋里的衣服,这就是村民的全部财产。徐其海一言不发,在考察完所有的村民的生活状况后,他请村长召集所有的村民聚集在村口。

望着底下一张张饱经风霜的面孔,徐其海大声说道:"我是党中央指派的广西壮族自治区副主席徐其海!大家的状况我已经了解了,我会组织工作进行扶贫,我会让每个人都吃得饱,穿得暖!"底下鸦雀无声。徐其海望着紧盯他的一双双眼睛,他从中看到渴望与希望。他没有再说什么,转身便离去了。因为他明白,再一次见面时就是他履行诺言的时候。

回程路上,徐其海突然有种熟悉的感觉。对了,当年在鄂豫皖根据地进行反围剿时,他也是这种感觉。过去是战友的性命,现在是群众的期盼,责任一如既往,他也从未改变。

100 徐体山将军

> 凯歌高奏气英豪，万里长征志九霄。
> 抗日神威豪气荡，一生戎马合初韶。
>
> ——山东　胡春华

济南决战

◎田雅鑫

十月的济南城充斥着肃杀之气，在城外待命的徐体山似乎已经嗅到了空气中血腥的气息。

一番激烈的作战之后，109团拼死打开了3个突破口，37师、38师部队相继攻入内城。在混战中，徐海珊政委不幸牺牲，高锐师长也身负重伤。周志坚司令员遂令38师师长徐体山统一指挥突入内城的37师和38师部队。徐体山换下久战疲惫的109团和110团，指挥其他6个团以摧枯拉朽之势分割包抄守敌残部。

徐体山握紧手里的枪，带领属下向前冲锋，打得敌军一路溃败。

"济南的冬天是没有风声的，"他突然想，"不见有人写济南的秋天，真是怪得很。"雁群在头顶呼啸而过，叫声凄凉，犹在耳边。

不多时，大明湖畔已在眼前，38师112团2营副营长王保田率5连攻入了伪省府内院，冲入王耀武的指挥所。

下属们将俘敌押出内院，手脚麻利地开始收打扫战场。徐体山在一片嘈杂中仰起头，今日无云，万里晴空。"胜利了！"他仿佛听到有人在喊。

是啊，胜利了。他用力握紧手中的佩枪，解放军也终于有了解放大城市的实力，这场正义的战争距离全面胜利也一定不远了。

济南的秋风席卷着腥甜的气息，吹过伪省府门前的军旗，烈烈作响，雁群往而复归，盘旋不去，仿佛在为这来之不易的胜利奏着凯歌。

立家风

◎ 王　志

在父亲忌日的这一天,徐体山把子女们召集起来,逐一对着父亲的遗像磕头。将军说:"这不是封建迷信,而是对长辈的追思和悼念,尽管离去的老人不会再感受到后人的祭奠,后人也不能失去感恩之心。父母给了我们生命,大家才会有今天。"徐体山将军倡导的孝道,被儿女们很好地继承下来。

到了徐体山将军的儿子这一辈,甚至形成了一种心照不宣的惯例,每天姊妹中必须有一个人在家陪着老母亲吃饭。

徐体山将军曾对儿女们说:"依靠自身努力,做有用之人,行大义之事才是根本。我不要求你们成名成家,也不要想去做什么大官,但必须拥有一技之长,这样,于己于国家都有利。"

徐体山二女儿说:"我们家的家风是我们父亲和母亲传下来的,叫作老老实实做人、认认真真做事,你要把这两条做到了,这辈子你很伟大了。我们不敢在父母面前说假话,因为父亲最鄙视的就是这个!我们家还有一条规矩,不允许以父亲的名义向学校、组织要求特殊的照顾和待遇,如果这种行为发生了,全家都会非常鄙视,这也是父亲最不喜欢的事情。"

徐体山还教育孩子们,要自己挣钱,父母有是父母的,丈夫有也不如自己有,花起钱来,总还隔着一层皮。这些家常话语虽然简单浅白,但蕴含的道理却是深刻的,儿女们把父亲的话当作座右铭记在心里,时刻激励自己自强自立。用徐体山的大女儿的话说,这些话自己受用了一辈子。

101 严家安将军

旧制推翻为帜红,胜关每战保联通。
驱倭逐鹿中原进,不忘当年将帅风。

——山东　胡春华

夜袭安阳机场

◎张卓然

抗日战争爆发后,战士们都打起了万分的精神。除了交战双方直面的交锋外,出色的通信与侦查工作也是一场战役取胜的关键。

严家安是一位优秀的侦查干部。当时,严家安任八路军129师作战参谋、冀南军区通信科长、侦察科长。

上级命令,打掉敌人的安阳机场。面对眼前艰巨的任务,严家安没有退却。在经过一番侦查与思考后,他对身边的战友说:"同志们,一会听我号令。安阳机场是敌军的战略要地,一定会有重兵看守,而我们只有一个连的火力,我们必须分头行动!一会儿二排和三排进行火力掩护,一排和我一起潜入进行爆破,明白了没有!"

"明白!"战士们齐声回答。

机场上日军和伪军还在机械地徘徊巡逻,他们显然没有意识到一场"灾难"的到来。时机已到!"开火!"严家安一声令下,二排和三排开始进行佯攻,敌人被打了个措手不及,立刻陷入混乱。

而此时一排已经偷偷绕后,潜入到机场敌人火力较弱的一侧。战士们接近飞机,将炸药绑在飞机上,随后立刻撤出了机场。

安全撤出后,战士们引爆炸弹。巨响过后,热浪翻滚袭来,将飞机碎片卷上了天。任务顺利完成,前后仅历经半个小时。

这一次,严家安将军仅用了一个连的兵力,就重创了安阳机场,炸掉了敌人的三架飞机。严家安将军始终没有忘记父亲传授给自己的通信技术。他也没有忘记父亲对自己的谆谆教诲。他用自己一次又一次的行动守护着对党,对人民的"初心"。

"奇怪"的父亲

◎ 赵冠亚

这个故事来自严家安将军的孩子严力。

严力坦诚地告诉我们,他对他父亲的情感很复杂,在过去,有不解,有埋怨。但是到了则"满是尊敬"。

那是一个冬天,已经是半夜,严家安将军还在伏案写报告。严力就劝父亲:"爸,你身体不好,早点去休息吧。这报告明天再写吧?"父亲温和地说道:"孩子,这是我的工作,是党和人民赋予我的责任。"严力明白这个道理,但担心父亲的身体健康,看实在劝不动,也就任由其这样。日复一日,严家安将军病倒在岗位上。

严家安将军醉心于工作,根本没有考虑到自己。其实,他也没"考虑"到他的家人。严力还告诉了我们一件事。虽然现在他已经释然,但是当时确实对父亲是有埋怨的。

那时,严力刚毕业,想去国营食品厂工作。恰好,严家安将军有位老战友在那儿。于是他就想着能托关系进去。按照严家安将军的脾性,严力知道他不会同意。但是,这也算是严力人生中的一件大事。于是,他抱着试试看的心态去问了父亲。果然,严家安将军不仅没有帮他,还把他好好教训了一顿。

除此之外,还有一件事让严力印象深刻。那一年,严家安将军刚到中华人民共和国武警总部,大伙就给他安排了一场接风宴。在他的强烈要求下,仅准备两个菜,白菜炖粉条和一盘咸菜。严力说,父亲反对铺张浪费,生活一直很简朴。父亲在工作上不辞辛劳,尽心尽力。这些都让他很敬佩。

102 杨国夫将军

长征黑水做奇传,千里雄扬莫等闲。

百战将星功盖世,情牵齐鲁叶更丹。(新韵)

——山东 石继勇

血战山海关

◎ 左 磊

1945年11月4日,国共展开了争夺东北的第一仗。

当时,国民党军数次进攻都遭受挫败。国民党第13军军长石觉索性不战,只是全力构筑工事。这一过就是好几天。凭着多年打游击培养出来的战斗经验,杨国夫作出决定,进攻!

11月6日深夜,杨国夫就派出了19团2个营潜入敌13军89师阵地。这些战士们擅长游击。在一片手榴弹爆炸声和枪弹声中,不知情况的国民党军晕头转向,不知所措。

虽然这次夜袭大获全胜,但是对方也不是吃素的。由于双方实力对比悬殊,在之后的战斗中,国民党军攻势更加猛烈。至15日中午,国民党13军54师已经攻克了九门口、黄土岭一线。若山海关失守,那么其他各关口必然会受到动摇。黄昏时候,国民党军又切断了我军与锦州的联系。敌人很快就会赶到我军的背后,再无人抵抗,我军必将陷入腹背受敌被夹击的绝境。

此时,就算是身经百战的杨国夫也惊得脊梁骨一阵发凉。他清醒地认识到,正面坚守不仅没有意义,还冒有被全歼的危险。此时,作为总指挥的杨国夫必须立刻作出抉择:守还是撤?

因为被敌军切断了联系,谁也帮不了杨国夫。面对实际情况,他作出了艰难的决定——撤!"若上级追责,我杨国夫负责!"

在山海关保卫战中,杨国夫以少敌多,坚守了12天,并在完成任务后,最大限度地保存了有生力量。这一仗成为作战史的奇谈。

渔业功臣

◎张鑫花

1970年,杨国夫将军接到党的任务,任职黄海区渔业指挥部指挥。

当时,由于林彪、江青反革命集团的干扰破坏,各省市水产相关机构负责人相互扯皮,机构濒临瘫痪。

面对这些问题,刚上任的杨国夫将军,即刻主持召开了会议。

"说!为什么?为什么黄海区渔业会变成这个样子!你们平时都在做什么?"杨国夫将军猛拍了下桌子,怒吼道。

众人见此,谁也不敢作声,只埋着头。

杨国夫将军叹了口气,又说:"我们是共产党人,要时刻挂念着祖国,积极为国家发展做贡献。虽然现在不在战场了,但那股子血性不能忘。"

见状,有人弱弱地说:"您别生气,气坏了身体。大伙没有偷懒,咱们干农业去了。说起来,也不能怪咱。咱们那船,太破了,出海太危险。大伙都不想拿自己的生命开玩笑呀。"

杨国夫将军又找了其他同志了解了相关情况,经过深入而全面的分析后,他立马展开工作。

杨国夫将军深入国营渔业公司和造船厂了解造船情况,实事求是地帮助地方解决了造船中的关键性设备问题。解决了船只问题后,杨国夫将军还深入重点港口检查了解渔业生产的各个环节,并主持召开了黄海区水产战线生产经验交流会议。在技术上解决提高渔民们的产量收入等问题。

即使杨国夫将军病情恶化,住院治疗时,也从未忘渔业生产,未忘记海边的渔民。他总是说,我们是人民的孩子,我们要努力让他们过上更好的生活。

吃完那个馒头

◎朴一寒

杨国夫将军出生在一个农民家庭,自幼父母双亡,由叔父抚养长大。他9岁起就给地主家放牛,13岁入蚌埠织纱厂当学徒,18岁又不得不重返故里当雇工来维持生计。后来,虽然自己的生活条件变好了,但他也从未放弃自己勤俭节约的习惯。

1961年,齐鲁大地遭逢大旱。济南已经连着歉收三年了。这样一来,就苦了那些面朝黄土,背朝天的老百姓,他们节衣缩食,以抵抗这天灾。而时任军区副司令员的杨国夫,靠着部队里面的保障,家中的粮食还算充足。

一天午饭时,杨国夫年幼的小孙子看着日复一日的馒头终于忍不住了,象征性地啃了两口,便想将馒头扔进泔水桶里。就在这时,杨国夫制止住了孙子的行为。

孙子抱怨道:"爷爷。家里还有粮食,扔掉这一点又不算什么。"

"哪里不一样!"杨国夫斥责了平日里最疼爱的孙子,"百姓信赖我们,我们才能有今天。哪里有百姓受饿,我们却在这里浪费食物的道理?"

"哪怕是一点点也不行吗?"孙子委屈地问道。

"唉!"杨国夫叹了口气,说:"你啊,还是不懂。爷爷小时候家里穷。为了养活自己,只能去别人家那里做工。平日里的劳累和辛苦,你想象不到,当时我就想,如果有一天我可以过上好日子,我可以让其他跟我一样处境的人都能过上好日子,那我就知足了。所以我加入了红军……你明白了吗?"

孙子似懂非懂地点点头,嚼完了剩下的馒头。

103 杨克武将军

少年立志向军红,万里长征铸笔雄。

抗日救国歌勇毅,一生革命做精忠。(新韵)

——山东 石继勇

智擒十三"贼"

◎张浩辉

那是一年十月,杨克武将军不幸在劳山战役中腿部负了伤。受伤后的他被送进了洛川红军医院。当日夜里,刚做完手术的杨克武一直没有入睡。

忽然,医院的小巷子里掠过几道黑影。他们极其慌张,弯着腰轻声轻脚地走着。细心的杨克武发现,这群人不是小偷,他们应该是士兵。因为他们背上背着的是精良步枪。

杨克武仔细想了想,认为这一小部分人应该是国民党军109师牛元峰部溃兵。他们可能在找一个不在红军控制范围之内的落脚点,准备休整一番,好再去找大部队汇合。殊不知,这不熟悉路况的十三个"贼"竟然自投罗网,不知不觉来到了杨克武所在的医院附近。

医院前看门的小黄狗也嗅出了陌生人的气息,一阵狂吠。这一叫不要紧,却着实吓坏了十三个"做贼心虚"的溃兵。他们拔腿就跑,发疯似的往远离医院的方向逃窜。

拥有多年作战经验的杨克武意识到情况不对,也不顾自己的伤,直接从床上跑了下来。他拖着有伤的腿,忍着痛,竟然顺着"贼"逃窜的痕迹,一路追了上去。

趁着月光被云朵遮住,杨克武灵机一动,突然绕着十三个人跑了起来。边跑边开枪的同时,他还用不同的语调向十三个人不停喊话:"缴械不杀!""快快投降!"十三溃兵不明真相,真以为自己已被红军层层包围。他们很快就缴械投降。直到后来,他们才发现层层包围他们的红军是一个腿缠绷带的人。这着实令人捧腹。

将军种菜

◎ 张玉辉

新中国成立后,杨克武将军进入南京军事学院学习,毕业后留校担任教员。杨克武将军还先后担任中国人民解放军后勤学院战役法教授会主任、军事科学院战理部战略研究室主任等职。

当时,杨克武住将军楼,生活条件相对来说是可以的。这也算是国家对杨克武将军这么多年来为人民、为祖国,不计得失付出的奖励。但是,杨克武将军可闲不住。据杨克武将军的儿子杨晓林回忆说,他的父亲非常乐意自己下地做活儿。什么西红柿、辣椒、花生、茄子等应有尽有,家里根本不需要买菜。除此之外,杨克武将军还乐意种些水果,如葡萄、桃子、柿子、李子、西瓜等。除了冬天,整个院子里都是绿油油的。

但是,种地也不是说种就能种的。施肥、挑水,杨克武将军都包圆了。杨克武将军两条腿都中过枪,留下了四个窟窿眼,左腿比右腿短几公分。那施肥用的粪足足有百来斤,他都是自己挑到菜园,浇到蔬菜瓜果的地里。

杨晓林很心疼父亲,就问他说:"爸,你说咱们又不缺那买菜的钱,费那事,自己种菜干嘛?"

这时,杨克武将军就会为自己"辩解"道:"以前的日子苦,现在变好了,但也不能忘本。你说那二万五千里长征,咱们有多苦。这种精神可千万不能忘了。"

104 杨以山将军

踏遍烽烟斗志昂，征途万物证沧桑。
蓉城再现澄明月，政绩流今万里香。

——山东 安立红

草地兵站站长

◎ 刘天顺

长征开始以来，杨以山就担任了红四方面军总部供给处军需股股长职，一直承担着筹备粮草的重任。

1936年8月，杨以山随红军总部来到了黄河上游的草地噶曲河畔。一天，朱德总司令把杨以山叫去问："是四局指定你驻在这里设兵站，给部队分发牛羊吗？""这个任务很重要，我们后面还有几万红军，总指挥部决定将四方面军所有驮帐篷、驮行李的牛羊留下来，供应后卫部队。从这里走出草地还得六天，咱们每人每天发的牛羊肉，连皮带肉不能超过一斤，其余的都留下，否则后卫部队就过不了草地。"朱德还特别交代杨以山："羊子杀了用开水烫，牛皮用火烧，肠肚也要吃掉。"杨以山郑重地点点头，他知道这些牛羊都是至关重要的战略资源，必须严防死守。

于是杨以山配合红30军在这里支起帐篷，建立兵站，负责红二方面军后卫部队的供给。他也成为这个草地兵站的第一任站长。他组织部队把牛羊藏在一人多高的荒草中，并把每天的牛羊肉供应量减少，还动员战士们钓鱼以等待后卫部队的到来。

等红二方面军过去后，杨以山领着兵站的同志们追赶部队。在一个树林边，他看见许多执行任务的战士们都饿得瘫在地上，为了抢救连队同志们的生命，杨以山决定把自己兵站唯一一头牦牛送给他们，一起走出草地。从此，杨以山以长征路上的"草地兵站站长"而闻名军中。

杨以山进藏

◎潘蓉晖

解放战争刚结束的时候,西部地区刚刚解放,需要一个人去西南军区负责后勤保障。这时杨以山站了出来,铿锵有力地说:"我去!"

他坚决执行毛主席的指示"进军西藏,不吃地方"。他精心策划组织了进军西藏的后勤补给工作。他认真研究了进藏部队的装备和供给标准,为部队抢修康藏公路提供物质保障。

当时杨以山根据一线的情况,在西南军区首长的指示下,请来了西藏问题研究专家和营养专家,经过半年的调查研究,制定了西藏部队的给养标准。实践证明,这个西藏部队给养标准,至今仍被专家和群众所认可。之后杨以山还参加平定西藏叛乱,在当地开展了农副业生产。

在北京的军委基层会议上,周总理指出:"在世界屋脊上开展农副业大生产运动,是一项艰巨而又光荣的战役。西藏的同志们要克服一切困难,把工作干好。"

杨以山深受鼓舞,在会上他把自己的研究方案以及对西藏情况的深刻了解做了系统汇报,并提出了很多行之有效的建议,受到了军区党委的重视,得到批准。

会议后,杨以山毅然回到了西藏,继续为祖国建设边疆,并取得了卓越的成就。而这条后勤保障线,为后来中印边境自卫反击战的胜利,打下了坚实的基础。

就像杨以山说的那样,"无论经历了多少岁月,我们的初心,会永远闪闪发光"。这是他践行一生的信念。

105 杨银声将军

寻求解放闹翻身,北战南征千里尘。

血溅忠心播火种,朝鲜腥雨震乾坤。(新韵)

——山东 安立红

教会医院的神秘"少爷"

◎张子同

杨银声将军一生先后参加过土地革命、抗日战争和解放战争,在这三大革命战争中,他始终忠诚于中国共产党和中国共产党领导的中国革命。

1936年,在一次作战中,杨银声被白匪军的一颗子弹击中了要害,伤势十分严重,不得不暂时退下前线,接受治疗。受伤时,他不断鼓励战友们继续战斗,让他们不要担心自己,自己伤一好就会回来和他们一起并肩战斗。

在党组织的安排下,杨银声被秘密送往巢县的一所教会医院进行救治。当时国民党正四处搜捕共产党员。特别是在他疗伤期间,国民党特务隔三差五便到医院来搜查共产党员和革命积极分子。为了掩护身份,杨银声扮成一位富家少爷,假称被土匪打伤。当时杨银声为了安全,尽量不外出。等伤势一好转,他就经常跑到医院的传达室,有意与看门的宋大爷搞好关系,借此探听外界的情况和消息。

一次,一个特务反复询问大家医院里受枪伤的人是不是红军,同时警告所有人:"谁要敢收留红军,让我知道了,都给枪毙了。"看门的宋大爷抢先答道:"都是乡里人,你可别瞎说。哪个红军吃了熊心豹子胆敢上这儿来治伤?那边受伤的是县里有钱人家的少爷,被土匪打伤了,他家亲戚可在省里当大官呢。"杨银声听后觉得特务不会轻易打消怀疑。第二天,他就以想家为由提前出院。几天后,特务队查明真相前来缉拿杨银声时,他早已在中共地下党组织的掩护下迅速撤离了这所教会医院。

回乡探亲

◎ 王若瑜

1950年秋,组织上批准杨银声回家探亲。他归心似箭,当即收拾行李,带上4岁的长子和两名警卫人员,启程返乡。

解放初期,交通不便。杨银声他们坐火车从下塘集站下车后,还要走四五十里的乡间土路。当时刚下过雨,道路泥泞难行。如果杨银声让人通知当地地方组织或者向他们求助的话,行程应该会轻松许多。然而杨银声却并没有动用自己的职权以获得便利。他认为这是他返乡途中必须要经过的"一段路",这段路的路头是他战斗和工作过的地方,尽头是他的家乡。

当时杨银声儿子年幼,走不了如此漫长泥泞的土路。杨银声就一路背着儿子走,直到自己再也背不动了,随行的两个警卫员也已经累得气喘吁吁,他才自己花钱雇了一部独轮车帮忙。推车的是位老者,年纪大,走了一程,体力就渐渐跟不上了,累得上气不接下气。杨银声看在眼里疼在心里,就对老人说道:"老人家,您坐在车上休息一会,我来推着您走。"老人家立马回复道:"那可不行,您是老板,我是推车的,哪有让老板付钱推车的道理。"在杨银声的再三坚持下,老人无奈而不安地同意了。到达目的地后,老人满怀感激地连声说道:"谢谢您们!您们是好人!"杨银声却说:"应该谢谢您,老人家!是您和您的独轮车帮我们回到了阔别了十七八年的枣林村。"

106 杨植亭将军

> 安徽自古出英雄,烽火沙场血染红。
> 党帜高扬豪气壮,军民柴米寸心忠。
>
> ——意大利 金冠军

一套军服

◎万恒劭

抗日战争时期,杨植亭在晋察冀军区任供给部军实科科长。

一天,军区卫生部的叶部长陪着一位金发碧眼的大个子外国人,突然来到军实科。他对杨植亭说:"杨科长,这位是从加拿大来支援我们抗日战争的白求恩大夫。请你给他找一套合适的八路军服装。"

杨植亭立即陪同白求恩去被服仓库里,亲自为他一件一件挑选合适的军服。可是整整跑了小半天,还是劳而无功。特大号的衣服白求恩穿在身上袖子还是短了半截子,他的个头实在太高大了,八路军中就没有他这么身高的战士。白求恩的脸色有些抑郁,流露出一种无可奈何的遗憾!

怎么办?叶部长无可奈何地望着杨植亭。杨植亭笑笑说:"叶部长,我连夜安排赶制,明天保证让白求恩同志穿上咱们八路军的衣服!"

杨植亭组织被服厂和鞋厂的工人,连夜为白求恩赶制出两套军服和布鞋。第二天一早,白求恩就穿上合体的军装、合脚的布鞋。这么一装扮,白求恩俨然成了一名八路军战士!白求恩满脸都是满意的笑容,他紧紧握住杨植亭的手,借助翻译表达了他的感激之情,他说:"谢谢你们一夜之间,让我穿上漂亮合身的军装,八路军的速度令我吃惊!"

事后,一次开会时,叶部长对杨植亭说:"白求恩同志让我转达对你们的深深谢意!他说你们一夜之间就让他成为八路军中名副其实的一员,是个奇迹!他表示要竭尽全力救治伤员,为反法西斯战争的胜利贡献力量!"杨植亭答道:"叶部长,请你转告白求恩同志,我们会按时、按季为他特制军装的!"

107 杨中行将军

> 报国从戎许一生,孤身总在难中行。
> 丹心向党为军治,带出今朝细柳营。

——北京 张进财

"杨摆子"

◎ 苏 飞

1932年10月10日,红四方面军主力离开鄂豫皖根据地,准备西出平汉线,跳出包围圈。在彷徨镇与敌第一师和陕军警备旅的战斗中,杨中行左脚中弹,一根脚骨被打断,无法行走。部队出发前的那天夜里,他躺在红军医院的铺草上,伤口疼得怎么也睡不着。

半夜时分,杨中行爬到屋外小便,发现医护人员的房间空荡荡的,不远处两个通信兵正牵着一头骡子在收电话线。他立刻意识到部队要开拔,便不顾伤势疼痛,奋力爬过去一把拽住骡子的缰绳。两个通信兵见状,急忙向他解释说部队已经开拔,因为伤号多、担架少,又要翻越秦岭,所以凡是走不动的伤员一律留下来,由当地群众安置。杨中行想跟随大部队到前线继续战斗,不想留在后方养伤,便死死地抓着缰绳不放。两个通信兵无奈,只好把他扶上骡子,带上了。

当晚到达宿营地后,杨中行叫两个通信兵把他放在师部门口,蜷缩着过了一夜,直到第二天被师政委周纯全发现。周政委叫人弄来开水和干粮,又命令机要参谋把驮文件的骡子牵来给他骑行代步。杨中行骑着骡子上的秦岭,但只骑了两天,就坚持自己一个人沿着山路慢慢行走。后来他的老指导员洪学智给他叫来一副担架。

莽莽秦岭绵亘千里,山高路险,寒风刺骨,雪深没膝。别说是抬着副担架,就是空手走路也是一步三滑。终于,两个抬担架的战士再也支撑不住了。剩下的路杨中行硬是靠着自己的手、腿、脚爬行走完的。

当他找到自己的部队时,他的脚伤也渐渐有了起色,已经能一瘸一拐、左右摇摆地独立行走了。战友们见状,纷纷称赞杨中行"真是一个打不垮累不死的老摆子"!从此,杨中行将军也就有了一个亲切的绰号"杨摆子"。

那一天的雪夜

◎ 司文超

那一年,上级问他是否愿意到大山深处,去完成一项党和国家交给他的任务,他只留下一个字:"去!"这一个字,体现了他身为军人的职责。和他一起进入大山深处的一共有六个人,无一例外的是,他们都是军人,其中的两位,小李和小韩,已经陪伴杨中行好多年了。

太阳初升,天地白茫茫的一片。这时,小李急匆匆地跑了过来,"首长不好了!雪太大,把山路封了!咱们的供给不到三天了,这该咋办啊?"

杨中行抽了口旱烟,说道:"没事,我来想办法,打仗的时候什么困难没见过,现在咱们的主要任务是把这个难点给攻破了,早日完成国家的任务,咱们早一天完成任务,国家就能越早变得更加强大!"

小李听后,说:"明白了!我这就去工作。"

夜深,一个身影偷偷地跑出营地,一瘸一拐地往那大山更深处走去……雪白的地面上只有两道脚印。每走到一棵树下,他就敲一敲,看一看。突然,他踩到了一块石头,雪使这块石头变得异常地光滑,他重重地摔到了地上。就这样,雪地里不仅有了脚印,还有了一抹血红。

天亮后,当小韩他们在寻找杨中行时,大山深处慢慢地走出了一道身影。"首长!你的腿!"小李瞬间哽咽,"没事,给你们看看这栗子,够咱们吃的了。记住,咱们是军人!军人就要顶天立地,只有咱们打败困难,绝不能困难打败咱们!"

时间在变,不变的是军魂;环境在变,不变的是军心;社会在变,不变的是军营;事物在变,不变的是军人。一切都在变,不变的是杨中行的初心。

"爷爷不是英雄"

◎ 何晨熙

风越来越紧,金黄的叶子在稀疏的树枝上左右摇摆,倔强地不愿离去,好似抓住了树枝就是抓住了过去的岁月,任凭风吹雨打依旧昂然地立于枝头。

夕阳西下,小院中突然响起一声吆喝:"老爷子,过来帮帮忙。"枝头不愿离去的树叶似乎受了惊,在风儿的裹挟下最终离开了枝头,在空中打着转。

"来喽!"杨中行悠悠起身,一瘸一拐地走向屋内。

"爷爷,为啥您走路总是要晃呀?"虎头虎脑的孙子抬头望着爷爷,问出藏在心底已久的疑惑。

"因为爷爷以前受过伤。"杨中行慈祥地看着面前一蹦一跳的孙子,温和地答道。

"我知道的!爷爷是英雄,伤痕是英雄的勋章!"孙子眼中闪着敬佩的光芒,"我长大以后也要像爷爷一样做个英雄!"

"哈哈,爷爷可不是什么英雄,爷爷只是老百姓当中很普通的一分子。"杨中行笑了起来,但不一会表情就变得严肃了。"孩子,你要记住,要当兵,就要能吃苦,能坚持,因为我们为的不仅仅是自己,我们为的是国家,是人民,无论受多重的伤,都要爬起来,不拖同志的后腿,不拖国家的后腿!"

"记住啦,爷爷!"孙子看着表情肃穆的杨中行,使劲地点了点头。

108 于敬山将军

国难何由惜此身,身经百战智绝伦。
军称万岁谁堪比,只要心中主义真。

——北京 张进财

以退为进

◎ 刘洪江

1946年3月,东北战局形势突变,国民党扬言3个月内消灭共产党军队,全副美式装备的国民党军由南向北,大举进犯我军各个革命根据地。于敬山所在的东北民主联军一纵二师奉命在昌图以北地区阻击敌人。

8月8日,敌军一支部队孤军深入,冒险突进到秃岭山,与后续部队相隔15公里,我二师四团抓住战机,立即分兵包围了秃岭山。

"团长,情况不对啊。"一战士说道。

"我们这次虽然把他们围在这儿了,可是我们没有火炮,装备落后,反而被他们压着打了。"团长无奈地说。

"报告团长,发现敌方援军正向我们这边逼近。"一战士报告。

"再拖下去,被包饺子的就是我们了。"团长一拳打在地上。

"团长,让我去看看吧。"团政治部主任于敬山临危请命。

"不行,现在敌人火力猛烈,前面的路已经被封锁了,太危险了。"团长摇头。

"打仗怎么会没有危险?越是危险越需要我们党员干部冲锋在前。"于敬山坚持道。

团长同意了,于敬山和警卫人员立即冲过两道火力封锁,来到二营阵地了解情况。

"现在敌人窝在那高地上,我们的人攻不上去,损失惨重啊!"二营长脸色阴沉地说。

"强攻肯定不行,前面地势平坦,冲出去就是给敌人当活靶子。现在在进攻的是哪个连?"于敬山问。

"是六连,怎么了?"二营长回答。

"你让六连佯攻,边打边退,慢慢撤出公路,让出口子,诱敌突围,等敌人下了高地,再聚而歼之。"于敬山向二营长献上一计,二营长点头称是,依计而行。

不久,被围困了几个小时的敌军看到六连后撤,纷纷冲下高地。说时迟那时快,二营官兵突然来了一个反冲锋,与一营、三营紧密配合,全线出击,将突围之敌全部消灭,打了一个漂亮的歼灭战。

截敌"万岁军"

◎李 亮

1950年冬,38军113师集合在天寒地冻的鸭绿江边。

"同志们,第一次战役我们志愿军总共歼敌15000多人,接下来我将带领你们乘胜快速追击南逃北援之敌,切断敌人的支援,打掉美帝国主义的嚣张气焰!"师长于敬山在阵前喊道。

"好!"战士们异口同声,热情高涨。

"接下来我们要一直前行,希望大家坚持住!"于师长接着说:"一定要让敌人知道我们的厉害。"

天很快黑了下来,北风呼啸,寒冷刺骨,每个战士的脸都被冻得通红,靴子踩在急行军几个小时后,于敬山问战士们:雪地上咯吱作响。

"同志们累不累,要不要休息一会?"

"不累。"战士们回答道。

"好!"于敬山挥了挥手说,"我们要赶紧追上敌军,绝不能放过他们!"

在经过14小时的强行军后,于敬山带领的113师快速挺进73公里,如神兵天降,成功阻击了南逃北援的美韩军队,让美军有序撤退的计划转眼成空。

随后,我志愿军势如破竹,歼敌3万余人,其中美军1.7万人,迫使美军在10天内败退了300公里,从北纬四十度线被赶到三八线以南,朝鲜战局也因此被扭转。消息传来,彭德怀司令员异常高兴,激动地称赞38军为"万岁军",同时亲自通电嘉奖了第113师。

109 于侠将军

晓月征鞍万里途,一生转战未曾孤。
山河有梦君为赋,海疆万里岂曰无。

——北京 张进财

参军报国

◎ 高 升

"儿子,咱家还有粮么?"老父亲捂着胸口咳嗽着问道。

于侠看着家里的四面土墙,沉默了。他和父母辛辛苦苦耕作了一年,收成不太好,上缴完粮税、地租,竟然不剩下些什么。父亲的身体还不好,告诉他实话,他能接受嘛?

于侠思量许久,还是决定告诉父亲实话。

"爹,今年地里面就没有产多少粮食,基本都交地租了,哪里还剩什么粮食啊!"于侠握着老父亲的手无奈地说。

"唉,今年冬天,咱们家怎么熬哟!"父亲的几滴泪落在于侠的手臂上,于侠的心也跟着揪起来。

过了几日,村子里的人们都在议论着,有的满脸惊愕不敢相信,有的哈哈大笑乐开花,还有的就是像于侠这样不知道怎么回事儿的。

"哎,二叔,发生什么了,大家都在议论什么呢?"

"你还不知道啊,昨天夜里红军来了,把地主家给抄了!现在要分粮了,我们的好日子要来了喽!"二叔嘴巴笑得都合不住了。

于侠激动得不得了,赶紧往家的方向跑,想把这个消息赶紧告诉父亲。

"爹,红军来了,分粮了,咱们有粮吃了!"

"真的嘛,红军真是活菩萨啊,救了咱们一家人!"

几个士兵住在于侠家中,每日早起帮他们干活,给于侠讲先进思想,丝毫没有官架子。于侠看着他们斗志昂扬的神情,心里动了动,也想加入红军。晚些时候和父亲商量,父亲十分支持。

于是,于侠加入了红军,立下了解放全农民专心干革命的志向!

奔赴边疆

◎罗丁玲

一个月色朦胧的夜晚,路边草丛中悉悉索索的声音像是有风儿刮过一样。肩负边疆剿匪重任的于侠示意守候在这里的战士们别出声,等附近的土匪全部出现时再乘其不备,一举歼灭。

土匪由于缺粮,计划到镇里抢夺百姓的粮食。为了保护人民的生命财产安全和瓦解地方反动势力,于侠带领所属部队的部分战士在土匪的必经之路上提前设下埋伏。战士们一动不动地趴在山路两边,静待土匪们出现。

天快亮的时候,山路上热闹了起来,传来一阵阵杂乱的脚步声。于侠轻轻地扒开草丛,发现不远处走来的正是他们守候的对象,只是还不够近。

等土匪们完全进入了包围圈,于侠大吼一声:"打!缴枪不杀!"战士们一跃而起,子弹纷飞,杀声如雷。不一会儿就将一大群土匪俘虏的俘虏,消灭地消灭,出色地完成了党和人民交给的任务。

不论是革命战争年代冲锋在前,还是新中国成立后剿匪戍边,作为一名共产党员,于侠将军始终不忘初心,赤诚为党为国为民。

掉落的饭菜

◎ 钟 喜

"哐噹～哐噹～"一阵铁锅的翻炒声响过以后,不一会儿几个碗盘就从厨房里被端了出来,三菜一汤,没有肉,也没有什么油水,与普通家庭没有什么两样。

"爸,吃饭了!"一位中年妇女朝里屋喊了一句。

"你们先吃,我看完报纸就来。"屋里传来一个粗犷的声音。几分钟后,屋里走出了一位头发花白、满脸皱纹的老人,脚步稳健,不快,也不慢。他走到桌边坐下,中年妇女对旁边一个小女孩说道:"小芸,快去给爷爷盛碗饭来。"小女孩仿佛早就预料到了这一切,中年妇女话音刚落,她就已经拿起了碗,开始盛饭。

"爷爷,您的饭。"小女孩将盛好饭的碗递给老人。

老人接过饭碗,说道:"你们也吃嘛,说了多少次了,你们先吃,怎么就是不听呢!"

"您是长辈,哪有后辈先动筷子的道理?"中年妇女微笑着对老人说。

吃了几分钟,女孩扒了一口饭,然后伸着筷子去盘子里夹菜,但没夹好,菜掉在了饭桌上。她犹豫了一下,然后把掉在桌上的菜夹起,送入嘴里,接着又扒了口饭。老人微笑着朝小女孩点了点头,欣慰地说道:"像样儿了!"

这时,女孩耳畔同时回响起了自己父亲曾经对她说过的话:

"你爷爷一生淡泊名利,勤俭节约,艰苦朴素,爱憎分明。他是我们家的骄傲,他的精神也是我们家最宝贵的财富,我们家一定要把他的优良作风传承下去,绝对不能反其道而行之。"

110 余积德将军

响堂铺上剑初磨,百战莫嗟风雨多。
余善积德激后进,炮兵劲旅卫山河。(新韵)

——北京 李灵光

赤子之心

◎李仕骐

早在1931年4月,余积德就参加了红军,成为了一名光荣的革命战士。土地革命时期,余积德参加了鄂豫皖苏区第一至四次反"围剿"作战和长征,三过雪山草地,吃尽了苦头,历尽了危险,但依然不改革命救国之志、奋力为民之心。

有一次,战士们在经历了一整天的长途跋涉之后,累得精疲力竭,就按照上级的命令就地休息。这时连长走到余积德身边坐下,拍了拍他的肩膀说道:

"积德啊,你在长征路上的表现,我都看在眼里。你能告诉我,你当初参加红军的原因吗?"

余积德听完,思索了一会,回答说:

"我从小就看到村里的乡亲们吃不饱饭,睡不好觉,受尽地主的欺压,过着当牛做马、猪狗不如的生活,那时候我就想,如果有一天谁能改变这一切,我一定要奋不顾身地跟随着,将普通老百姓从水深火热之中拯救出来!"

连长听完余积德的话,想到他说话时坚毅而犀利的目光,自己的眼神也变得严肃和庄重起来,起身拍了拍余积德的肩膀,说道:

"我们革命队伍就需要像你这样有决心的同志!"

"大家都要向余积德同志学习。心中有信仰,革命才有力量!"

111 余明将军

庐江宿北闯菜芜,誓为人间换坦途。
掌上风云说往事,曾经纵马战巢湖。(新韵)

——北京 李灵光

要革命

◎ 许劲博

深夜,饿得睡不着觉的余明听到了父亲和母亲的对话。

"这咋好好的闹了饥荒呢!地里啥都长不出来,山里头的野菜也难找,就连树皮都有人吃!这可怎么叫人活?"母亲叹息着说道。

"唉,山挖空了就得等死了。"父亲无奈地说道。

"孩子他爸,我今天在县里听说共产党他们要搞什么'均粮斗争',要跟地主、当官的斗一斗,看看怎样给咱穷人老百姓弄点粮食吃!不知道真的假的呢!"

"听说了,跟着共产党干,把地主从俺们这抢过去的粮食给拿回来!"父亲说道。

余明想着回家路上到处是因饥饿而患病或死亡的呻吟与哀号,把"均粮斗争""共产党"这两个词深深地刻在了脑海中,彻夜未眠。

不久,余明父子俩就响应共产党的号召,参加了立夏节起义,和贫苦的百姓一起夺回了自己粮食。余明看着自己手上仿佛已经不认识的馒头,暗下决心:"一定要让全中国的穷人都能吃上馒头!"

守时坚定

◎ 许劲博

1942年2月,余明调至2师6旅16团任政委,率部随旅主力转战在淮南津浦路西地区。当时日伪军借"扫荡"的名义屡屡侵犯抗日革命根据地的边界,再加上粮草不足、装备短缺,战士们不胜其烦。余明便带上一队人打算偷袭。

余明和战士们在背风的山崖边缩成一团,用皮带紧了紧有些露絮的棉袄。

"老余,这大寒地冻的,吃穿都不够,装备也少,大家也累了,咱们真要在这儿开打吗?要不守在根据地,万一他们来打,也好防卫。"有人被冻得受不了,低声说道。

余明也正冷得哆嗦,但仍然不松口:"正是因为咱们什么都缺,才得瞅准机会偷袭,现在出去,万一被发现了,那咱们不是正撞在枪眼上?吃得不够了,咱们把肚子扎紧一点,还能再撑两顿。晚上我带两个小伙子去偷袭,看看能不能弄点装备护身。如果真的打起来,咱们也不怕他们!"

夜幕降临,余明一行人悄悄出动,低身俯首,悄悄靠近日伪军的地盘,刚拿到设备准备撤退,不料却被巡逻兵发现。眼下撤退不易,余明当机立断,决定应战。余明一声令下,战士们纷纷举起枪,四处应和,大家一同迈着沉稳的步伐,一腔热血点燃了冰冷的土地。

天色渐亮,余明等人终于冲破了日伪军反复的"扫荡",保卫并巩固了路西抗日根据地。

不搞特殊

◎ 戴 晨

新中国成立后,余明将军被任命为中国人民解放军空军副政治委员。

一天中午,余明去食堂吃饭,刚到打饭窗口,打饭的阿姨就笑着对他说:"余政委您忙工作辛苦了,来得比别人晚了些,您的饭我已经给您提前打好了。"

余明道谢后接过饭,对阿姨摆摆手说道:"以后不用提前给我打好,大家都在排队,我不能搞特殊化啊。"

余明走到一处餐桌前坐了下来,打开饭盒才发现自己的饭菜跟周围人相比,要丰盛许多,就走过去问打饭阿姨道:"为什么我的饭菜跟其他人的不一样呢?"

阿姨不解地说:"您是领导,当然要给您加餐啊。"

余明笑道:"大姐,我知道你是好心,多谢你的好意。但是大家每天都同样辛苦工作,我没有理由加餐呀。以前打仗的时候,草根树皮我都吃过,现在能有这样安稳、有饭吃的好日子我已经很知足了。以后大家吃什么我就吃什么,我不是什么领导,我和大家一样,都是来为国家工作的。"

打饭阿姨听完余明的话敬意油然而生,连忙说道:"您说得对,我下次一定改正。"

精神重如山

◎ 张天宇

孩子们喜欢听余明说以前打仗的事情,他也很乐意和小辈们说一说。但面对自己曾吃过的苦,余明总是说:"都过去的事情了,没啥好提的。一个人一辈子哪能不受点委屈,这都是在所难免的。好好努力,肯定能过上好日子!"

孩子们似懂非懂地点头,稚嫩的眼睛里充满了光彩。

后来余明将军去世,朴素的他没有留下太多物件,但一身赤胆和忠诚自省的精神留给了下来。余明将军的儿子去世时,孙女想着让父亲走时风光一些,便和县里的工作人员说,可以在追悼会上拉个横幅,写上"余明将军长子××同志追悼会"的字样。

按理说,这只是个小事,县里也答应得十分爽快,本不应该再有什么波折。可是余明将军的妻子知道了,非常生气,拖着年迈的身体亲自跑去和县里说:"不要写什么将军长子,他只是普通人的儿子,只要为人民做过有益的事,不需要开什么会、不需要拉什么横幅,大家一样会记住你!"

孙女知道了之后非常羞愧,连忙认错,和县里领导商量后把横幅撤了下来,她说:"奶奶和爷爷一样,一生朴素善良,一直反对任何人打着爷爷的旗号,把它变成捞取政治资本的道具。这件事虽然是小事,但确实是我考虑不周了。"

112 余品轩将军

> 余勇依然振九州,轩昂品度自风流。
> 几番围剿难擒虎,淮海渡江不系舟。(新韵)
>
> ——北京 李灵光

不负信任

◎ 许劲博

1937年3月,精疲力尽的部队突然遭到马家军袭击,受到重创。

余品轩深知此役意义重大,为了保留部队实力,余品轩决定亲自掩护部队突围。只见他毅然拿上武器,对战友们说道:"同志们,我来掩护你们,大家赶紧冲出去!"

战友们大惊失色:"老余!你要做什么?你是我们的领头羊呀!"

余品轩正色道:"领头羊不是站在大家身后的!大家信任我,让我带这个队伍,我不能辜负大家的信任!大家都是我的兄弟,撤退的是我的兄弟,前面冲锋的也是我的兄弟,我不能在危难之时,不和他们一起战斗。我知道你有这个能力,所以才托你来带部队突围,不准犹豫不准回头,这是命令!只要部队还在,我们就不会输!"说罢便起身向前走去。

余品轩回头,看到大家有些犹豫,就坚定地大声喊道:"快走啊!我来掩护!"看到部队逐渐远去,余品轩放下心来。随后,他便冒着敌人的弹雨,灵活穿插,不断扰乱敌人追击的步伐,为部队寻找机会分散突围。

掩护部队突围时,战士们采取分散突围的作战方式,余品轩因此与大家走散。最后,他凭着坚定不移的革命信念,战胜疼痛饥饿,历经千辛万苦,才重回部队。

战友满怀热泪地对他说道:"老余,我就知道你会回来的!"

余品轩朗笑一声道:"大家相信我能回来,我就一定要回来!

归乡赠衣

◎ 喇凤仙

1957年春,时任河南省军区副司令员、兵役局局长兼南阳军分区司令员的余品轩轻装简从,回到阔别二十多年的家乡。

乡亲们看到余品轩回乡都很高兴,但有些亲戚知道他位高权重后,就对他说:"品轩呀,你现在当了大官,有权有钱,不要忘本啊!要多给家乡和亲属谋点福利,修修路送送礼啥的,父老乡亲和街坊邻居们都会感激你的!"

余品轩听后耐心地解释道:"官位无论高低,都是为人民服务的。现在我手上确实是有钱有物,但那都是公家的,公家的东西也是大家的血汗汇聚在一起的,一个铜板都不能乱用。我更不能把公家的东西当作自己的东西送给亲戚朋友和左邻右舍。路一定会修的,大家要相信我们的党和政府,等条件好一些后,我会把情况反映上去的。我们要相信党和政府一定会让各家各户过上更好的日子的!"

他停顿了一会儿,笑着继续说道:"我阔别家乡二十多年,今天终于回来,只因来得匆忙,未备厚礼。现在,我只有身上穿的衣服,才是我自己的。品轩无能,只能简单回报亲人一下了。"说完,他当场把身上穿的一件毛衣脱下,送给了一位亲戚。现场响起了热烈的掌声。

我是农民的儿子

◎ 张 献

越是居高位者,越懂得谦卑。余品轩将军也是如此。

"我是农民的儿子!"他总是乐呵呵地说道,并身体力行地践行这句"真理"。

余品轩在房前屋后开辟了几块地,只要一有空,他就带领全家人和警卫员在地里忙前忙后,种点瓜果蔬菜,再干干杂活。

有人担心老将军的身体,和余品轩的孩子说道:"直接买来不是更方便吗?您父亲这么大年纪了,还是别劳作了。"

孩子说道:"父亲喜欢吃自己种出来的菜,觉得自己在田里忙忙碌碌的时候心里有底,能找到自己的根。"

工作上高标准,生活上低标准,这是余品轩将军恪守的准则,也是将军对儿女的要求。

一次,余品轩回家时正好碰到打算出门的警卫员,于是便问道:"你这是干什么去呀?"

警卫员立正敬礼后答道:"小余的鞋子穿破了,我正打算出门扔掉。"余品轩接过来仔细查看了一番,发现不是很破,就又带回了家。孩子们趴在门边,不小心看到了一位老人在桌边低头补鞋的这一幕,心中很受触动,想起自己随意丢弃,很是惭愧。

还有一次,余品轩的孩子不小心用了公家的脸盆洗脸,恰巧被他撞见了。于是便叫来警卫员,询问原因。警卫员吞吞吐吐地说带错了。他听后没有责怪警卫员,而是执意叫警卫员将脸盆还回去,还召开了一次家庭会议。孩子们听余品轩严肃地教育道:你们一定要明白,绝不能占公家半点便宜!

113 余嗣贵将军

◎许劲博

金赛雄飞起旋风,不辞逆旅踏长征。
余忠嗣后人清贵,少将英名书汗青。(新韵)

——北京　李灵光

莫欺少年穷

余嗣贵从小就爱打抱不平。一听说有不平之事,就立刻冲上前:听闻街上有狼狗咬了人,就带上小木棍去"为民除害";听说街上有卖菜的在秤砣上作假,就红着脖子去理论……他16岁就加入了少先队并成为商城起义军中的一员。

立夏节起义正式开始前,身边的小兄弟悄声问道:"嗣贵,咱们这算不算替天行道呀?"

他郑重地点点头,答道:"咱们这是正儿八经的替天行道!"

小兄弟嗯了一声,接着道:"你怕不怕啊?战场上可是真刀真枪,弄不好会死的。我倒是不怕,但是我爹娘就我一个儿子,我有点担心他们。"

余嗣贵听后笑道:"有什么好怕的!咱们背后站的可是共产党呢!就算中了一百个枪子儿,我也永远不会倒!老爹老娘更不用担心,咱们只要认真把仗打好,共产党会替咱们照顾他们的!"

小兄弟瞪了他一眼:"呸呸呸!还没开始打仗,你就说中枪子儿这样不吉利的话!"

余嗣贵耸耸肩,眼神却更加坚定了。

起义进展得很顺利,余嗣贵和他的小兄弟都毫发无损地回到了家中。后来,他参加了红军,并在1931年加入了共产主义青年团,两年后成为光荣的共产党员,1964年晋升为少将。

勇反"五一"大扫荡

◎王继伟

1942年5月1日开始,日军调集了三个师团、两个混成旅,共五万多兵力,配备了飞机、坦克、装甲车,采用"铁壁合围""反复拉网""梳篦清剿"等战术,并投入化学武器,对我冀中抗日根据地和军民进行为期两个多月惨无人道的大扫荡。

敌强我弱,局面复杂,形势严峻。余嗣贵心中焦急,日夜忙碌,身体和精神透支严重。

战友说:"老余,你都多久没合眼啦?休息会儿吧!"

余嗣贵早就已经疲惫不堪,担心拖累大家,于是说道:"那我睡半个小时,到时间了立刻叫醒我。"

战友劝道:"现在也有其他人在看着战场,你多睡会儿吧!"

余嗣贵诚恳而严肃地说:"现在哪里敢歇!生怕喘个气儿的功夫,日本人就又冲上来了!记得半个小时后叫起我!"

6月的一天,余嗣贵率领部队去石德路地区寻找作战中失散的人员,途经衡水附近,突然发现一队鬼子寇正在抢掠残杀老百姓,他怒吼道:"我们是人民的队伍,一定要把日本鬼子打跑,把老百姓救出来!"说罢,他就开始制定作战计划,拟定行动路线,然后乘敌不备,率部突袭,将敌全歼。

在两个多月艰难困苦的反"扫荡"斗争中,余嗣贵一面组织群众坚壁清野,一面率领2团运用机动灵活的战术打击消灭敌人,粉碎了日寇多次猖狂进攻。

看到"扫荡"的日军溃败而逃,余嗣贵露出了欣慰的微笑:"现在可以暂时歇口气了,等到这抗日战争全面胜利,大家就能安心了。"

114 詹大南将军

沐风栉雨马鞍歇,几度詹南传大捷。
百岁英雄说往事,仍知当日月圆缺。(新韵)

——北京　李灵光

舍生忘死救同志

◎许劲博

一次,詹大南陪同徐海东一道回家探亲,谁知走漏了风声,让敌人知道了他们的行踪。第二天一大早,他们就发现整个村子被敌人围得水泄不通,只好从小道撤出。没想到敌人很快发现了他们的身影,二话不说就开了枪。

子弹从耳边呼啸而过,詹大南和徐海东在村外的树林里不停地奔跑。不料,敌人为了抢打死或抓到红军高级将领的头功,竟然还向他们扔出了一颗手榴弹。

徐海东正全力奔跑,还没反应过来,已经被詹大南飞身扑倒在地。一声巨响过后,地上瞬间被炸出了一个大坑。詹大南的飞身一扑虽然让徐海东躲过了致命的一击,但他的腿还是被弹片炸伤了,无法继续行走。

怎么办?詹大南尽管焦急万分,但还是当机立断,背起徐海东飞速前进,途中不断改变奔跑路线和方向,惊险万分地跳出了敌人的包围。路上,詹大南十分意外地遇到了同年参军的弟弟詹大海,兄弟俩轮流背着已经昏迷不醒的徐海东,甩开敌人,迅速将他送进了部队医院。

徐海东醒过来后,允满感激地对詹大南说:"小詹,这次要不是你,后果不堪设想,你是好样的!"

詹大南有些不好意思地挠挠头道:"我觉得这是咱们身为红军该做的嘛!"

活捉敌旅长

◎ 李佳瑶

1935年春,国民党独立旅旅长张汉明仗着装备好,没吃过败仗,对红25军紧追不放。可是,他们哪里是红军的对手?红25军跑三天、歇一天,等他们快追上时,红25军又走了,直拖得张汉明的两个团筋疲力尽。

一天,天刚亮,红25军就进入了一条大山沟。徐海东高兴地说道:"这地方像个口袋!太适合打伏击了!"说罢身手敏捷地爬上一座小山梁,环视四周,勘察地形,下来后和政委吴焕先围着地图商议了许久。

傍晚,部队在葛牌镇宿营。大家刚睡下,就接到了命令:夜里12点钟开饭,饭后出发。顺原路返回西南,杀追兵一个回马枪!

第二天下午两点多,小山梁那边响起了清脆的枪声。原来是敌人跑在最前面的追兵已经碰到了红军的"口袋"底。后面的敌人听到枪响,以为已经追上了红25军,于是加快速度,不一会儿就全部进入了红军的"口袋"中。埋伏在两边山上的红军战士从四面八方像潮水般扑向敌人,张汉明一行瞬间成了瓮中之鳖。

紧张的战斗过去两个钟头后,五个营的敌人大部分被歼。突然,詹大南发现有五六个人从树林中跑出,跳下了一丈多高的悬崖,向外窜去。于是立即对徐海东说道:"军长,这几个肯定是他们的高级军官,我带人抓,一个都跑不掉!"

当企图逃跑的敌人刚从树林里探出脑袋时,詹大南他们几支枪乌黑的枪口便对准了他们的脑袋。其中一个40岁左右的军官将手枪和电筒放到地上,举起双手,强作镇静地说:"不要开枪,我是旅长张汉明。"

浴缸前的木台阶

◎王若舟

新中国成立后,将军们一般都会住进组织分配的住所。

詹大南分到的是一处很旧的房子,按规定应该修补一下,但他不同意,说道:"这就很不错了,又不是结婚娶媳妇,花那钱干吗?"有关部门知道詹大南将军一向勤俭节约,没敢当着他面修,于是趁他出差时,带着几个工人溜进他家里突击装修。

不巧,詹大南有事提前回来了,他刚进院门就看到一个战士带领着几个工人在忙里忙外。他看到房子已经快修完了,也不好再让他们停工,只好闷闷不乐地说道:"简单修修就行了,所有费用都不要找组织报销了,我自己出。"

正说着,詹大南发现几个人围着浴缸要将它拆除,立刻上前制止:"这浴缸好好的,为什么要拆?"

有个工人答道:"您战争中受过腿伤,这缸檐太高,我们想给您换个矮点的浴缸,况且这浴缸已经被磨得不成样子了。"

詹大南对这个浴缸太熟悉了,跟着他"服役"了将近二十年,白色已经变成了灰色,釉层也磨没了,内层疙疙瘩瘩,用手摸着就很不舒服,要是一般人家,早就扔了。但他拒绝换:"不用,只要做个木台阶就行了。以后腿脚不灵便,再换个两级木台阶,慢慢往上跨,你们不用担心。"然后,他回屋里取出女儿送来的清瓷净,亲自上阵,用了一个多小时,把浴缸又擦成了白色,同时不无得意地对工人们说:"这下你们没理由拆了吧?"

工人们哭笑不得,只得按照他的意见给浴缸装了个木台阶。

"抠门大王"不抠门

◎许劲博

"爷爷,您的衣服都旧了,我让爸爸给您买件新的吧。"小孙子指着爷爷身上的旧衣裳,天真地说道。詹大南笑道:"这衣裳暖和着呢,我穿好几年了,让你奶奶补一补还能穿。"

随着年龄的增长,孙子知道的也越来越多,他在课本上学习抗日英雄的革命故事,在课堂上听讲抗美援朝志愿军的英勇事迹,敬佩极了。但他还是很难相信,家里那位节俭到被他叫作"抠门大王"的爷爷,竟然是位立下过赫赫战功的将军。

他还记得那天,爷爷浑身充满了很久没看到的兴奋劲,极力压制着内心的喜悦,用尽可能平稳的语气说道:"我决定把我的积蓄都捐出去,给那些上不了学的娃娃们盖个希望小学。"

家里人虽然觉得突然,但很快就都表示支持。小孙子站在旁边,不太明白爷爷为什么突然不抠门了,后来看到家里人脸上的笑容,好像又明白了。

"爷爷,捐是什么意思?"

詹大南爱怜地抚摸着小孙子的头:"有很多像你一样的小娃娃,他们住的地方不如我们,也没有学校,而没有学校,他们就上不了学,捐就是拿钱帮助他们建立学校,让他们有地方读书。"

小孙子听了高兴地拍手叫道:"爷爷,那我可以把压岁钱捐给他们吗?"

"当然可以!"詹大南一把将小孙子搂到怀里,欣慰地笑了。

115 詹化雨将军

跨马纵横无定期,庐江程道古城集。

将军事迹频回首,詹望春风化雨丝。(通韵)

——北京　李灵光

只为国与民

◎ 周　颖

詹化雨出生在安徽省金寨县的一个贫农家庭,只读过两年半私塾。因为家庭贫困,他从9岁起就辍学给人家放牛谋生。

一天,詹化雨在农忙间歇,正坐在田间地头休息。一位朋友走过来挨着他坐下,满面愁容地说:"这日子什么时候是个头呀,穷苦害人啊!"

"日子总会好起来的,要相信自己,相信未来,好日子还在后头呢。"詹化雨看了看朋友,安慰道。

"你说得对,要相信自己和未来。"朋友点了点头,问道:"你今后有啥打算,准备出去闯荡闯荡吗?"

詹化雨抬头望了望天空,放眼看了看远方,答道:"听说共产党是真心为了穷人闹革命的。我想找到共产党,参加革命和军队,为老百姓做点事。"

"那我跟你一起做!"朋友欣喜地叫道。

1929年,詹化雨在家乡参加了革命,任村贫农团和苏维埃主席,第二年加入了中国共产党,后来参加了中国工农红军,经受了血与火的考验及洗礼。他自始至终都将国家和人民的利益放在第一位,用自己的一生书写了他对国家独立富强、民族复兴解放、人民幸福安康这一伟大事业的无比热爱和忠诚!

智取别动队

◎ 刘星灵

1935年，红二十八军手枪团副团长詹化雨率领两个分队外出打探情报，凑巧碰到了敌人的哨兵。从抓到的哨兵口中得知，敌人一支百来人的别动队正在山脚下待命。詹化雨当机立断，决定将别动队打掉。为了抢占先机，他率领一支分队打扮成敌人的"追剿队"来到了别动队驻扎的村子外。

村口有两名敌人的守卫，看到詹化雨的部队，大声问道："你们是什么人？"

詹化雨假装发怒，骂道："他妈的，老子是追剿队的，你看不出来吗？马上叫你们长官出来！"

这时，一个军官从村子里走了出来。他打量了詹化雨一眼，说道："我不能确定你们是追剿队的人，你们派个人过来联络，其他人不准动！"

詹化雨心中暗骂此人狡猾。好在这时，手枪团团长余雄已经率领大队人马赶到，他一看双方阵势，知道敌人已经警觉，就大声骂道："老子是货真价实的追剿队队长，叫你们长官来见我！"

眼见詹化雨、余雄二人咄咄逼人，敌军队长有些慌了，马上迎了过来，打算赔罪。詹、余二人见时机已到，当即下令"动手"，早已分散在各处的手枪团战士，立马发难，敌人还没有反应过来，就已经被枪指着脑袋，乖乖地举手投降了。只用了20分钟，别动队100多人就全部成了俘虏，而手枪团却没有一个战士伤亡。

灯下的身影

◎李思瑶

昏黄斑驳的灯光下坐着一位年逾古稀的老人,尽管眼眶深陷,眼眸却依旧深邃明亮,他就是詹化雨将军。只见他身着军装,时而冥思苦想,时而笔耕不辍。书本上《红二十八军坚持鄂豫皖边区三年游击战争》的红色标题耀眼而夺目。

门外士兵正围坐着休息。突然,门内老人眉头紧皱,捂住胸口,发出痛苦的闷哼。守卫的士兵听到呻吟,推门而入,熟练地拉开抽屉找出药片给老人服下。老人气息刚刚平复,就又拿起了桌上的笔,开始奋笔疾写。

"将军,这么晚了,您身体又虚弱,要不别写了,早点休息吧!"士兵担忧地说。

"我还能写下去,我曾经是红28军的团长,我了解它,也希望世人可以了解它,将它的精神传承下去。"老人低头看了看手边的书本,顿了顿,继续语重心长地说道:"我已经72岁了,人生快要走到尽头,我要在生命的最后,用有限的时间把这回忆录写完,为国家再献一份力。"

1983年后的一年多里,詹化雨将军不顾年迈多病,多次重返当年在鄂豫皖曾经战斗过的地方,搜集材料编写红28军战史。《红28军坚持鄂豫皖边区三年游击战争》《红28军手枪团战斗片段》等革命回忆录的问世,正是他笔耕不辍、不忘初心的见证。

116 张峰将军

> 致词声里赞英雄,敬礼献花情意同。
> 张带红军歼敌勇,峰林弹雨立奇功。

——江苏　范子夫

真假司令

◎ 黄楠楠

张峰是太和县双浮桥南一户穷苦人家的孩子,他从小就为人耿直仗义,常常路见不平、拔刀相助,因此获得了"桥南司令"的称号,在双浮镇也算小有威名。

一次,张峰回家途中路过双浮桥,看到一个地主的儿子往穷人孩子身上撒土,穷人的孩子生怕得罪,不敢还手,只好四处躲避。地主的儿子毫无愧疚之意,反而变本加厉,一边追赶一边笑骂。

张峰见此情形,怒气冲冲地上前一把拽住了地主儿子的袖子说道:"人家不还手,你还打骂人家,自己不觉得没趣吗?"

地主儿子从头到脚打量了张峰一番,最后两眼一瞪说:"关你屁事,你想找死吗?"话音未落,就将一把土撒在了张峰身上。

张峰毫不示弱,抬起胳膊就给了地主儿子一拳。地主儿子欺软怕硬,见奈何张峰不得,只好悻悻离去,同时扬言要找张峰报仇。

隔了一天,地主儿子果真带了一帮人来到张峰家中破口大骂。张峰见他们人多势众,只好暂时躲了起来。

这件事给了张峰深深的启发,个人的力量是有限的,要想真正使穷人家的孩子不被欺负,就得团结起来,不畏强权。于是他把双浮桥南十多个穷苦人的子弟组织起来,每晚在桥头演练冲杀对打,大家都称呼张峰为"司令"。

谁曾想,多年后,当年的少年"桥头司令"张峰,革命胜利许多年后竟然真的成为了新中国名副其实的大军区副司令员!

教科书式战役

◎黄楠楠

抗美援朝战争中,美军在遭受我军首战云山、收复平壤两次战役的沉重打击后,被迫撤至三八线以南地区,企图固守三八线伺机反扑。1950年12月,我志愿军决定发动第三次战役。时任116师副师长的张峰,奉命率部承担临津江主要方向的突破任务。

为了取得这次战役的胜利,张峰战前找来团营干部开会商讨对策。他面色凝重地说道:"这次战役十分重要,我们应当做好谋划。最好能打敌人一个出其不意,一次就突破成功。大家有什么想法?"

大家面面相觑,最后有一位同志说道:"副师长,你就说怎么办吧,我们都听你的,都跟着你干。"话音未落,其他干部纷纷点头表示赞同。

张峰拿出纸和笔,一边画一边说:"要想攻其不备,就要有万全之策。今晚我们就趁着夜色摸到临津江边,再派一部分战士潜伏到对岸,摸透地形和敌人的兵力、火力部署情况。时间一到,再听我冲锋号令出战。"

12月31日17时,张峰一声冲锋令下,我军战士5分钟内就冲上了对岸阵地,11分钟就全线突破了敌人前沿,一个多小时就基本占领了敌人阵地。经过激战,最终深入敌人纵深15千米。而精准的谋篇布局,是取得这次战役胜利的关键。

第二年,在中朝部队高级干部联席会议上,张峰介绍了临津江突破战斗的经验。不久,陈赓将这次突破战斗总结为"三险三奇"。后来,张峰组织指挥的突破临津江战役又作为典型战例被选入了军事学院的战役战术教材。

官大人不"大"

◎许正东

张峰是战功赫赫的军队高级将领,更是关心群众、乐于助人的真真正正为人民谋福利的无私奉献者。

1950年,张峰从河南回家乡太和双浮镇,在周口买船票时,正巧遇到一位老乡买票钱不够。正当老乡茫然、不知所措时,张峰毫不犹豫、不声不响地买了一张船票递到了他的手中。

老乡低头看了看手中的船票,又抬头看了看眼前这位素不相识的陌生人。诚惶诚恐地说道:"这可使不得啊,怎么能让你来买这船票呢。我也不认识你,以后也没法还你这票钱啊。"

张峰看了看老乡,拍了拍他的肩膀和蔼地说:"老乡,没关系,这船票是送给你的,不要钱。谁还没个窘迫的时候呢,这钱不用还。"

老乡激动地握着张峰的手,一连说了好几声谢谢。张峰面带微笑地说道:"不用谢,不用谢。"说着,就扶着老乡一同上船去了。

双浮镇一位老人张桂福也曾得到过张峰的帮助,他回忆往事并说道:"张峰官大人不'大'。他小时候当'司令',为俺穷人撑腰出气,现在真的当了司令,还是想着俺们的疾苦,俺们到啥时候也忘不了他啊。"张峰官大人不"大",平易近人,乐于助人,繁忙工作之余仍不忘了解乡情民情,伸出援助之手,是真正为民着想的干实事的人。

远　方

◎ 黄楠楠

新中国成立后,1969 年张峰出任沈阳军区副司令员,可谓位高权重。

1970 年,张峰的侄孙高中毕业,眼看升学无望,便去沈阳找他,想要走后门入伍当兵。侄孙拎着礼物,满怀信心地来到张峰家中,说道:"爷爷,我这高中毕业了,也没什么营生,您有没有什么好的门路帮帮我呀?"

"权是为人民服务的,不是为个人谋利的。"张峰边想边回复道:"我哪能有什么门路啊。今年你就先在家好好务农,明年再看看有没有升学机会。"

侄孙并不死心,还以为是张峰没能理解他话中的意思,就紧接着说道:"爷爷,您说您这么大官,走个后门让我入伍当兵,应该不难吧?"

张峰有点恨铁不成钢,对他说:"你想参军报效祖国是好事,但要走流程,在当地报名应征。我不能违反规定,送你进部队,再近的亲戚也不行。"

侄孙大失所望。临走时,张峰送给他两件"宝贝":一件是《毛泽东》,希望他能提高政治觉悟,提升思想境界;一件是板车胎,鼓励他如若参军不成,就在家好好搞农业生产。

侄孙找张峰走后门参军遇挫,被赠《选集》和板车胎的事情在家乡传开后,有人编了一个在当地流行一时的顺口溜:"孙找爷爷想当兵,没开绿灯开红灯。《选集》四卷找答案,思想不通也得通。不能当兵没关系,拉起板车去务农。"

117 张行忠将军

◎黄楠楠

> 赞我英雄不一般,张冲前线敢迎难。
> 行军作战领兵猛,忠信担当护国安。
>
> ——江苏 范子夫

"偶然"当红军

红军来了,张行忠立志从军,但因为年纪小、身子瘦,几次报名都未能如愿。不过,他没有气馁,仍然把参加红军作为自己的理想。

一天晚上,张行忠从父亲口中得知,敌军的一个营正驻扎在庄子里,而敌营长和警卫员晚上就住在他家堂屋。他马上意识到这是一个将敌人一窝端的好机会,便立刻将上述情况设法告知了红军的周维炯师长。

周师长立刻带兵行动。红军接近村庄,周师长让张行忠上前探路。刚走到庄前塘边上,敌人哨兵就大喝一声:"什么人,站住!"

他镇定自若地大声回答道:"我是庄子上的人,从姥姥家回来。"敌人放松了警戒。

周师长乘机率领红军冲进庄子里,将敌人一举拿下。

协助红军大获全胜后,张行忠找到周师长,恳切地说:"现在我可以当红军了吧?"

"这次胜利,你功劳不小。"周师长称赞完,又接着问道:"你真的想当红军吗?"

张行忠毫不犹豫地说:"这还能有假?红军一成立,我就一心想当红军,可惜我年纪小,一直没被批准。"

"好,你小子,这次我批准你当红军。"周师长拍了拍他的肩膀说道。

张行忠参加中国工农红军后屡立大功,不到一个月就入了团,三个月就入了党,新中国成立后还获授了少将军衔。

坚守阿坝

◎黄楠楠

全国解放后,一些国民党军、政、特高级官员逃窜到偏僻的少数民族地区,继续负隅顽抗。位于四川、青海、甘肃三省交界处的阿坝地区,当时就面临这样的复杂情况。

阿坝地区的驻军是张行忠任师长兼政委的部队。为了改变藏民思想,张行忠在全师选拔了连以上干部60多人组成10个工作组,向藏民宣传中国共产党对少数民族的政策。除此之外,他还亲自到马尔康土司索观瀛家中拜访,加强思想情感交流。

"你们或许对中国共产党还不够了解,我们党是一心为了人民,真正关心人民利益的党。如果你们愿意,随时欢迎你们到政府来做客。"张行忠诚恳地说道。

"我对共产党的政策有所了解,我相信党。国民党特务曾写信给我,威胁我要杀我全家,我实在是不知道该怎么办了。"索观瀛说着,有些不知所措。

张行忠皱着眉头思索了一会儿说道:"你的情况我了解了,不用害怕,更不能妥协。我们这边会派出一个连来保护你和你家人,你这边也可以和有联系的人宣传现在的全国形势和共产党的政策,跟他们作斗争。"

索观瀛深受感动,握住张行忠的手连声道谢,并答应协助他开展阿坝地区的平叛工作。

最终,在张行忠与索观瀛的共同努力下,阿坝地区的反动武装叛乱被平息。张行忠也因此被任命为阿坝自治州党委书记、军政委员会主席,在阿坝地区工作了18年,为阿坝地区的解放和建设作出了重要贡献。

118 张希才将军

> 血染苏区大别山，戎征万里战凶顽。
> 舍身赢得丰功著，靓丽军徽耀斧镰。

——北京　王庆新

两袋粮食

◎黄楠楠

张希才生于安徽省霍邱县的一户贫苦人家，他九岁开始放鹅、放牛，五年后父亲病故，家庭重担全部都压在了这个十四岁孩子的肩膀上。现实中的苦难磨炼了张希才的意志，生活里不经意出现的微光更点亮了他前进的道路。

十六岁的一天，张希才挑了一担柴到集市上去卖。正巧碰到有一支队伍在开仓济贫。一位干部看到了衣不蔽体的张希才，随手拿起两袋粮食、一些糖和盐，径直向张希才走去，要递给他。

张希才既喜悦又震惊，这样的好事怎么会发生在自己身上。张希才不好意思地摆了摆手，说道："这怎么能行，我怎么能白拿你的东西呢？你们这是在做什么？"

干部看了看朴实腼腆的张希才，微笑着说道："孩子，我们是红军游击队的，专门来这里放粮食的。这粮食就是给大家伙吃的，不用觉得不好意思，大家都有份。"

这么关心群众疾苦的队伍我还是第一次见到呢，红军游击队一定是个好队伍，张希才心里想。他接过粮食，对干部说道："谢谢您，以后我也要当红军。"

张希才背着这两袋意外得来的粮食回到家，逢人便说红军好。

这简单的两袋粮食点亮了张希才生活的希望，更在内心深处埋下了当红军的种子。1931年，张希才正式成为了一名工农红军，从此走上了戎马一生的革命道路。

为了革命的需要

◎ 吴鸿伟

张希才在作战方面非常英勇,总是冲锋陷阵在战斗一线。但是行军打仗,长途跋涉,后勤补给也十分关键。全军的粮草、武器弹药、药品、被服,还有经费都要保障供应,任务繁重而艰巨。

这时组织决定调张希才去担任供给部政委。军政委吴焕先找到张希才谈话。这下可真把张希才难住了,他参加革命后,大部分时间都在行军打仗,后勤这活儿他可从来没干过,一时不知该怎么办了。

他犹豫了一会,对吴政委说:"让我留在战斗部队吧,当一名战士和敌人拼刺刀,管后勤我可不是那块料。"

"同志,你原来是个长工汉子,现在成了革命干部,当长工时,你会吗,你想过吗?"吴政委顿了顿,接着说道:"无产阶级革命战士,就是哪里需要哪里去,所以干得了也得干,干不了也得干。干后勤也得要打仗,比战斗部队担子还重。我们离开了根据地,全部家当都驮在骡子背上,保护好这些就是保护好全军的生命。这样的重要任务交给你,你有什么理由不去干呢?"

张希才听了吴政委的话,认识到了自己的问题所在,立马回答道:"吴政委,请组织放心,张希才在,供应部就在。张希才不在,也要将供应部完完整整地交给组织。"自此由作战转为后勤,在后勤的岗位上尽职尽责,完成自己的本职工作,为革命作出了巨大的贡献。

119 张贤约将军

> 茫茫草地两回还,冀豫边区抗日连。
> 百姓欢呼声赞语,欣成主席眼中贤。

——北京　杨金香

赤诚之心

◎ 汪　静

1935年4月,张贤约率领红34团在鲁家梁子坚守阵地,阻击敌人。

战地的傍晚大炮轰鸣之声不绝于耳,炸裂的火光代替火红的霞光燃烧着这片土地,也灼烧着张贤约的内心。尽管白天阻止住了敌人一波又一波的猛烈攻势,但是持续的激战也令战士们疲惫不堪。

这时,敌方的枪炮声不再激烈,战场上突如其来的哑然,如同暴风雨之前的宁静,令张贤约内心也随之悬了起来。

果然,没一会,有一股敌人企图从张贤约团与友邻阵地的结合部突破。张贤约深知此次坚守阵地的意义之重大,面对敌人的连续突破,他举起手中的钢刀:"同志们,坚守阵地,和他们拼了。"说完冲到了最前方。也许,敌人的数量是远多于34团的,但是张贤约带领的战士们拥有着任何数量都无法摧毁的意志——死守阵地。

在这片漆黑的黄土地上,一层泥土,一层炮弹的碎片,还有一层失去生命的尸首,有敌人的,也有34团勇士的。张贤约的身上满是伤痕,眼中满是怆然,但是还来不及休息,也来不及悲伤,望着溃散而逃的敌军,他知道这是打击敌人的最佳时机。张贤约当机立断,率队乘胜追击。

最终,部队不仅坚守住鲁家梁子这个重要的阵地,还歼灭敌方逃跑的四个营,为嘉陵江战役的胜利奠定了坚实的基础。

修建引水渠

◎ 朱晓征

新中国成立初期,国家计划修建一条流经新疆迪化(今乌鲁木齐)的引水渠,全长54公里,可工程拖拖拉拉了好几年,终究没有完成。西北解放后,中央了解到这一工程,立刻决定复工扩建。

当地的一位工程人员为难地说:"为解决水渠渗漏,要从20多公里之外的山上拉回7000立方米石块,就算有100辆汽车也得运上一个来月呀,别说咱没有这么多汽车,这冰天雪地的,有车也不好使啊。"

困难摆在面前,司令员王震一咬牙说:"我们自己拉。"

时任政委的张贤约思考了一会儿,说道:"有困难就有解决的办法!我看当地老乡的爬犁就很好使,运石头非常合适。我们全军一起,一定能运来石头!司令员,我申请第一个上!"

那时正是大雪纷飞的寒冬,路面被冻得结结实实,稍不注意就会滑倒,更何况是拉着沉重的石头。张贤约走在运石队伍的前列,摔了好几跤,却怎么也不愿休息。战士们见政委如此百折不回,也纷纷振奋精神,咬牙坚持。

大雪纷飞,数千官兵不顾严寒,纷纷涌上迪化大街,人人肩上拉着一个爬犁,在绵延20多公里的冰天雪地里形成一条运石的浩荡长龙,拉回的成吨片石沿水渠一字排开,像一条慢慢筑成的长城。

官兵齐上阵,军民共拉石。这样的阵势,老百姓哪里见过?纷纷驻足围观。

"快看,那个棉裤上打着补丁的大胡子是司令王震!那两个并排拉爬犁的是军长罗元发和政委张贤约,那个瘦瘦的是新任迪化警备区司令的程悦长……"

一时间,"解放军,亚克西"的赞叹声响遍全城,沿途送热水送烤馕的民众络绎不绝,许多人纷纷跑回家牵驴车、做爬犁,汇入运石大军。

20天后,7000立方米石头全部运抵施工现场,水渠得以顺利修建,取名和平渠。从此,天山雪水年年流经这条花树成荫的和平渠,灌溉着两岸万顷绿洲,滋润着当地各民族的多彩家园。

120 张衍将军

> 少年得志赴延安,抗日宣传一马先。
> 编剿方针双管下,终除匪乱固江山。

——北京　杨金香

战地课堂

◎李天策

1940年,党中央决定把抗大总校搬到敌后方位于山西东南的武乡县,坚持在战争中培养精英人才。艰险的环境使得教学的难度大大增加。

在此期间学校开展了行军教育,即上课、学习等都在行军期间进行,以加快转移的速度。这种方式给上课的老师带来了极大的压力。

"边行军边上课,这课可怎么上啊?"一名老师抱怨道。

"没法板书不说,走起来学员们也没法看讲义没法动笔了。"另一位老师皱着眉,指出了困难。

大家正议论纷纷,这时,坐在角落一直没有发言的张衍说话了:"同志们,边行军边教学是有困难,但是日本鬼子还在我们的土地上耀武扬威,我们必须打败他们,我们必须用知识武装大家的头脑,让战士们掌握知识,学会思考!我们每多教一些,就能更快地打败敌人!大家说,是不是这样?"

会场安静下来,他接着说道:"我有一个初步的想法,算是抛砖引玉。我准备把课程内容尽量精简些,行军时让学员们结合战例互相讨论,休息时,我们辛苦些,再将大家的想法结合理论分析分析。"

此后,大家早起行军、晚睡备课。张衍每次上课都激情澎湃,学员们也听得津津有味。张衍还组织学员们在行军的过程中讨论问题、交流思想,学员们笑称为"行谈会",非常高效有趣,既减少了行军的枯燥,又帮助学员们迅速掌握了老师们所教授的知识。

121 张宜爱将军

> 一生军旅显峥嵘，百战此身成俊英。
> 海上舟山威海域，沪江防务写忠诚。
>
> ——北京 魏增宇

死里逃生

◎孙得民

1935年冬，张宜爱所在的手枪团需要越过蕲春将军山去支援前线，下了一周的雪，山上早已没有路。

在没过膝盖的雪中，一行人来到半山腰，战士们的衣物早已被雪浸透，冻得僵硬。团长下令警戒四周，原地休息。突然，几声枪响划破了原本平静的氛围。

"警戒！"团长喊道："什么情况？"

"报告，在对面山腰发现敌人，前锋部队已经和他们交上火了。"

团长怒吼道，"好不容易碰上了，别让他们跑了"。

直到傍晚，枪声才完全停下来，敌人被打了个措手不及，几乎全军覆没。不过，手枪团伤亡也不小。

团长看见躺在简易担架上的张宜爱，急忙上前问道："他情况怎么样？"

"很严重，腹部被子弹打穿，肠子都流出来了，怕是难活。"卫生员答道。

就这样死了吗？张宜爱不甘心，他希望自己能看到革命胜利的那一天，他不想这样结束自己的生命，他想活，他还要为革命和人民而战斗。

张宜爱拼命睁开眼，眼前是一位满脸焦虑的军医官。

军医官见他睁开眼，便俯身在他耳边惋惜地说道："同志，你是英雄。你还有什么想说的吗？"

张宜爱吃力地挤出几个字："我活的，死不了！你救救我，无论如何我要活下去!"

军医官被张宜爱强烈的求生意志所感动,给他做了手术,后来又用炒烫的大盐粒敷在他的腹部,治愈了危及他生命的腹膜炎。经过精心护理,张宜爱竟奇迹般地度过了危险期。他活了下来,整个医院都为他顽强的意志而惊叹。

20多天后,伤口刚刚愈合,张宜爱就又强烈地申请回到战斗部队。上级领导拗不过,也折服于他不屈不挠的革命精神,还是同意他回到了队伍中,继续投身革命战斗。

铁路便衣大队

◎ 汪　静

1943年1月4日,新四军在津浦铁路南段成立了便衣大队,大队长是第2师4旅11团副团长张宜爱,所有队员都是新四军的骨干。

麦收时分的一天早晨,铁路便衣大队获悉:一个小队的日军和一个中队的伪军外出抢掠,中午返回时经过程家集。

张宜爱决定带领铁路便衣队在程家集将他们一网打尽。

他带人提前埋伏在程家集,根据地形设计了一个巧妙的包围圈,可一直等到傍晚时分,仍不见敌人踪影。战士们都等得有点不耐烦了。

正在这时,隐约传来隆隆的声音,道路远方腾起阵阵烟尘。

只见伪军在前,日军在后,有些人枪杆子上还挑着抢来的财物、包裹,有说有笑,得意洋洋地走来。

与此同时,阵地上低声传达着张宜爱的口信:"没有命令,谁也不许开枪!"

不一会儿,伪军走到了谷口,日本鬼子全部进入了伏击圈。

"打!"张宜爱一声令下,早已瞄准的多个神枪手瞬间就打死了鬼子的机枪手和军官。随后,只听到一阵狂风暴雨般的枪声响起,顿时打得敌人晕头转向,连还手都来不及。好大一会,才有一个大佐带着十几个鬼子,举着战刀,狗急跳墙似的扑向我军阵地。不过此时战士们已经纷纷跃出了阵地,高喊着从山坡上飞下公路,一把把刺刀迅猛地刺入了敌人的身体。

前面的伪军一看中了埋伏,日军也被杀得七零八落,又听到震天的喊杀声,以为遇到了新四军的主力部队,纷纷弃械投降。

张宜爱带领的铁路便衣大队大获全胜,还将被俘虏的两个日本兵送到了淮南军区。

122 张贻祥将军

参加革命历长征，抗日军营留战名。
两弹一星走戈壁，终身报国党旗擎。

——北京 魏增宇

绝处逢生

◎ 汪 静

1932年，红四方面军在川北的通江、南江、巴中三地建立了川陕革命根据地。

在通江县一个叫空中坝的地方，张贻祥所在的红73师218团被敌军围困，双方已经激战了几天几夜。这天夜里，团长拿着一封鸡毛信找到张贻祥说："小张，你带几个战士摸出封锁线，把这封信送到3营去，要快！"团长的语气严肃而急迫，张贻祥知道，这定是一封关乎全团兄弟命运的重要信件。

3营在封锁线外的另一个山头上，张贻祥带着几名战士打算趁着夜色的掩护越过封锁线，但是敌人盯得很紧，他们还没有接近封锁线，就受到了猛烈的阻击。

"敌人火力太猛了！这里肯定冲不过去！"一名战士说道。

"偷摸溜过去是行不通了。"张贻祥语速飞快地说："这样，我们兵分两路，我和老姜他们几个负责吸引火力，小曹、刚子，你俩跑得快，身体灵活，信就交给你们了，能不能完成任务？"

"连长放心，俺们保证完成任务！"小曹和刚子答道。

山里的夜色十分浓厚，分兵战术奏效了，张贻祥看到两个送信的战士已经冲出封锁线，就准备跟吸引火力的几名战士迅速撤退。

可是由于敌人持续不断的子弹扫射，张贻祥和战士们只能匍匐前进。一不小心，他竟从山崖边上掉了下去！

当张贻祥从昏迷中苏醒过来时，才发现是半山腰的一棵树救了他。

但由于浑身是伤,他挂在树枝上动弹不得。而一想到部队和战友,他就用尽全身的力气发出尽可能大的呼叫声,力气没了,就在树枝上睡会儿,如此循环往复。最后,一位砍柴的老农听到张贻祥的呼叫声,想办法救下了他。

经过一段时间的治疗,张贻祥又回到了部队。

戈壁滩上写春秋

◎王恩赐

内蒙古额济纳旗山头的荒漠戈壁上,又一个战士不幸地倒下了。

张贻祥与赵东寰参谋长一起散步时聊到了他。

"在戈壁滩施工,吃苦倒不怕,死了后,亲人也无法见上一面,连尸体都回不去了。"赵参谋长叹息道。

"咱们革命几十年,南北转战,多少好战友牺牲了啊。为了革命,牺牲了多少好同志。"张贻祥也惋惜地说。

"有句诗怎么说来着,'青山处处埋忠骨,何必马革裹尸还'。"赵参谋长答道。

"我们在戈壁滩建设这么大的国防工程,一定会有牺牲。但是这样的牺牲是值得的。以前我们为了国家独立、民族解放、人民幸福而战斗,如今,面对这幅员辽阔的祖国大地,我们更应该去守护它。只有建设好坚固的国防工程,才能守护我们身后的亲人,才能保卫我们自己的国家。虽然,这里到处是飞沙走石、天昏地暗的环境,但是我们不但不能畏惧它,相反,我们要有一种'死在戈壁滩,葬在青头山'的精神。这样才能守卫好我们来之不易的胜利与自由!"张贻祥坚定地说道。

张贻祥"死在戈壁滩,葬在青头山"这句话成了当时创业大军最响亮的口号。作为我国常规兵器试验的开拓者和奠基人之一,张贻祥为我国常规兵器事业作出了突出的贡献。他在祖国的西北戈壁艰苦奋斗了22个春秋,把全部心血倾注到了基地的试验工作中,为发展我国国防尖端技术费尽了心血。

去最苦的地方

◎ 赵 骏

张贻祥在军工战线上奋斗了一生,是我军常规武器实验基地的创建者、导弹和卫星实验基地的奠基人。

新中国成立后,他不仅始终保持着在战争年代养成的艰苦朴素的生活习惯,还对子女的要求非常严格。儿子张经高中毕业后,张贻祥为了让他经受艰苦生活的磨炼,增进对基层群众生活的了解,曾建议他先去西北锻炼两年,然后再去考大学。

1970年8月,一位老同志的女婿即将从某军事工程学院毕业,毕业后分配到哪里工作,成了全家都很伤脑筋的问题。

这位老同志忽然想起来,张贻祥正在北京化工学院读大学的儿子这一年也将面临毕业分配问题。他灵机一动,认定张贻祥一定会将自己的儿子分配到最好的单位。

于是,他就决定跟着张贻祥,张贻祥把儿子放在哪里,他家的女婿也要分配在哪里。

张贻祥从别人口中听到这一情况后,哈哈大笑道:"你最好还是劝劝他,我儿子一定会去最苦的地方,跟着他是要吃苦头的。"

然而,老同志夫妻俩都不相信张贻祥真会如此苛刻对待自己的儿子。

可令人没有想到的是,张经本符合留在北京工作的条件,但张贻祥却罕见地为私事动用了一次权力,将自己的儿子分配到了位于晋西北的20训练基地第5试验部。

谁都知道,那是整个基地所属单位中条件最艰苦的地方。

儿子张经非常理解父亲的苦心,他没有半句怨言,毅然来到最艰苦的地方,在最基层的岗位上,从头开始、从零起步,勤奋工作、扎实苦干。

123 张震东将军

百战将军出六安,丰功并力倒三山。
人民解放艰辛在,受辱依然志未迁。(新韵)

——北京　刘松林

为穷人打江山

◎ 李　栋

1926年,农民革命运动的浪潮在全国各地掀起,大别山地区的这团烈火也开始熊熊燃烧。那天天气很闷,少年张震东正在田里给地主家耕地的时候,听到有人叫他。

"福前,你快回去!你弟福根被地主家给打了!"

张震东的头嗡了一声,他丢下锄头就往家里跑。一到家门口,就看见浑身是伤的弟弟躺在床上,一旁的母亲在小声地哭泣。

他一下扑到床边,看着满身是伤的弟弟福根。福根那年刚满十四岁,可身体却比同龄的孩子瘦小多了。福根整日吃不饱,还要给地主家干活,小脸蜡黄蜡黄的,现在只有眼泪在脸上挂着,他连哭的气力都没有了,好一会儿才挤出一句话:"我想再喝一碗野菜汤……"

张震东发了疯似的跑出去找野菜,当他终于找到几株野菜拿回家时,却听到母亲撕心裂肺的哭声。

夜里,雨下得很大,雨声中他心里有一团团怒火在燃烧。几天前他听说了农民协会成立的消息,知道他们"打富济贫""要让穷人翻身"。

他终于忍不住起身对母亲说:"我要加入农民协会,我要替福根报仇!"

母亲拉着他的手,满眼是泪地摇摇头。张震东知道母亲是怕自己再出什么事,可是他心里明白:地主不把穷人的命当命,自己要为穷人争气,就一定要为穷人打仗。

于是,他参加了农协和地方武装。1928年红军来到大别山,他又参加了红军。第二年又加入了中国共产党。他们早已把生死置之度外,心中只有一个想法——为穷人打江山。

大刀将军

◎ 王 淦

1930年,红军营长张震东奉命杀出一条血路,和外界打通联系。

张震东的对手,是驻在大马店的国民党19路军一个主力团。他不畏强敌,在战前动员会上说:"我是营长,你们要是看见我怕死,不敢冲,就枪毙我,谁见谁枪毙。同样,我要是看见谁装孬种,我就枪毙谁。"

在张震东的带领下,战士们没一个退缩。张震东打红了眼,拎一把大砍刀,大叫着冲进敌营,见人就砍,把国民党士兵都吓傻了,这人疯了!

战后,张震东因功升任团长。

1934年11月,红25军决定离开鄂豫皖苏区,向陕北进行战略转移。红25军从河南罗山出发,沿着平汉铁路向西进发。全军人数不到3000人,下属只有4个团。老蒋决定利用人数上的优势,消灭红25军。张学良的东北军、杨虎城的西北军调集4个师,在河南中间的独树镇设置了5条防线,声称要全歼红25军。

军领导商量,决定把突围的任务交给张震东。理由是张震东打仗不要命。

张震东带着部队杀向敌军防线。前四道防线很快就被我军突破,但第5道防线阻击比较猛烈。

张震东一手拿枪,一手操刀冲上前,连劈带剁,死亡一片。张震东一边杀敌一边大喊:"同志们,为了胜利冲啊!"在他的带领下,红军战士奋勇拼杀,取得最后的胜利。5道防线被突破,红25军安全地冲出重围,顺利抵达陕北。

124 张忠将军

少小从戎为国酬,疯泼弹雨敢昂头。
将军拔萃烽烟里,立马江天竞自由。

——北京　刘松林

寒风中的觉醒

◎吕瑞昕

　　一个寒冷的早晨,寒风如同刀子一样刮在战士们的脸上,炮兵侦察兵张忠刚刚完成了他的侦查任务,悄悄地扛起观察仪,看了看在前方不远处的战友,他的战友也刚刚起身准备返回。

　　突然,远处传来了敌人的呐喊声,他们被发现了,随即一排炮弹便朝他们所在的方向打了过去。凭借多年的经验,在他听到炮弹袭来的呼啸声的一瞬间,就立刻扑倒在地,双手抱头,紧接着便听到爆炸声响,炮弹几乎擦肩而过,刚好落在自己的正前方,面前的土被炸起,原来的坑道顿时被夷为平地,他的脑袋一声闷响,双手开始颤抖。

　　大概过去2分钟,当张忠从爆炸的轰鸣声中稍微缓过来时,他一抬头,看到原来战友所在的坑道已经被炸毁,只剩下了一些炮弹的残渣,敌人也已经撤退。他用全部的力气站起来,颤颤巍巍地向那个坑道走去,想要把战友找出来。眼前什么工具都没有,他只能用自己的双手,把埋在战友身上的土扒走,一次又一次,他用双手触碰着遭到炮弹轰炸后滚烫的坑道泥土,眼泪夺眶而出,他的动作也越来越吃力,但他还在坚持。慢慢地,战友的身躯出现了,但暗红的血已经从他那粗糙的手上渗出,寒风中一阵剧烈的疼痛,此刻的他已经顾不得这些。最后,从坑道里扒出来的是一具虽然依旧滚烫,但已经没有生命的身躯。

　　他注视着面前的战友,不停地呼唤着他的名字,然而,一切都没有用了,一个鲜活的生命从他眼前消失,他在心里暗暗发誓:一定会打败敌人,为自己的战友报仇!此刻,太阳已经升起,微弱的阳光照在他和他战友的脸上。

修公路

◎ 蒋珊杉

张忠将军为新中国的诞生立下了赫赫战功。新中国成立后,他并没有止步于此,而是继续奉献着自己。他不仅带领中国人民解放军在川西进行剿匪作战,而且还担任西藏军区筑路部队司令部副司令员,为西藏艰苦的道路建设添砖加瓦,与筑路部队同甘共苦。

西藏道路建设现场,天空中刮着凛冽的寒风,冰冷刺骨,让本就因缺氧而建设艰难的道路任务变得更加困难。张忠穿着军大衣,拿着铁锹,带头挖着白雪下面的冻土,他一边埋头干活一边想着:今天把这一段路修好,建路的进度就又能快一点了! 风将他裸露在外的双手吹得通红,他却满不在乎。突然,他想到了什么,停下手中的动作,转过头对着战士们说:"兄弟们,天越来越冷了! 你们快去屋里暖暖吧,这里就还剩一点了,我再干一会!"

战士们感动地回答:"将军! 我们不冷,倒是您,干了一整天了,快去歇息吧!"

张忠笑着说:"我不累! 路眼看就要修好了,我这浑身是劲呢!"说完,他直起身子,转身看了看已经修建好的西藏道路,想着西藏人民受益于这条道路能够自由往来的样子,欣慰地笑了,然后搓搓手继续埋头干活。

终于,人心齐,泰山移,一段地图上从来没有过的线条,一条穿越 4 条地震断裂带、21 个堰塞湖、地质条件相当复杂的公路建成了。它的修建,是一个期盼了 20 多年的梦,也是业界公认的世界难题。

厉行节约

◎王康杰

张忠18岁就加入了中国共产党,并跟随她参加了无数次战斗。最令他难忘的是长征。

1935年6月,红一方面军和红四方面军在四川懋功会师,张忠进红军大学学习后任中央通信营营长。期间,他带领所部从毛尔盖出发,克服重重困难,出色地完成了通信联络任务,从而保障了党中央和中央军委对各路北上红军的正确指挥,这对他来说既是一份莫大的荣誉,也是一次痛苦的煎熬。因为在执行任务过程中,因食物匮乏,不少战士死于饥饿。

"哪怕能多一口粮,也能多救活一个人啊。"谈到此事时,张忠十分痛心。新中国成立后,张忠终于可以将寄养在岳母家的儿女接回身边。那一刻,一向觉得为革命舍小家理所当然、把小家的聚散离合看得稀松平常的张忠也禁不住热泪盈眶:解放了,一家人终于可以团聚了,可以有一个真正的家了。

一回到家,张忠就对妻子说:"今后孩子们就和我们生活在一起,条件比过去好多了,但一定要记住,我们是党的高级领导干部,我们的一言一行对子女、对周围的人都会产生影响。从今天起我们家要定下一条家规:坚决不准铺张浪费"。

后来有一次,管理人员看到张忠住的房子太旧了,便申请了一笔维修房子的经费,准备将房子好好翻修一下。张忠却一脸严肃地说:"不行,不行! 不要大修,简单一些,哪里透风漏雨,就修哪里。我不设什么'将军府'! 这样铺张浪费,我怎么对得起当初与我并肩奋战的战士们!"工作人员拗不过他,只好按他的意见办。最后直到张忠去世,他住的房子也没大修过。

125 赵汇川将军

> 诞地云都始典戎,大江南北创奇功。
> 明枪谍战开新宇,海陆空防皆壮雄。
>
> ——北京　徐再城

妙截美帝侦察机

◎温夏梅

20世纪50年代末到60年代初,美蒋利用各种先进工具刺探大陆情报,P2V侦察机便位列其中。那时候,由于我军装备落后,几百次截击都无战果,这才让美蒋猖狂一时。

要想国泰民安,就必须把彻底击败P2V提上行程。

有一天,司令员刘道生和赵汇川又一次讨论起了战术。

司令员问:"汇川啊,你对于歼灭敌机可想出什么法子没?"

"所谓知己知彼百战百胜,咱们现在已经摸索出来它的特点,它隐蔽性极强而且适宜于夜间低空飞行。如果能解决晚上照明的问题,击落它就比较容易。"赵汇川条理清晰地回答道。

司令员表示赞同地点点头,随后,两人又陷入了深思。

"有了!有了!"不一会儿,赵汇川兴奋地看向同在苏联留过学的司令员,说道:"司令员,您觉得咱们借鉴苏联的经验怎么样?采用战场夜空照明的方法是不是能够精准截击呢?"

刘道生恍然大悟,边拍大腿边说:"对啊,咱们在苏联海军学院时学习过相关战例,不愧是参谋长,还是你脑子转得快,咱们就这么办!"

1964年4月,时任北海舰队副司令员的赵汇川,更是全力主持领导截击美蒋P2V侦察机的训练。在他的带领下,北航部队的空中打击能力得到了显著提高。同年6月,他指挥击落了入侵的P2V-7侦察机,给美蒋方面以致命打击,此后不到两年时间,P2V窜扰大陆的侦察活动销声匿迹。

谁都不让进的书房

◎ 任 勇

赵汇川的孩子一直都对爸爸的书房感到好奇："为什么爸爸的书房一直不让我进呢？里面是不是藏着很多好玩的东西？"

这一天，孩子趁着爸爸出门办事的空闲时间，偷偷溜进了书房。他进去之后蹑手蹑脚地到处翻弄东西，突然摸到了一支手枪，这可把他高兴坏了，马上偷偷地拿着手枪跑到院子里向他的小伙伴炫耀！

赵汇川回家后发现自己的枪套被人动过了，大惊失色，连忙去问警卫员情况。警卫员说："只有您的孩子进过您的书房。"

于是，他断定手枪是被自己的孩子拿去了，转身就去找他。

赵汇川快步走到院子里的时候，看到自己的儿子正高高地举着枪炫耀呢！他立刻大声呵斥，孩子们都被吓住了。他三步并作两步一把夺过儿子手中的枪。面对这样突兀的情形，儿子吓得流下了眼泪，其他孩子见状，知道大事不妙，赶紧迅速跑开了。

在回家的路上，赵汇川语重心长地教导儿子说："你要知道，不管什么人都不能随意地动枪，这是国家的规定。枪对于一位军人来说，比自己的生命还重要，它不仅是杀敌制胜的武器，更是一份沉甸甸的责任担当。你这样冒冒失失地拿着它，万一枪走火伤人，不就酿成大祸了吗？"孩子点点头，意识到了自己的错误。

赵汇川又摸着孩子的头，心平气和地说道："爸爸希望你将来成为一名军人，这样你就可以在必要的时候，拿起武器保家卫国了！"儿子破涕为笑，拉着爸爸的手蹦蹦跳跳地回了家。

126 赵俊将军

> 皋城英俊幼戎装,战火熔奴铸栋梁。
> 南国风烟殊死战,长征血汗灌华芳。
>
> ——北京　徐再城

宣传农民运动

◎ 李鑫焱

八七会议总结了大革命失败的经验教训后,确定了土地革命时期的总方针,并把发动农民起义作为当前的最重要任务,这对促进安徽各地的农民运动的发展起着很大的作用。六安县亦在其中。

赵俊参加打土豪劣绅活动,给身边人带来了实际好处,这使他十分有成就感,所以立志:"一定要让大家都翻身!"

1929年11月初的一个夜晚,赵俊又来到隔壁村去宣传农民运动。他问大家:"立夏节起义大家伙都看到了,有什么想法吗?"

一个中年男人羡慕地说:"现在吴家店、南溪那片的人可算翻身了,不像我们,还受着大地主的欺压嘞!唉!"其他人附和道:"是啊,听说他们不仅拿走了地主乡绅的粮食,还分到了土地!"一听到能分到属于自己的土地,大家的兴致全都上来了:"咱们要是有了土地,还用怕地主吗?""要是有了土地,那日子总能过好的!"

赵俊看到了大家的积极性,趁机提议说:"那咱们一起干,怎么样?"这时,出现了各种各样退却的声音。

"我理解大家的忧虑,怕太冒险,武力不够,那咱们可以寻求红军的帮助。"赵俊说道,"咱们每天累死累活地干活,却食不果腹,地主什么都不做却能鱼肉我们,难道咱们活该猪狗不如吗?立夏节起义就是咱们胜利了,地主就是纸老虎,有什么可怕的?"大家听了茅塞顿开,纷纷振臂高呼"起义"!

此后更多人响应赵俊的号召,参加了六霍起义,擎起了大别山革命的火炬。

127 赵遵康将军

少小参军认赤旌,南征北战气犹雄。

后勤战线留功绩,伟哉开国一将星。(新韵)

——北京 赵永生

立夏惊雷

◎ 周　旋

1929年4月末的一天,一个少年正在为地主家放羊。刚坐到树下准备休息一会时,地主家的管家从边上出来拿着鞭子不分青红皂白地狠抽了他几下,喝斥道:"你又偷懒!信不信我把你月钱全扣了,让你没饭吃。还不快滚去干活!"

赵遵康很是憋屈,小声嘟囔:"我这刚把羊赶过来,没偷懒。"

管家一脸嚣张:"哼!还学会顶嘴了?我说你偷懒你就是偷懒,赶紧干活去。"说完又用鞭子抽了他几下。

虽然浑身不满,但是在这个没有道理可讲的地方,赵遵康只得无奈照做。但他心里想:"凭什么?地主就能随便欺负人?穷人就不应该活?别让我逮到机会,不然我定要改变这个罪恶的现状!"

七八天过去了,时值农历立夏节。共产党组织了暴动,还建立了红军。

这天夜晚,同乡的几个伙伴告诉他,会有红军经过这里,邀他一起去看看。他们偷偷来到红军的驻地,打听到红军想要抄了那个地主的家,几个小伙子便主动请缨当帮手。天一黑,他们就向地主家发起了猛攻。不一会儿,地主便落荒而逃。

红军把地主家里的粮食分给了当地百姓。这一幕深深地触动到了赵遵康,他下定决心参加红军,打地主,分粮食,闹革命,为人民,让全天下的老百姓都过上好日子。

从那以后,赵遵康就开始了他的戎马生涯。无论是随红军长征、为部队后勤做保障,还是领军出战、为部队杀敌作先锋,他都无怨无悔,勇往直前!

为了前线

◎ 刘 丽

1947年,刘邓大军挥师渡黄河南下时自己的部队,冀鲁豫四分区副司令员赵遵康带领着自己的部队奋力抗争在前线。

滑县战役时期,正值雨季,阴雨连绵,道路淹没,一片泥泞。赵遵康和战友们沿着湿滑泥泞的道路,冒着敌机的轰炸扫射,想从几百里的后方把成千上万的粮食弹药运到前沿阵地上,再把缴获的大批物资运回后方。

远处炮火的不断轰炸,新增的受伤战友数量不断增加。"赵司令,这路太滑了,扛着这批物资走不过去,怎么办啊?"有一名战士无奈地问道。

赵遵康环视了一圈身边拼死抵抗的战友们,他不禁高声喊道:"弟兄们,撑住啊!我们一定可以!"

"对!我们一定能把物资运到!坚持住!"身旁的另一位战士也随着赵遵康一起鼓舞道。

"赵司令说得对!大家别泄气!"

"我们一定行!"战友们互相鼓励的声音在这片泥泞小路上回荡着。

"一切为了前线!一切为了胜利!"赵遵康高举拳头,大声喊道。此时的他心里想:一定要把物资成功运去前线。前线的兄弟还等着这批物资救命呢!

在坚定的信念和顽强的抵抗下,赵遵康带领着战友们运输了物资的同时,还破坏了敌人的铁路,不断与敌军周旋作战。他同战友们与豫北解放区人民一起,为革命事业作出了巨大的贡献。

128 周发田将军

弹雨枪林冒险冲,俘敌师长广扬名。
上甘岭上威风凛,永秉初心爱党情。(新韵)

——北京 赵永生

共同的蓝图

◎ 刘 丽

周发田出生在一个贫苦农家,家中有兄弟姐妹七个,他与大哥周发祥的关系最好。

早在1927年春天,周发田的大哥就加入了中国共产党,在家时会经常向弟弟宣传红军的政策,描绘自己对于未来社会的大好蓝图。耳濡目染之下,周发田对中国共产党和红军充满了好感。

一天,周发田正在地里一边除草,一边为大哥担忧:"好多天没看到大哥了,也不知道大哥去哪儿了?不会出什么事了吧?"突然看到家里人跑向自己,拉住自己的手大哭不止。

周发田心想不好,忙问道:"出什么事了?"

"大哥被人抓走了!那群抓走他的人说要把他杀掉!"

周发田听罢,扔下锄头就往家里跑,但还是没能见到大哥。他知道,大哥再也回不来了。

此后的日子里,周发田总会想起自己的大哥,想起大哥所描绘的美好未来,想起大哥所讲述的理想信念……

1929年,周发田毅然加入了大哥曾经的队伍。第二年,他成为了一名光荣的中国共产党党员。当他手握拳头对着党旗宣誓后,他在心里对大哥说:"大哥,你没有画完的蓝图,弟弟一定替你完成!"

智夺谢集

◎ 刘　丽

1947年7月28日拂晓时分,敌军大部撤退,敌军整编66师师长宋瑞珂还在固守羊山集作最后一搏。接到围歼我中原野战军66师命令的2纵6旅旅长周发田立即开始进行战斗准备。

"快快快,跟上,千万不要掉队。打大仗去!"周发田一边快走,一边督促着后面的战士。烈日当空,战士们个个汗流浃背,双唇干裂。曹县的战斗刚结束,他们连脸上的灰尘都来不及擦,就连忙奔赴谢集。

"旅长,还有多远?"警卫员小张在背后问。

"快了!"这几个钟头里,这样的对话出现了数次。

"旅长,大家伙儿太累了。要不我们歇一歇吧?"参谋提议道。

"不行!"周发田斩钉截铁地拒绝了。

"可是后面几个小家伙都快走不动了啊。"

"兵贵神速的道理,难道不懂吗?"周发田厉声喝道,语气里透露着威严,让人不敢违拗。

参谋看到周发田被汗水渗透的军帽以及汗水直滴不断的军装,便不再劝说。

队伍终于在深夜时分到达了目的地。临时指挥所设在一个破旧的农房里,周发田、刘华清与参谋长王树堂围坐在一起,研究着作战方案。周发田提议采用"围三缺一"战术,三面包围大谢集,只在东北方留一个口子,同时埋伏一支部队,等敌人钻进口袋再全部歼灭。

战斗打响后,周发田亲自坐镇17团,指挥伏击部队与主攻部队前后夹击,最终活捉了宋瑞珂,敌军38团全部被歼灭。

至此,羊山集战役胜利,鲁西南战役结束,为刘邓大军打开了千里跃进大别山的大门!

129 周浣白将军

迎江寺里习文身,满腹经纶勘凤麟。
新华开台元老将,功勋卓著总怀仁。

——北京　杨金香

文武双全

◎ 刘　丽

1934年10月,周浣白随军长征。因为沼泽的潮湿环境,他曾经被敌机扫射中弹的伤口开始发炎溃烂。随着病情的加重,他的腿脚也变得溃烂肿大。

"你这伤口溃烂太严重了。再走下去,你的腿可能就要废了。"军医满脸担忧地说。

"不行！我一定要跟着大部队走,不能落下！"周浣白拉着军医的袖子坚持道。

"你还这么年轻,难道你以后都想撑着拐杖度过吗？你不想再上战场打仗了？"军医心疼地问。

"医生,我可以坚持的！请相信我！"

军医看着他坚定的眼神,最终同意让他继续跟队北上。在战友的帮助下,周浣白凭借着顽强的革命意志,战胜病痛,在部队午夜宿营时赶上了队伍。

后来,周浣白还凭借着自己在中央军委无线电学校学习的扎实功底和出色文笔,接手了苏区的新闻宣传工作。

特别是他接受陕甘支队司令部的重要任务,将陕、甘、宁、青四省十万分之一的军用曲线图缩制为二十万分之一,并完成缩图、描蜡板、刻钢板、油印、分发的全部工作,为中央红军长征胜利提供了重要的地理资料依据。

130 周时源将军

舞象之年宣誓言,许身家国忘晨昏。
青龙一战声威远,叱咤风云骁将魂。

——北京 杨金香

夜袭青龙观

◎刘 丽

1934年8月的一个夜晚,在青龙观附近的山下,周时源带领队伍准备进攻。看着列队整齐的战友们,他高声道:"同志们,今晚我们攻打青龙观!有没有信心?"战士们高声回答道:"有!""有!"

看着战友们满脸信心的神情,周时源很高兴。自从接到了攻下青龙观的任务,他就带领着几个突击兵日夜侦察地形,已经对这座海拔1500米的高山了如指掌,只要不出意外,夜袭应该没有问题。

夜幕降临,周时源打了个前进的手势,大家心领神会,攻击任务正式开始。只见他亲率突击排,迅速排除敌军设置的障碍物,带着攀登器材,和战士们一起慢慢往上爬。"小心点,别让敌人发现!"山坡陡峭,四周漆黑一片,安静极了,大家小心翼翼地匍匐前进。

慢慢到了青龙观边,只见敌人在呼呼大睡中,周时源大喝一声:"举起手来,缴枪不杀!"

黎明前夕,周时源率领已登顶的战友们乘敌不备,歼灭了敌人一个连,控制了山顶制高点,袭击成功,敌人四下仓皇逃窜。

随后,全营陆续到达山顶,我军立即向敌方发起总攻。

剿匪反霸

◎ 刘　丽

　　解放战争结束后,周时源任华南军区西江军分区司令员兼党委副书记,领导部队大力开展剿匪反霸斗争。

　　一天,周时源和战友们正坐在办公室会议桌前讨论剿匪部署,却发现手中所掌握的各个土匪窝的相关情报并不是十分详细和充分。

　　"这些情报还不够详细。我们要想办法弄到更详细的。"周时源指着桌上的文件,对大家说。

　　"可是,周司令员,这群土匪实在是狡猾。山路又难走,我们的人根本摸不上去。"一名部下为难地回答道。

　　"狡猾？哼！再狡猾难不成还能有日本人狡猾？日本人我们都能打得过,一群土匪还能搞不定吗？"周时源厉声驳斥。

　　"我们的战士对这片山路确实不熟,这真让人头疼。"那个部下小声地说。

　　"你找几个机灵点的同志假扮成土匪,试试能不能摸上山去探探情况。再找几个亲切些的同志,让他们去山下面的几个村子里打听打听。消息越多越好。要知己知彼,才能把这几个土匪窝攻克下来。这群土匪一天不铲除,这一片的老百姓就一天都不能过上安稳日子！"周时源拍着桌子吩咐道。

　　根据具体的山势地形,周时源采取军事打击和政治攻势相结合的方法,最终消灭和瓦解了数股土匪武装,稳定了西江地区的社会秩序,让这里的老百姓过上了安心的日子。